Las profecías de
NOSTRADAMUS

Lo que nos reserva el DESTINO
con todas las CENTURIAS Y CUARTETAS
completas en francés y español

———

Otros profetas y sus profecías

Dr. KLAUS BERGMAN

Copyright © EDIMAT LIBROS, S. A.
C/ Primavera, 35
Polígono Industrial El Malvar
28500 Arganda del Rey
MADRID-ESPAÑA
www.edimat.es

ISBN: 978-84-9764-852-3
Depósito legal: M-25830-2007

Título: Las profecías de Nostradamus
Autor: Klaus Bergman
Diseño de cubierta: Equipo editorial
Impreso en: Cofás, S.A.

IMPRESO EN ESPAÑA – *PRINTED IN SPAIN*

INTRODUCCIÓN

«Nuestros estudios nos permiten asegurar que Nostradamus era un sabio y que exageró su papel de charlatán para preservar su vida y su obra. Los datos astronómicos y cronológicos que ha ocultado en sus escritos, acreditan que estaba muy por encima de la ciencia de su siglo (...). Su visión del futuro le ha permitido escribir la historia de Europa con una anticipación de siglos y fijar para la humanidad el año 2137 de nuestra era como el centro de un cambio fundamental astronómico: el paso del sol en su marcha eclíptica del sector de Piscis al sector de Acuario. Como consecuencia, el año 2137 será también el centro de grandes peligros y de grandes cambios para la Humanidad.»

Lo escribe Daniel Ruzo, en su impagable y exhaustivo libre *El testamento auténtico de Nostradamus*. Pero no hace falta recurrir a un investigador de los llamados «fantasiosos» o «criptológicos» para confirmar tal verdad. Cualquier astrónomo oficial, cualquier estudiante de esta ciencia, podrá informar al lector desconfiado de que, en efecto, cada poco menos de veintidós siglos el sol se traslada de un siglo zodiacal al siguiente. Cualquier arqueólogo o protohistoriador convencional, les podrá informar de que precisamente en los últimos años de ese cambio, y en los primeros de la entrada en un nuevo siglo, se producen rotundos cambios en la vida social humana. Cualquier astrólogo podrá indicarles que, en efecto, las influencias y conjunciones del sol con los astros y con el zodíaco, son notorias y, como siempre, reconocidas a posteriori.

¿Por qué, pues, es tan importante Nostradamus? ¿Por qué las hipótesis basadas en sus famosas profecías engendran miedos y, aún más, errores apocalípticos?

Hay dos razones fundamentales que justifican esos miedos. Una, que Michel de Nostradamus no se limitó a vaticinar el porvenir lejano de la sociedad; bien al contrario, sus pronósticos dan comienzo en los años 1547 o 1557 (ese dato no es totalmente exacto), y concluyen en el 2137, lo que quiere decir que podemos medir el acierto de sus profecías comprobando cuántas se cumplieron desde que las promulgó, hasta nuestros días. Y, en verdad, el resultado de tal comprobación aterra: ni un sólo error cometió el profeta. Ni uno solo.

Por otra parte, está el hecho de que Michel de Nostradamus llega al vaticinio del fin del mundo a través de numerosos hechos que han de suceder en el transcurso de 580 o 590 años. No reduce sus afirmaciones al clásico «todo se acabará en tal fecha», sino que a través de sus cuartetas va desgranando el paso del futuro hasta llegar al único fin posible.

Cierto es que, como todos los sabios, ha llevado polémicas. Cierto es que muchos detractores del profeta han intentado desvirtuar sus vaticinios, arguyendo que pueden interpretarse de muy diversas formas y que cada una de ellas pertenece a la especial mentalidad del intérprete de turno. Algo hay de verdad en eso, desde luego. Es tal la carga de sabiduría de esas cuartetas, que muchos autores, incapaces de captar todo su profundo significado, se han limitado a escribir sus impresiones y a publicarlas; luego, al ser destrozadas tales impresiones, se ha pretendido golpear la verdad de Nostradamus, como si él fuera el culpable de un libro mal escrito, o de una traducción inexacta.

No es así. Todos los escritos de Nostradamus están perfectamente cimentados en la astronomía, en la cronología y en la astrología; todos sus escritos encierran las claves matemáticas (sí, *matemáticas*) para desentrañar el misterio que ocultan. Lo que ocurre es que no estamos preparados (¡aún no!) para deducir todo el saber de un hombre excepcional.

No creemos en las casualidades, pero en el supuesto de que existieran, deberíamos reconocer que en Nostradamus no quedan espacios abiertos a las coincidencias. Acertó con la noche de San Bartolomé; acertó con Napoleón y, antes, con la Revolución Francesa; acertó con la Primera y la Segunda Guerra Mundial, profetizando sus millones de muertos; acertó con la Guerra Civil española... ¿Debemos pensar que se equivocó en lo demás? ¿Es lógico creer que sólo adivinó los sucesos ocurridos desde 1547 hasta 1945, y falló en el resto..., más si tenemos en cuenta que sus predicciones están basadas en cálculos perfectamente efectuados y, al menos los astronómicos, oficialmente reconocidos?

Allá cada cual con su verdad.

Pero por escabroso que sea el tema, jamás la humanidad habrá contado con un medio tan claro y fehaciente de conocer su futuro. Su doloroso futuro.

Y, en el caso de que se pueda, de enmendarlo.

Primera parte
Temas, claves y cronología

«Se llegará también a la convicción de que Nostradamus basa la concepción del tiempo histórico, en la verdadera cronología tradicional, anterior al Diluvio.»

(DANIEL RUZO, *El testamento auténtico de Nostradamus*).

Capítulo Primero

CLAVES CRONOLÓGICAS

Nada más lejos de mi intención, que transcribir aquí las largas aunque interesantísimas deducciones, a través de las cuales han llegado a descubrirse varias de las claves que, ordenadamente situadas, sirven de guía en la interpretación de las profecías de Nostradamus; sin embargo, he dicho que todo está matemáticamente calculado y, a fin de guiar al lector, considero necesario ofrecerle siquiera una pequeña demostración de la certeza de cuanto afirmo.

Los autores, casi todos ellos, aunque existen honrosas excepciones, se han dedicado al estudio de las cuartetas, olvidándose de los presagios anuales y, también, del testamento del profeta. No han tenido en cuenta, o no han querido hacerlo, que en la actividad de un hombre de la categoría del que estamos tratando, todo, absolutamente todo, debería estar relacionado, a fin de dar coherencia al resultado final de su trabajo. Parece obvio que si Nostradamus dejó escritas sus premoniciones, lo hizo con la intención de que *alguien* o *algunos* pudieran interpretarlas. Parece lógico, asimismo, que si no las redactó con claridad y, además, utilizó argucias como la del desorden cronológico a fin de oscurecerlas, fue porque deseaba que su intérprete estuviera adornado de determinadas cualidades, escasamente abundantes entre el género humano. Ante todo esto, es lícito deducir que las claves necesarias para la interpretación:

a) Deben existir forzosamente en algún lugar de su obra.

b) Y no deben encontrarse necesariamente en las cuartetas, puesto que éstas son el documento a interpretar.

Habrá, pues, que remitirse a otros escritos para encontrar algún método que nos ayude a desvelar las enmarañadas profecías.

Ahora bien, ¿qué otro escrito dejó Nostradamus, en el que no exista ninguna duda de su autenticidad, a pesar del tiempo transcurrido? Naturalmente, su testamento.

Ya he dicho que no pretendo reproducir aquí los largos, tediosos, aunque interesantes, estudios de Daniel Ruzo; pero sí he indicado la necesidad de dar, al menos, dos claves que señalen al lector la existencia de un camino a recorrer en las cuartetas. Estas dos claves serán:

1. *La clave de las monedas de oro*, a través de la cual se demuestra perfectamente la existencia de una cronología exacta, fuera de la convencional y, por tanto, nada común entre los hombres de su época.

2. *La clave de los legados y otras monedas no de oro*, que servirán para ordenar cronológicamente las cuartetas e, incluso, desechar algunas de ellas, interpuestas por el autor con la intención de dificultar la interpretación de las restantes.

* * *

El testamento de Michel de Nostradamus se divide en dos tipos de legados: el que se refiere a monedas de oro, sea cual fuere su denominación (nobles a la rosa, ducados, angelotes, dobles ducados, florines alemanes, etcétera) y el que agrupa bienes y monedas que no son de oro. He aquí una breve exposición de alguna de las partidas englobadas en el primer legado:

- 36 noble a la rosa
- 101 ducados
- 79 angelotes
- 126 dobles ducados
- 1 medalla
- 8 florines alemanes

Estas partidas coinciden cronológicamente con los siguientes escritos del autor:

- 36 nobles a la rosa: 36 presagios de febrero de 1557 a enero de 1560.
- 101 ducados: 101 cuartetas de la primera parte de las Centurias, correspondientes a 100 cuartetas de la Centuria I y una de la Centuria III.
- 79 angelotes: 79 presagios de febrero de 1560 a agosto de 1566.
- 126 dobles ducados: 126 cuartetas de la primera parte de las Centurias. 126 cuartetas de la segunda parte de las Centurias.
- 1 medalla: 1 cuarteta en latín.

8 florines alemanes: 8 presagios de enero de 1555 a agosto del mismo año.

17 marionetas: 17 presagios de septiembre de 1555 a enero de 1557.

Hay desde luego, muchos más datos, pero considero innecesario reproducirlos[1]. Sin embargo, el lector se habrá dado cuenta de que, en efecto, la correlación entre el testamento y la obra literaria de Nostradamus existe. Y más aún: el orden en que están dispuestos los beneficiarios de los legados, indican el orden en que deben escogerse las cuartetas y los presagios. Todo ello sirve, ante todo, para elegir por medio de este primer legado del testamento 1.080 cuartetas. Ocurre que esas 1.080 cuartetas están compuestas por 4.320 versos, es decir, el mismo número de años que han de transcurrir para que se sucedan *dos períodos zodiacales*. Si tenemos en cuenta que las predicciones de Nostradamus terminan precisamente cuando el mundo cambie de zodíaco, es decir, cuando entremos en el siglo de Acuario, podremos deducir que la cronología en que Nostradamus basa sus trabajos está en relación directa con el zodíaco y, por tanto, que está fuera de lo convencional, pero que es exacta. Tan exacta que, como decía en la introducción a este trabajo, cualquier astrónomo o estudiante de tal ciencia está en condiciones de corroborar el movimiento del sistema solar en pleno, en un plazo de dos, cuatro o seis mil años.

La segunda parte del legado comprende todo menos lo descrito en el primero. También, curiosamente, suma un total de 1.080 piezas, si bien el orden de los beneficiarios y las cifras correspondientes a cada uno indican algo más: la correlación en que deben situarse las cuartetas, a fin de que su interpretación mantenga el devenir de los sucesos históricos, sin saltos en el tiempo.

Lamentablemente, todo ello no es suficiente para desentrañar el misterio de las cuartetas. Como dice Daniel Ruzo:

«Esta clave testamentaria (...) recibirá su confirmación cuando sirva a la revelación del texto secreto. La exposición prueba solamente la existencia de una complicadísima serie de claves, que acreditan este texto y que lo guardan oculto, según profetiza Nostradamus, hasta el período comprendido entre los años 2047-2057 de nuestra era.»

---

[1] Quien sienta curiosidad o vocación hacia la criptografía, puede centrar sus estudios sobre el tema a través de la obra de Daniel Ruzo *El Testamento auténtico de Nostradamus*, publicado por Plaza & Janés. (N. del A.)

Capítulo II

CLAVE DE LOS CENTROS

Que nada en los escritos del profeta es gratuito y, por tanto, que todo tiene un significado y está puesto en el lugar que debe estar, lo demuestra también el hecho de que, una vez reordenadas las cuartetas por medio de los sistemas descritos en el capítulo anterior, todavía pueden ser agrupadas alrededor de unas segundas claves en las que, según Ruzo:

«Deben girar grupos de cuartetas, hasta colocarse en una nueva ordenación.»

Es, desde luego, complicado dedicarse a reordenar las cuartetas; sin embargo, seguiremos dando detalles de tal posibilidad, por si algún lector pretende iniciarse en la ardua tarea de desvelar el misterio, aterrador por lo que parece, que encierran las cuartetas del profeta.

Estas claves no son gratuitas. Se trata de determinadas palabras o conceptos, que sirven de eje a un número determinado de *temas*, que se relacionan directamente con esa clave. Simplificando la cuestión, diré que la CLAVE sería el centro de un círculo formado por los TEMAS relacionados con él.

Tema es uno o varios grupos de cuartetas en las que se repite una palabra, o una frase, o un conjunto de palabras o frases. Clave es una palabra relacionada con los temas por alusión directa en las cuartetas, que sirve para ordenar el conjunto de temas.

La primera CLAVE es la llamada de los CENTROS por Daniel Ruzo, su descubridor. Las palabras que determinan esta clave y que están en las cuartetas, pueden ser varias; de entre ellas, sirven las siguientes:

CENTRO	ARCO
MEDIO	CORAZÓN
SIMA	CORAZÓN DE HIELO
OMBLIGO	MEDIANOCHE

POZO	ATALAYA
MEDIODÍA	MITAD
FOSA	CÚSPIDE

Los «temas», por su parte, agrupan una serie de cuartetas que se refieren a la misma idea, por lo que cada TEMA independientemente de su cronología, tiene una absoluta coherencia.

Girando alrededor de la clave de los CENTROS, se encuentran los siguientes temas:

1. Tema de los tiranos

Nostradamus cita el tirano o tiranos en doce cuartetas, que se inician en los presagios de 1555 y siguen en:

I-94; II-9; II-42; IV-55; VI-76;
VII-21; IX-17; IX-78; IX-80; X-90

Las cifras romanas indican la Centuria, y los ordinales el número de las cuartetas. Está claro que si el lector decide unir todas esas cuartetas y leerlas, obtendrá un resultado histórico que, sin duda, le asombrará por su precisión.

2. Tema de los gritos

También el lector encontrará una cierta coherencia en las treinta y seis cuartetas que giran alrededor del tema de los gritos. De esas treinta y seis cuartetas, quince pertenecen al llanto, una al Fuego del Cielo y otra al Tirano, por lo que quedan doce exclusivas sobre el Grito. Son las siguientes:

Centuria I: 10 y 38.
Centuria II: 32, 45, 57, 77, 86, 90.
Centuria III: 74, 81.
Centuria IV: 4, 57, 68, 80.
Centuria V: 33, 70.

Centuria VI: 22, 78, 81.
Centuria VII: 7, 35.
Centuria VIII: 9, 84.
Centuria IX: 30, 63.
Centuria X: 17, 60, 78, 82, 88.

Las demás cuartetas en las que Nostradamus utilizó el tema de los GRITOS, se encuentran en sus predicciones anuales de:

1555: 4 y 9.	1559: 4 y 11.
1558: 1.	1561: 12.

3. Tema del agua

Aunque treinta y nueve cuartetas traen, ya sea en singular o en plural, la palabra «agua», sólo doce de ellas tiene tal concepto como centro de las mismas. El resto, se refiere a otros temas diferentes. Estas doce son:

Centuria II: 29, 87.	Centuria VI: 71, 94.
Centuria III: 70.	Centuria VIII: 57, 98.
Centuria IV: 58, 98.	Centuria X: 10, 49.
Centuria V: 71.	

La cuarteta que falta está incluida con el número 1 en las predicciones de 1564.

4. Tema del cristal

En opinión de Ruzo, «con el tema del *glace* (hielo), autoriza Nostradamus el tema del cristal».

Nostradamus emplea diversas palabras para referirse al tema: *Glas, Glasz, Verre, Verrier, Gelee, Gresle, Mirande, Mares* y *Marets*, entre otras. La importancia del presente tema, queda indicado por el mismo Ruzo:

«Para mayor seguridad del criptógrafo (Nostradamus) insiste en la cuarteta presagio de diciembre de 1562: "Por el cristal, la empresa rendida." La "empresa" es la descripción de su texto secreto, escondido dentro de su obra profética.»

Es imprescindible recordar aquí que, en opinión de Ruzo, las cuartetas, en su aspecto adivinatorio, no son nada más que una excusa, una especie de envoltorio que guarda celosamente el importantísimo mensaje que nadie ha podido desvelar aún. Con ello, Ruzo insiste en que el carácter adivinatorio de las cuartetas, siendo como es importante y certero, no es el motivo principal de la obra de Nostradamus.

Las cuartetas que se refieren al presente tema, en cualquiera de las acepciones de vocabulario señaladas, son:

Centuria I: 19, 22, 46, 66.
Centuria II: 1.
Centuria III: 40.
Centuria VI: 87.

Centuria VIII: 2, 35, 77.
Centuria IX: 10, 48, 69.
Centuria X: 66, 71.

Existen asimismo referencias a este tema en sus presagios de los siguientes años:

1555: 12.
1557: 2.
1559: 1 y 6.
1562: 12.

1563: 6.
1565: 11, 12.
1566: 6.

5. Tema del hambre y la peste

Veinticuatro cuartetas, entre las Centurias y los Presagios, tienen relación con el tema de «Hambre y Peste», o bien con los temas «Hambre» y «Peste», por separado. De ellas, todas menos una tienen alusión directa a esos conceptos, ya sea expresamente, ya por medio de vocablos como *hambruna, pestilencia, fiebre ardiente*, etcétera. La excepción es la octava cuarteta de los Presagios de 1565, que aun sin contener directamente ninguno de los conceptos del tema, hace alusión a él tan directa como escabrosamente. Este es el texto de la citada cuarteta:

«El grano no será de ningún modo suficiente.
La muerte se acerca nevando más que blanco.
Esterilidad, grano podrido, agua en abundancia.
El gran herido. Muchas muertes de flanco».

La relación de las cuartetas que componen el tema conjunto, es:

Centuria I: 55.
Centuria II: 6, 37, 46, 64.
Centuria III: 19.
Centuria IV: 30, 48.

Centuria V: 63, 90.
Centuria VI: 5, 10.
Centuria VII: 6.
Centuria VIII: 17, 50.

El resto se encuentra en los Presagios para los siguientes años:

1560: 1, 7, 8.	1564: 11.
1563: 4, 10.	1565: 6, 7, 8.

5. a) *Tema del hambre*

Son dieciocho cuartetas, de las que quince se relacionan con la palabra «hambre» y tres con el vocablo «hambruna». Son las siguientes:

Centuria I: 67, 69, 70.	Centuria IV: 15, 79, 90.
Centuria II: 60, 62, 71, 82.	Centuria VII: 34.
Centuria III: 10, 42, 71, 82.	

La cifra se completa con las cuartetas de los siguientes Presagios:

1555: 2.	1565: 10.

5. b) *Tema de la peste*

Son, asimismo, dieciocho cuartetas, de las que trece incluyen la palabra «peste» y el resto la de «pestilencia». Esta es su relación:

Centuria I: 52.	Centuria VI: 46, 47.
Centuria II: 53, 56.	Centuria VIII: 21.
Centuria III: 75.	Centuria IX: 11, 42, 55, 91.
Centuria V: 40.	

Que se completan con los siguientes Presagios:

1558: 5.	1565: 1, 4.
1563: 1.	1566: 7.
1564: 5.	

6. Tema de la paz

Es, con mucho, el más largo de todos, ya que señala 48 cuartetas; sin embargo, Ruzo separa doce para otros temas y deja el presente en sólo 36, que son éstas:

Centuria I: 63, 92, 100.
Centuria II: 43.
Centuria III: 28, 54.
Centuria IV: 6, 73, 77.
Centuria V: 6, 19, 50, 82.

Centuria VI: 23, 24, 38, 64, 90.
Centuria VII: 12, 18.
Centuria VIII: 7, 93.
Centuria IX: 51, 52, 66, 86, 88.
Centuria X: 42.

Las cuartetas comprendidas en los Presagios, son:

1555; 5.
1560: 2, 5.

1562: 1, 3, 7.
1563: 2, 9.

Alrededor, pues, de la clave del CENTRO, hemos situado ocho temas distintos, que engloban 180 cuartetas.

Ya he dicho antes que todo lo escrito por Nostradamus tiene una razón de ser: he aquí otra prueba. Las ciento ochenta cuartetas corresponden, exactamente, a la sexta parte de las 1.080 que componen su obra. Si de los ocho temas unimos los referentes a Hambre y Peste, como hemos hecho ya en este capítulo referenciándolos bajo el mismo número, comprobaremos que quedan seis. Seis «temas», por las ciento ochenta cuartetas que agrupan, dan el total de la obra: mil ochenta.

¿Coincidencia?

No lo crean: ya han podido ver en el capítulo anterior que Nostradamus no dejaba nada al albur.

Mas, continuemos...

Capítulo III

LA CLAVE DE LAS URNAS

Un tema de importancia capital en la criptografía de Nostradamus, es el de las *urnas*, que también redacta con la grafía HURNAS. Cierto es que una urna guarda siempre algo valioso:

«Desde joyas a documentos, hasta las cartas o las cenizas de un ser querido. También objetos consagrados por un culto o textos proféticos. Las respuestas de las Sibilas se guardaban en el Capitolio en rollos de pergamino; esos rollos debían estar en urnas y es posible que desde entonces, o desde otras épocas más antiguas, los testimonios escritos de los profetas tuvieran relación con ellas.»

Ruzo afirma que la clave de las URNAS señala 72 cuartetas, bajo los vocablos URNAS, SATURNOS y MITRAS. Cada uno de estos setenta y dos epígrafes se rodea, a su vez, de quince cuartetas interrelacionadas, lo que da un total de las mil ochenta, justa la cantidad que componen las predicciones de Nostradamus.

Esta clave, pues, sirve para ordenar de una manera diferente a las descritas hasta ahora, la totalidad de las cuartetas. ¿Para qué? Probablemente, si supiéramos responder a esta pregunta, habríamos hallado el texto del mensaje apocalíptico de Nostradamus. No es así y, por tanto, debemos limitarnos a seguir exponiendo algunos TEMAS que, con diferentes conceptos, agrupan ciertas cuartetas alrededor de la URNA.

1.   Tema del tesoro

Este primer tema reúne doce cuartetas que, en opinión de Ruzo:
«... se ocupan del tesoro místico, de su ubicación y de su descubrimiento. En todas ellas viene, bien en evidencia, la palabra *TROUVE* (encontrado).»

Por la cronología de Nostradamus, parecía deducirse que el tesoro al que aludía provenía de la época romana, pero Ruzo nos saca pronto de tan apacible deducción:

«No nos engañemos: se trata del tesoro más antiguo de nuestro mundo, que no ha sido encontrado todavía, pero que será *hallado* (...). He aquí la herencia que debe recibir nuestra Humanidad durante el siglo XXI, y que acompañará durante el siglo XXII a algunos grupos humanos en su difícil tarea de salvarse de la catástrofe cíclica y fundar una nueva humanidad.

»Las cavernas iniciáticas de los compañeros de Noé, talladas en el corazón de las montañas, serán halladas y utilizadas. Esculturas antiquísimas esculpidas en roca natural, rodean esas cavernas.»

«El tema del TESORO es el más importante de la obra nostradámica. Es también el tema central de la sabiduría tradicional. Se trata DE LA SALVACIÓN FÍSICA DE LA SANGRE HUMANA, LA SUSTANCIA PRECIOSA QUE DURANTE MILENIOS SE HA IDO FORMANDO EN LA TIERRA. SU DESAPARICIÓN ES UN CATACLISMO QUE ANULARÍA EL RESULTADO DE LOS MILLONES DE AÑOS DE EVOLUCIÓN DEL PLANETA.»

Más adelante estudiaremos algunas cuartetas que centran perfectamente ese cataclismo; de momento, he aquí las cuartetas referentes al TESORO, según su orden bibliográfico:

Centuria I: 27.	Centuria VI: 15, 50, 66.
Centuria III: 65.	Centuria VIII: 30, 66.
Centuria V: 7.	Centuria IX: 7, 9, 12, 84.

2.   Tema del Templo

Nostradamus repite muchas veces la palabra Tesoro, significando que el Diluvio y el Fuego del Cielo o Rayo consumarán la destrucción de ese templo, permitiendo que salga a la luz el tesoro escondido. Las cuartetas dedicadas a este tema son estas veinticuatro:

Centuria I: 96.	Centuria VII: 8.
Centuria II: 8, 12.	Centuria VIII: 5, 45, 53, 62.
Centuria III: 45, 84.	Centuria IX: 22, 23, 31.
Centuria IV: 27, 76.	Centuria X: 35, 81.
Centuria V: 73.	Presagio 1559: 3.
Centuria VI: 1, 9, 16, 65, 98.	

3. Tema de las Columnas

Íntimamente relacionado con el tema anterior, es el de las COLUM-NAS o PILARES. Sabido es que el Templo se levantaba sobre doce columnas y es justamente este número el de cuartetas que componen el presente tema. No sabemos exactamente lo que quieren decir en el contexto total del secreto mensaje de Nostradamus, pero de su lectura puede extraerse una coherente lección, que dejo en manos del lector.

Por su orden bibliográfico, éstas son las doce cuartetas:

Centuria I: 43, 82.
Centuria V: 51.
Centuria VI: 51.
Centuria VII: 43.

Centuria VIII: 51, 67.
Centuria IX: 2, 32.
Centuria X: 27, 64, 93.

4. Tema del Sepulcro

Para la correcta interpretación (o, por mejor decir, intentona de interpretación) de las cuartetas dedicadas a este tema, considero ilustrativo transcribir la opinión de Daniel Ruzo. Y ello, por dos razones: la primera basada en lo que termino de exponer, o sea, en la necesidad de situar correctamente el significado del tema; la segunda, porque en la explicación de Ruzo se encuentra también la pista que nos señala el camino por el que andaba el pensamiento de Nostradamus.

He aquí la opinión de Ruzo:

«Nostradamus se refiere al Sepulcro del Gran Romano, del Triunviro, del Príncipe, personaje que hace pensar en la época del emperador Trajano y sus relaciones históricas con Provenza. Sitúa el sepulcro en un templo construido en los edificios vestales que han existido en las inmediaciones de la ciudad de Tolosa.

»Pero el corte transversal del sepulcro es un pentágono, y esto lo une con los símbolos de la URNA, el ARCA, la MITRA y los Pentágonos[2].

---

[2] Ruzo se refiere a que los cortes transversales de los símbolos reseñados, dan como resultado la figura de un pentágono. Si a ello unimos que una de las más importantes claves de Nostradamus es, asimismo, la de los pentágonos, tendremos una indudable relación entre todas las claves. (N. del A.)

»No debemos detenernos en la significación romana de los símbolos, porque nos impide descubrir la antiquísima serie simbólica a que pertenecen. Vesta es hija de Saturno, y Saturno, o Cronos, es el padre de la Cronología. Hemos descubierto en la obra de Nostradamus datos astronómicos y cronológicos que explican los ciclos históricos del profeta de Salon y del profeta de la abadía de Tritenheim. La obra oculta de estos dos profetas (...) se refería al pasado de la actual Humanidad y a las humanidades anteriores al diluvio. Solamente podían explicarse bajo el secreto criptográfico o poligráfico.

»La historia de Provenza bajo la dominación del imperio romano, le permite a Nostradamus situar en las ruinas de un templo de Vesta, consagrado a Saturno, los símbolos más antiguos de la Humanidad. Para salvarlos del olvido, todas las leyendas del TESORO se ocuparon de estos símbolos. Nostradamus sabe cuál es el verdadero tesoro de la Humanidad, cómo debe guardarlo y cuáles son las épocas en que debe ser descubierto. No puede hablar claramente en el siglo XVI de los grandes períodos cronológicos, en abierta oposición a la interpretación textual de la Biblia; ni de las cavernas milenarias, ni de las montañas sagradas. Se limita a encerrar en sus escritos los números necesarios para reconstruir la cronología mística y crea una leyenda ubicada en el tiempo de la dominación romana en la hermosa tierra de Provenza. Coloca así en esta leyenda, a la que se refiere en versos oscuros, todos los elementos tradicionales que deben guiar a los pueblos cuando se acerquen las grandes convulsiones de la tierra. Como Thitheme escribe un mensaje y lo guarda dentro de una criptografía, para que sea conocido después de cinco siglos.

»El ataúd, el sepulcro, el monumento funerario de mármol y plomo encerrado en los cimientos de un antiguo edificio consagrado a Saturno, le permite insistir en que esa catástrofe que se avecina ocurrirá bajo el imperio de Saturno. Con esto fecha una vez más la catástrofe. El ciclo histórico denominado por Saturno es la última sexta parte del período zodiacal de Piscis, de trescientos cincuenta y ocho años y ocho meses; última sexta parte de los dos mil ciento cincuenta y dos años de ese período zodiacal que comenzó quince años antes de la era cristiana. La catástrofe queda fechada para el fin de ese período, alrededor del año dos mil ciento treinta y siete.»

Las doce cuartetas, situadas en orden correlativo, son:

Centuria I: 37.
Centuria III: 32, 36, 43, 72.

Centuria VIII: 34, 56.
Centuria IX: 74.

Centuria IV: 20.
Centuria VII: 24.

Centuria X: 74.

La doceava cuarteta es la número 3, de los Presagios de 1558.
Autoriza Nostradamus el tema del Gran Romano, con las palabras Insignia Medusina. Lo conforman doce cuartetas:

Centuria I: 11.
Centuria II: 30, 54, 72, 99.
Centuria III: 66.
Centuria V: 13, 92.

Centuria VI: 7.
Centuria IX: 67.
Centuria X: 20, 91.

6. Tema del Diluvio

Representado por el personaje Decaulión, la importancia de este tema queda patente en las palabras de Nostradamus, correspondientes a los Presagios de 1563:

«Decaulión creará la última perturbación...»

Las doce cuartetas de este tema son:

Centuria I: 17, 62.
Centuria V: 88.
Centuria VIII: 16.

Centuria IX: 3, 4, 82.
Centuria X: 6.

Y los siguientes Presagios:

1557: 10.
1563: 11.

1564: 2, 8.

7. Tema del Rayo

Nostradamus cita el RAYO con distintas palabras o frases alegóricas: rayo, fuego del cielo, llama ardiente del cielo, fuegos celestes, etc. Componen el tema veinticuatro cuartetas:

Centuria I: 26.
Centuria II: 16, 18, 51, 76, 92, 96.
Centuria III: 6, 7, 17, 44.
Centuria IV: 35, 54, 99, 100.

Centuria V: 98, 100.
Centuria VI: 97.
Centuria VIII: 10.
Centuria IX: 19.

Y los siguientes Presagios:

| 1555: 7, 8. | 1564: 6. |
| 1558: 6. | |

* * *

Las claves criptográficas son muchas más; sin embargo, su explicación sería larga y, además, ocuparía un espacio del que no se dispone en este trabajo. A pesar de ello, el lector que dude de la autenticidad del profeta, no tiene más que ordenar los textos de las cuartetas de acuerdo con los temas o claves que se han señalado, y comprobará que realmente todo cobra un significado nuevo. Distinto. Más coherente.

Ya se ha visto que Nostradamus se sirvió de oscuros sistemas para ocultar su mensaje: las condiciones de expresión en la época lo hacían necesario, como también aconsejaba prudencia la cada día mayor estupidez humana. Quizá por ese lenguaje oscurantista, tal vez porque, como dice Ruzo, todavía no ha llegado el momento, el significado del texto secreto aún no ha sido desvelado. Pero eso no quiere decir que las profecías parciales no puedan ser interpretadas. En realidad, y como ya he indicado, esas profecías son lo menos importante de la obra de Nostradamus; pero, a la vez, lo más inquietante y angustioso para nosotros, que somos quienes, en definitiva, deberemos padecer los hechos nefastos que nos augura.

Visto que Nostradamus acertó en sus predicciones posteriores a su tiempo pero anteriores al nuestro; comprobado que su aparente desorden tiene una razón de ser; demostrada la existencia de unas claves y temas que reordenan las cuartetas y le dan una configuración más coherente y comprensiva, vayamos a la interpretación de algunos acontecimientos ocultos en la obra profética.

Segunda parte
Profecías cumplidas

«La noche del 1 de julio de 1566, Chavigny se despidió de Nostradamus con la fórmula habitual:

»—Hasta mañana.

»Pero Nostradamus, sacudiendo tristemente la cabeza, respondió:

»—Mañana, al despuntar el día, no estaré ya aquí.

»Y al día siguiente se le halló cadáver, con la cabeza apoyada sobre la mesa.»

(*Las profecías de Nostradamus*. Editorial Tiempo, Buenos Aires.)

Capítulo Primero

Ha llegado la hora de comprobar si, en efecto, las profecías de Nostradamus han sido tan exactas como sus apologistas indican. Es el momento de utilizar la historia y comprobar, paso a paso, si las predicciones del vidente se han ajustado a la realidad. Para ello, he optado por ordenar cronológicamente los hechos ocurridos en Europa primero y, más adelante, hacer una referencia algo más amplia a España.

Una advertencia debo hacer al lector. Nostradamus era francés y centró su actividad en la pequeña aldea provenzal de Salon. Es pues natural que gran parte de sus predicciones se refieran a Francia. Sin embargo, sus alusiones a otros países y personajes son constantes, lo que le da un cariz universalista que debe tenerse muy en cuenta a la hora de analizar sus profecías sobre el fin del mundo.

Dicho esto, y tras recordar al lector que únicamente expondré algunas de las cosas adelantadas en sus escritos con años de antelación, y no todas ellas (la falta de espacio lo haría imposible), pasemos ya a la relación de profecías acertadas.

Muerte de Enrique II de Francia
(10 de julio de 1559)

Centuria I, cuarteta 35:

«El joven león sobrepasará al viejo,
en campo de batalla por duelo singular,
en jaula de oro los ojos le sacará
dos clases una después de morir con muerte cruel.»

El vocablo utilizado por Nostradamus y que se traduce literalmente por «clases», fue «classes» que, a juicio de Fontebrune y de Le Pelletiere, quizá los más avispados intérpretes del profeta, no fue empleada en su acepción francesa, sino latina *classis*, en latín, significa «combate», por lo que la última línea de la cuarteta bien puede interpretarse como:

«Después de uno de los dos combates, morirá con muerte cruel.»

He aquí la explicación histórica de la misteriosa profecía.

Nostradamus era contemporáneo de Enrique II de Francia: la primera Centuria data de 1555.

Enrique II era sucesor de su padre, Francisco I, desde 1547. Casó con Catalina de Médicis (de la que hablaré más adelante en relación con otra profecía) y arrebató a los ingleses Boulogne (1550) y Calais (1558). En sus luchas con Carlos V se apoderó de Metz, Toul y Verdún, pero en 1557 sufrió la derrota de San Quintín, de la que también hablaré en su momento, lo que le obligó a firmar con el rey de España la paz de Cateau-Cambrésis.

En el mes de julio de 1559, Enrique II quiso celebrar el casamiento de su hermana Margarita con el duque de Saboya, por lo que ofreció una serie de fiestas, entre las que destacó un torneo de esplendor extraordinario, muy superior a los celebrados hasta entonces.

Ducho en el manejo de las armas, él mismo quiso invitar gentilmente a uno de sus huéspedes, el joven conde de Montgomery, a «romper lanzas» con él, es decir, a medirse en un combate a lanza sobre caballo, sin intención de muerte y con meta máxima de derribo.

Al decir de las crónicas, el conde rehusó en un principio «un honor tan preciado y grande», temeroso quizá de la peligrosidad que entrañaba el juego; sin embargo, la presión del propio rey le obligó a rectificar y, por fin, a acceder al duelo.

Acontenció que en fervor de la lucha...

«... la punta de la lanza del joven Montgomery penetró por la visera del morrión de su regio contrincante, que sufrió la perforación de un ojo.»

El morrión, especie de casco que cubría toda la cabeza, era de oro... precisamente por la magnificencia del torneo. En definitiva, la zona de los ojos era una verdadera jaula, puesto que para permitir la visión estaban fabricadas con barrotes.

Dos días después, tras una dura batalla con la muerte, fallecía Enrique II entre horribles dolores, y ante la desesperación de Gabriel de Lorges, conde de Montgomery.

Para que no falte detalle en la exactitud de la profecía, el escudo de armas de los Montgomery estaba compuesto por un león rampante...

El rey del monóculo

Centuria III, cuarteta 55:
«En el año en que un ojo reine en Francia,
la corte estará en situación bien turbia,
el grande de Blois matará a su amigo,
el reino, puesto en mal y duda, doble.»

La última frase, interpretando el engorroso estilo de Nostradamus, podría ser:
«El reino, caído en desgracia, será dividido (partido en dos).»
La historia tiene relación con la profecía anterior.

El breve tiempo en que Enrique II vivió tras recibir la herida, pude considerarse como el «año en que un ojo reine en Francia». Y no hay duda, además, de que después de su muerte se inició para Francia una época de graves dificultades.

Durante el gobierno de su inmediato sucesor, el débil y enfermizo Francisco II, los hugonotes comenzaron a alcanzar un poder extraordinario. Después, el joven rey sufrió un desvanecimiento (17 de noviembre de 1560) y falleció al mes siguiente.

Fue entonces cuando el embajador de Venecia en París escribió al Duz Michieli:

«Aquí todos los cortesanos recuerdan la profecía de Nostradamus y, en voz baja, bordan sus comentarios alrededor del acontecimiento.»

A la muerte de Francisco II subió al trono Carlos IX, siendo regente su madre Catalina de Médicis. Murió joven, como su hermano, por lo que ascendió al trono el tercer hijo de Catalina, Enrique III. Se cumplía con ello otra profecía de Nostradamus, según la cual «los tres hijos de Catalina ostentarían coronas en sus cabezas»; profecía que la ambiciosa Catalina interpretó en sentido erróneo: pensó que sus hijos reinarían sobre los tronos más poderosos de Europa, cuando la realidad fue que los tres fueron reyes, pero del mismo país y sucediéndose un hermano al otro, por muerte de los mayores.

* * *

Durante su reinado, Enrique III reunió en Blois los Estados Generales, y en ese castillo hizo matar al que llamaba su amigo el duque de Guisa, a quien hizo grande poco antes: era, sin duda, el grande de Blois de la predicción.

Este asesinato precipitó la guerra civil; París estaba en abierta rebelión cuando, en 1589, Enrique III perecía asesinado. Pero de ello hablaré con mayor detalle más adelante, cuando cronológicamente nos acerquemos a ese año.

He indicado esta cuarteta para que el lector se dé cuenta de lo importante que era conocer los temas y las claves que he descrito en la primera parte del libro. Las cuartetas están desperdigadas, desde luego, pero cuando se reúnen, forman un todo armonioso.

Asesinato de Enrique III y del duque de Guisa
(2 de agosto de 1589; 23 de diciembre de 1588)

Centuria IV, cuarteta 60:

«Los siete niños dejados como rehenes.
El tercero, a su hijo engañará (o matará).
Dos serán atravesados de estocada.
Génova y Florencia permanecen expectantes.»

Para entender perfectamente la profundidad de la predicción de Nostradamus sería necesario conocer intensamente la Historia de Francia de la época. No es éste el momento de resumirla; baste saber que existían graves problemas religiosos; que el duque de Guisa tuvo mucho que ver con la tétrica y sangrienta noche de San Bartolomé y que Francia estaba dividida por la sucesión e inmersa en la llamada guerra de los Tres Enriques (Enrique II, Enrique III y Enrique de Guisa).

Dicho esto, vayamos por la interpretación de la cuarteta.

Para comprenderla mejor, comenzaré diciendo que Catalina de Médicis tuvo diez hijos; dos de ellos murieron inmediatamente después del parto y un tercero muy prematuramente. Quedaban, pues, siete.

De esos siete hermanos, uno de ellos, Enrique II, quedó como rehén en España. Enrique III fue acusado de «ayudar» a su hermano a morir engañándole en los medicamentos que tomaba. De esos siete hermanos, dos murieron asesinados mediante «estoques» (espadas largas, objetos punzantes largos): Enrique II y Enrique III, que sería asesinado por el monje Santiago Clement, exactamente apuñalado. Por último, mientras todo esto sucedía, los genoveses y los florentinos comprobaban, expectantes, cómo los fervorosos sermones de los reformistas (protestantes) iban haciendo mella en la mente de sus conciudadanos.

La persecución de los astrónomos
(siglos XVI-XVII)

Centuria IV, cuarteta 18:

«Los más instruidos sobre los hechos celestes
serán reprobados por príncipes ignorantes:
castigados por edicto, expulsados como réprobos,
y condenados a muerte dondequiera que fueran hallados.»

Centuria VIII, cuarteta 71:

«Crecerá tan grandemente el número de astrónomos,
expulsados, desterrados, libros censurados.
En el año mil seiscientos siete, por sagradas bulas...
Ninguno estará seguro en lo sagrado.»

No vale la pena incidir en algo que todos sabemos: a partir del siglo XVI, los astrónomos fueron implacablemente perseguidos, porque sus descubrimientos contradecían abiertamente las enseñanzas de la Iglesia de Roma. Copérnico tuvo que morir sin enterarse de que Paulo III había ordenado la impresión de un prefacio en sus libros, indicando taxativamente que todo su contenido era mera hipótesis. Las peripecias de Galileo son sobradamente conocidas. Alrededor de 1607 sucedieron dos cosas sumamente importantes. Tres años antes, en 1604, Giorgiano Bruno era condenado por la Inquisición, debido a su teoría sobre la homogeneidad de los astros. En 1610 (tres años después), Galileo ponía en funcionamiento su primer telescopio.

La afirmación de que «nadie estará seguro en lo sagrado» parece, pues, meridianamente clara.

Ejecución de Carlos I de Inglaterra
(1649)
Ocupación de Bélgica por Francia
(1658-1714)
Dificultades en Inglaterra

Centuria XI, cuarteta 49:

«Gante y Bruselas» marcharan contra Amberes,
Senado de Londres condenará a muerte a su rey.

La sal y el vino le serán negados.
Para ellos (él) tener el reino en desorden.»

Conocida la historia europea, fácil es deducir lo ocurrido: Francia atacó Bélgica, mientras Inglaterra y España estaban aliadas. Los sucesores ingleses impidieron que cumplieran sus compromisos con Felipe IV de España, por lo que los franceses se hicieron con el territorio.

La alusión a Carlos I, es, asimismo, clara.

Nacido en 1600, sucedió a su padre Jacobo VI de Escocia y I de Inglaterra en 1625. Ese mismo año casó con Enriqueta María, hija de Enrique IV de Francia. Apenas ser proclamado rey, se vio envuelto en una serie de conflictos en el Parlamento, centrados en el choque entre la autoridad real y la parlamentaria de la que tan celosos han sido siempre los ingleses.

A causa de tales enfrentamientos, disolvió el máximo órgano legislativo de su nación varias veces (1625, 1626, 1629) y durante once años gobernó sin su ayuda.

Por fin, enfrentado con la revolución escocesa, convocó en 1640 el «Parlamento Largo», que planteó la grave alternativa: o el rey, o las libertades parlamentarias.

La derrota de su ejército ante Cromwell en Moor (1644) y Naseby (1645), marcó el principio del fin. Prisionero del Parlamento desde 1647 hasta su muerte, Carlos subió al patíbulo el 30 de enero de 1649.

Cromwell, Oliver
(1599-1658)

Un presagio y una cuarteta componen las alusiones a tan contradictorio personaje. Éste es el presagio:

«Más Macelino que rey en Inglaterra,
venido de la oscuridad se apodera por la fuerza del trono.
Cobarde sin fe ni ley, sangrará su tierra.
Su tiempo se acerca tanto, que yo suspiro.»

Centuria VIII, cuarteta 56:

«El viejo, anulado en su esperanza principal,
llegará al apogeo de su imperio.
Veinte meses conservará el reino con poderes absolutos.
Tirano cruel, que dejará tras él otro peor.»

He aquí un breve resumen biográfico de Cromwell, que demostrará inapelablemente la certera visión de Nostradamus.

Nacido en 1599 en Huntingdon, en 1628 representó a su pueblo en el tercer Parlamento de Carlos I, distinguiéndose por la virulenta defensa que hizo del puritanismo representativo parlamentario. En 1640 representó a Cambridge en los Parlamentos llamados Largo y Corto, afiliándose definitivamente en el partido antimonárquico. Al estallar la guerra civil (1642), organizó militarmente su distrito en favor de la causa parlamentaria (antimonárquica) y dirigió un regimiento de caballería que se hizo famoso con el nombre de *ironside*. Venció por dos veces a los ejércitos reales, según hemos visto en la profecía de Carlos I, tomando Londres en 1647. Allí ordenó la detención del rey, su encarcelamiento, firmó su sentencia de muerte y ordenó su ejecución.

Nombrado protector de Inglaterra, inició una cruel represión contra las personas de ideología monárquica, represión que alcanzó sus máximas cotas en los diversos levantamientos fomentados desde el exterior por Carlos II.

En 1655, Cromwell, que había hecho su carrera política al abrigo de la defensa del parlamentarismo y en contra del poder absolutista real, disolvió el Parlamento, *gobernando durante veinte meses como dictador absoluto*. En 1657, el nuevo Parlamento organizado a su capricho, le ofreció la corona inglesa, que él rechazó...

«... debido a las razones políticas del momento, en la confianza de poder asumir la corona más tarde, es decir, cuando no fuera ya tan evidente y chocante la contradicción inplícita en el hecho de que un republicano, tras deponer y ejecutar a su rey, ocupara su lugar.»

Cromwell murió al año siguiente, dejando en el poder a su hijo, el débil Ricardo, que, cumpliendo las profecías, «fue peor que él».

Capítulo II

De entre las predicciones de Nostradamus destacan, por su exactitud y meticulosidad, las referidas a la caída y ejecución de Luis XVI y su esposa María Antonieta; las de la Revolución Francesa y las del advenimiento de Napoleón. Me refiero, naturalmente, a las efectuadas para épocas anteriores al siglo XX, de las que me ocuparé más adelante.

Metódicamente pasa de explicar una situación general, a ir concretando los detalles de una época sangrienta en la historia de Francia.

Así, en la Centuria X, cuarteta 43, dice:

«El demasiado buen tiempo, demasiada bondad real,
hace y deshace súbitamente en negligencia:
creerá lo falso de esposa leal,
le condena a muerte por su benevolencia.»

Que debidamente puesto en orden, quiere decir:

«En una época de buen tiempo, la excesiva bondad real se convirtió en negligencia. Por su benevolencia, creerá lo falso de su esposa leal, y será condenado a muerte.»

La historia dio la razón, una vez más, a Nostradamus.

Luis XVI era todo menos una mala persona. La época en que le tocó reinar fue, al decir de los economistas e historiadores, una de las más brillantes de Francia. ¿Qué fallaba? El abuso de poder de las clases dominantes y las intrigas cortesanas.

La riqueza de Francia era mucha, pero estaba repartida entre muy pocas familias: ello condujo al pueblo al hambre y a la desesperación. Las intrigas de la corte eran constantes, sobre todo en relación con su esposa, de origen austríaco. Sin embargo, Luis XVI, poco propenso a discusiones y a crear dificultades a sus cortesanos, apartó de sí la solución de tales problemas, convirtiendo su innata bondad en negligencia.

La cuarteta es, pues, un fiel reflejo de lo que iba a suceder en Francia... casi doscientos cincuenta años antes de que ocurriera.

Pero vayamos por más detalles.

Tras profetizar la toma de la Bastilla, la nueva declaración de guerra por el asunto de Avignon, la persecución de intelectuales y un sinfín de detalles más, Nostradamus indica en distintas cuartetas el juicio y la ejecución de Luis XVI.

Así, la Centuria I, cuarteta 57, dice:

«Por gran discordia, la tromba temblará.
Acuerdo roto, levantando la cabeza al cielo.
Boca sangrante en la sangre nadará.
Al suelo, la cara ungida de leche y miel.»

El rey fue hecho prisionero en las Tullerías el 10 de agosto de 1792, tras masacrar la revolución a las tropas suizas que le protegían. Girondinos y montardos se disputaron los derechos a juzgarle, lo que ocasionó la gran discordia que, a la larga, terminaría con los propios revolucionarios. La cabeza del rey, que había sido ungida en la catedral de Reims en 1774, será alzada al sol cuando sea seccionada por la guillotina.

La Centuria IV, cuarteta 49, habla asimismo de la muerte del rey y de su sucesión:

«La sangre será derramada delante del pueblo,
que de lo alto del cielo no se alejará.
Por mucho tiempo (su voz) no será escuchada.
El espíritu de uno solo lo atestiguará.»

Luis XVI fue ajusticiado públicamente, lo que claramente se indica en la primera línea de la cuarteta. La segunda, debido a la especial redacción del profeta, puede referirse bien a la sangre derramada, bien al pueblo frente al que se ha vertido. En el primer caso, puede relacionarse con la exclamación del abab Edgeworth quien, al parecer, animó a Luis XVI y a su familia cuando ya supieron la certeza de su ejecución, con la frase: «Hijos de San Luis... ¡subid al cielo!» En el segundo, la interpretación debería ser que, en contra de los deseos de la revolución, el pueblo de Francia no dejó de practicar su religión.

Por mucho tiempo (su voz) no será escuchada, indica con toda seguridad que las protestas de inocencia del rey no fueron creídas hasta pasados muchos años. Recuerde el lector que Luis XVI murió tras pronunciar estas palabras: «¡Pueblo de Francia! ¡Muero inocente!», lo que provocó una carcajada.

La última línea indicó, repito que dos siglos y medio antes de que sucediera, que sólo una persona se salvaría de la masacre real: el futuro Luis XVII, que no murió ejecutado.

La Centuria IX, cuarteta 11, habla de la ejecución y del terror:

«Al justo se le condenará injustamente a muerte
públicamente, y del medio ejecutado:
tan grande peste llegará a nacer en este lugar
que los jueces se verán obligados a huir.»

El justo, es decir, Luis XVI, fue tan injustamente condenado, que el propio Robespierre, en su discurso a la Convención Nacional de 3 de diciembre de 1792, aseguró:

«Luis no es solamente un acusado. Vosotros no sois solamente sus jueces. Vosotros no vais a dictar solamente una sentencia en contra de un hombre, sino que vais a tomar una medida de salud pública... La victoria del pueblo ha decidido que sólo él es un rebelde. Luis, pues, no puede ser juzgado, sino simplemente condenado.»

Más injusticia era imposible... y más públicamente efectuada, en medio del Parlamento, tampoco.

Lo que sucedió después ya es sabido y concuerda con la profecía: la instauración del terror, los miles de ejecutados, la guillotina, los asesinatos y, por último, la desbandada de los revolucionarios, que se habían autonombrado jueces de todos los franceses.

No olvidó Nostradamus a María Antonieta. La Centuria X, cuarteta 17, dice:

«La reina Ergaste, viendo a su hija pálida,
por un pesar en el estómago cercano.
Gritos lamentables habrán de Angulema
y el germano matrimonio excluido.»

Ergaste proviene del latín *ergástulus*, que significa esclavo, detenido, prisionero. La reina prisionera sufrió su cautividad como presa, como esposa y como madre. Llegó a decirse que en aquellos momentos estaba embarazada. Su hija, María Teresa Carlota de Francia, acudió a la Tullerías para compartir el encierro de su familia. Casada con el duque de Angulema y, por tanto, duquesa de Angulema, era nuera del Conde de Artis, futuro Carlos X, con lo que su línea quedó excluida de la sucesión.

La Centuria I, cuarteta 60, dice:

«Un emperador nacerá cerca de Italia,
que al imperio costará muy caro.
Dirán con qué gentes se alía,
y se le encontrará menos príncipe que carnicero.»

¿Hace falta aclarar algo?

La misma Centuria, cuarteta 76, asegura:

«Será proferido un nombre tan temido,
que las tres hermanas habrán proferido el nombre.
Después, un gran pueblo por hechos conducirá.
Más que cualquier otro, fama y renombre tendrá.»

Las *tres hermanas*, son las Tres Parcas, divinidades griegas destructivas. Toda la cuarteta viene a dar a entender el nombre del general al que se refiere la profecía. Pocos saben que, en griego clásico, Napoleón significa «El nuevo exterminador». Los centenares de miles de muertos provocados en sus guerras, probablemente hubieran entendido inmediatamente el sentido de la cuarteta.

Tras Bonaparte, viene la descripción profética de lo que será su vida: sus victorias, sus derrotas, el destierro, el regreso a Francia, los cien días, Santa Elena... Todo meticulosamente detallado.

Más adelante, sigue con la historia de Francia que, voy a abandonar para mostrar al lector algunas profecías de otras naciones y, después, alcanzar las dos guerras mundiales, donde las figuras de los últimos dictadores europeos adquieren tintes de dramática y certera predicción.

Capítulo III

Remitiéndonos a tiempos más recientes, Nostradamus predijo la independencia de Grecia, la guerra de Crimea, la conquista de Argelia, la anexión italiana de los Estados Pontificios y, entre otras muchas cosas y quizá por encima de ellas, la llegada de Garibaldi, la unidad italiana y el fin del poder temporal del Papado.

Veamos algunas de estas últimas profecías.

Garibaldi. Su fuerza. Su fin en la miseria

Centuria VII, cuarteta 19:

«El fuerte Niceno no será combatido,
sino vencido por rutilante metal.
Su hecho será por largo tiempo debatido.
Para los ciudadanos, extraño espantajo.»

Una consideración, antes de pasar a la interpretación de la cuarteta. Las tres primeras palabras del primer verso, en su versión original, dicen textualmente: «Le fort Nicene.»

Por un lado, debo indicar que Niceno (Nicéen) es un sobrenombre impuesto a numerosas divinidades griegas y romanas, a las que se consideraba garantes de la victoria; es decir, vencedores. Nostradamus utilizó el vocablo en una doble vertiente: vencedor y natural de Niza, ciudad en la que nació Garibaldi en 1808.

Las peripecias de este hombre fueron, como es sabido, extraordinarias. Patriota italiano, luchador incansable, hubo de abandonar su patria y exilarse a Sudamérica, donde entró al servicio de diversos Estados. Tras innumerables y desastrosos eventos, en 1854 se instaló en una granja de la isla de Caprera, al NO de Cerdeña.

No es un momento de narrar aquí toda su vida; basta recordar que fue herido dos veces y confinado en Spezia por el gobierno sardo.

Ciertamente, el hombre de Niza no fue combatido por sus numerosos partidarios, ni en la actualidad se pone en duda su idealismo; fue abatido, en su época, por la fuerza de las armas y, en general, las personas que no pertenecían a su partido político, le tomaron como un loco o un visionario. Como un *espantajo*.

La cuarteta 31, de la Centuria VII hace una clara referencia a la llamada «expedición de los Mil», que mandó Garibaldi en 1860 contra Sicilia, y en la que derrotó a Calatafimi, que disponía de un contingente militar muy superior. En el transcurso de esta expedición, se adueñó de Palermo, y en dos meses logró reunir un ejército de voluntarios de dieciocho mil hombres. La lectura de la citada cuarteta ilustrará al lector sobre lo certero de esta nueva profecía.

La guerra de 1870. El fin del poder temporal
del Papado

Centuria I, cuarteta 15:

«Marte nos amenaza con la fuerza bélica,
setenta veces derramará la sangre:
auge y ruina del eclesiástico
y más aquellos que de ellos nada querrán escuchar.»

Centrando el número 70 en el contexto del *auge y ruina del eclesiástico*, los intérpretes de Nostradamus sitúan cronológicamente la cuarteta en 1870.

¿Qué sucedió en esos años?

Lo que el profeta había vaticinado.

El 8 de diciembre de 1869, Pío IX abrió el I Concilio Vaticano, en cuyas sesiones se aprobó el dogma de la infalibilidad del Papa, justamente el día 18 de julio de 1870. Esa fecha habrá de marcar el principio de la ruina del poder temporal del Papado. Por un lado, el abuso que se hizo de la tal infalibilidad, convirtió en dogmas de fe cuestiones que, hasta entonces, eran de libre creencia. Por otro, la ascensión al reino de Italia (que se había unificado con la inestimable ayuda de Garibaldi) del rey Víctor Manuel II, forzó al Papa a la cesión de la práctica totalidad de los Estados Pontificios, quedando en poder de la Iglesia únicamente la Ciudad del Vaticano, reconocida como Estado independiente en el Pacto de Letrán, en 1929.

La guerra a la que hace referencia la cuarteta, guerras mejor sería decir, abarca tanto la ofensiva real contra el Papado, como la declaración de hostilidades de Francia a Prusia, el 19 de julio de 1870, en la que se vio involucrada Italia, al informar el gobierno de este país su intención de recuperar Roma. La situación podría plantearse así: Napoleón III y Guillermo I entran en guerra. El 2 de septiembre de 1870, poco más de mes y medio después de haberse iniciado la contienda, Napoleón III capitula en Sedán. Italia informa a Francia de su interés por recuperar Roma. El 20 de septiembre de ese mismo año, el general Cardona bombardea la Puerta Pía, obligando al Papa a rendirse: el poder temporal del Papado acaba de terminar.

Los pactos (llamados *garantías*) ofrecidos a Pío IX son calificados por éste de absurdos e injuriosos, pero el gobierno de Italia no le escucha (*aquellos que de ellos nada querrán escuchar*). La ruina para estos sordos será, pasados unos años, tan grande como la del Papado; la monarquía italiana está llamada a desaparecer.

La guerra de 1914-1918 (Primera Guerra Mundial)

Varias cuartetas se refieren a este penoso acontecimiento, por lo que las estudiaremos por el orden en que se sitúan alrededor de las claves.

Centuria IX, cuarteta 55:

«La horrible guerra que en Occidente se prepara,
al año siguiente vendrá la pestilencia.
Tan fuerte y horrible, que ni joven, ni viejo, ni bestia,
sangre, fuego, Mercurio, Marte, Júpiter en Francia.»

Si no fuera por la inclusión de la segunda línea, esta cuarteta podría aplicarse a cualquiera de las dos guerras. Sin embargo, la pestilencia a que alude Nostradamus, nos obliga a situarla en los años de la Primera Guerra Mundial.

Veamos por qué, y cuál es la interpretación de la profecía.

La Primera Guerra Mundial terminó en 1918; apenas unos meses después, se extendió por el mundo la epidemia de lo que dio en llamarse «gripe española», que en cálculos aproximados publicados por la «Enciclopedia Universal», pudo causar la muerte a unos quince millones de personas.

La tercera línea de la cuarteta puede interpretarse bien como que nadie (*ni joven, ni viejo, ni bestia*), había conocido una epidemia igual, o como que nadie había visto una guerra tan cruenta. Recuerde el lector que en la ofensiva de Verdún, iniciada el 21 de febrero de 1916, se causaron más de setecientas mil bajas, entre muertos y heridos, lo que, efectivamente, jamás hasta entonces había ocurrido.

Por último, la simbología de los dioses romanos es clara: Marte es el dios de la guerra; Mercurio, dios del comercio cuyas propiedades de maleabilidad eran bien conocidas, indica la presencia de un arma hasta entonces desconocida: los gases asfixiantes, Júpiter, representado siempre con rayos, señala la aparición por primera vez en la historia de otra arma mortífera: los lanzallamas. Evidentemente, los tres «dioses» planearon por Francia durante la época...

Centuria IV, cuarteta 12:

«El campamento mayor de la ruta puesto en fuga,
más allá no será acosado:
acampado de nuevo y la legión reducida.
Después, fuera de las Galias, será expulsado por completo.»

Por *campamento* debemos entender el lugar donde las tropas acampan, concepto que, en el contexto de la profecía, puede extenderse a la armada en sí misma.

La interpretación, pues, no ofrece dificultades: acampada de nuevo (después de 1870) la armada alemana, su mayor contingente será arrojado de Francia. Una vez recuperadas las fronteras, los franceses no acosarán a los alemanes, sino que les derrotarán por otros medios.

La historia dio la razón a Nostradamus. El 17 de octubre de 1918, Lille es reconquistada por los franceses, con lo que el final de la guerra se precipita. El Tratado de Versalles pondrá término a una contienda sangrienta, sin que las tropas francesas se ensañen en las vidas de los derrotados.

Centuria VII, cuarteta 25:

«Por tan larga guerra, el tesoro gastado.
Que para los soldados no habrá peculio.
En lugar de oro y plata, cuero se llegará a acuñar.
Bronce galo, símbolo creciente de la Luna.»

La interpretación literal de Fontebrune, es la siguiente:
«Debido a una larga guerra, la hacienda estará hasta tal punto exhausta, que no dispondrá de fondos para pagar las soldadas. Se imprimirá más

papel moneda del que puede garantizarse con las reservas de oro y plata. La moneda francesa se parecerá al signo creciente de la Luna.»

Cierto. Terminada la guerra, la deuda de los países contendientes fue realmente espectacular; la circulación fiduciaria aumentó desmesuradamente, y los economistas no se pusieron de acuerdo en afirmar si los síntomas pertenecían a una inflación o una deflación, con lo que el tratamiento para la recuperación económica fue poco efectivo. Tan poco efectivo, que concluyó con la crisis mundial de 1929, tristemente recordada en todo Occidente.

La revolución marxista

Los acontecimientos de la revolución bolchevique vienen descritos en los Presagios y no en las Centurias, por lo que eludo su comentario; sin embargo, la I Internacional, el marxismo en Rusia y el fenómeno de la propagación del comunismo y su persecución y encarcelamiento en muchos países occidentales, sí vienen tratados en la:

Centuria I, cuarteta 14:

«Canciones, cantos y requerimiento de esclavos,
cautivos por príncipes y señores en las prisiones:
en el futuro, por idiotas sin cabeza,
serán recibidos con divinas oraciones.»

Nostradamus quiso decir esto:

«Los cantos y las retenciones de los rusos pobres (verdaderos esclavos), que son encarcelados por los jefes de Estado, serán aceptados como discursos divinos por las gentes estúpidas.»

Que nadie mida estas palabras bajo la óptica de la política: Nostradamus estaba muy por encima de tan nimias discusiones. Para el profeta, era evidente que el alzamiento comunista alegraría a las masas oprimidas, que verían en los líderes de esa revolución a sus salvadores. Pero ello no era, a su juicio, tan positivo como pudiera pensarse: en definitiva, y así sucedió, ese alzamiento y su victoria en Rusia iba a propiciar la división del mundo en dos bloques prácticamente irreconciliables en sus intereses.

Pero veamos lo que fue la historia:

Del 3 al 19 de agosto de 1921, se celebra en Moscú el Congreso constituyente de la Internacional Sindical Roja. En el II Congreso de la

Internacional Comunista, los sindicalistas rusos, italianos, franceses, españoles, búlgaros, yugoslavos, emiten un comunicado en el que, tras anunciar su neutralidad política, animan a quienes deseen reformar las condiciones laborales de su país a que militen en los nuevos sindicatos revolucionarios.

A la vez, comienza la depuración masiva. Entre 1936 y 1937, los encarcelamientos y ejecuciones por presuntos crímenes contrarrevolucionarios, se multiplican espectacularmente, alcanzando las más altas esferas del poder político y militar. Tres de las cinco grandes prisiones de Moscú, están reservadas para «delincuentes políticos». Los campos de trabajo crecen en número y población interna. Y, mientras tanto, ignorando tales ataques a los derechos humanos (que años más tarde serán censurados violentamente por los mismos rusos), los comunistas occidentales comienzan a divinizar a los *héroes* de la sangrienta y devoradora revolución.

Una vez más, Nostradamus acertó.

Centuria V, cuarteta 26:

«La gente esclava por una suerte bélica
alcanzará un alto grado, y tan elevado:
cambiarán el príncipe por un provinciano.
Cruzará el mar, subirá las tropas a los montes.»

La suerte bélica es, sin duda, la revolución; el provinciano no puede ser otro más que Iossif Vissarionovich Djougatchvili, nacido en Gori (República de Georgia) en 1879, y más conocido como Stalin. Que las tropas rusas pasaron los Urales y las cordilleras del centro de Europa, provenientes muchas de ellas de Siberia, es un hecho. Que a partir de entonces comenzarían a dominar los mares, también.

Una vez más, el profeta estaba en lo cierto.

Insisto en que si deseáramos recorrer toda la historia de la mano de Nostradamus y sus profecías, podríamos hacerlo, pero no es esa nuestra meta en el presente trabajo. Por ello, voy a saltar hasta algunos acontecimientos que configuraron la Segunda Guerra Mundial: el lector podrá comprobar cuánta razón tenía el vidente tachado hoy, por algunos, de charlatán.

Capítulo IV

He aquí, pues, algunas (no todas) de las profecías relacionadas con la Segunda Guerra Mundial:

Nacimiento de Hitler (1889). Su lucha contra la URSS. El misterio de su muerte

Centuria III, cuarteta 58:

«Cerca del Rin, de las montañas nóricas,
nacerá un grande de gentes, demasiado tarde llegado,
que defenderá Sauroma y las Panónicas
y no se sabrá lo que (con él) haya sucedido.»

Nórica es, en la actualidad, parte de Baviera y Austria. Los Alpes Nóricos, a los que hace referencia la primera línea de la cuarteta, se extienden desde Salzburgo y Austria, hasta las planicies de Ordenboeurg, en Hungría. En la zona austríaca de Baviera, en el área montañosa reseñada, nació Hitler.

Sauroma es un nombre que, antiguamente, se daba a los países fronterizos en la actual Rusia, sobre todo a Polonia. Panónica es el antiguo nombre de Hungría. Que la ofensiva alemana contra Rusia partió de esa zona, y que posteriormente Hitler hubo de defender los países mencionados para mantener alejado de su territorio el conflicto bélico, es un hecho. Como también lo es que ni siquiera hoy se sabe con certeza qué ocurrió con Hitler en el bunker.

1889. Nacimiento de Hitler de padres pobres. Su trato de igual a igual a la poderosa Rusia

Centuria III, cuarteta 35:

«De lo más profundo del Occidente de Europa
un niño nacerá de pobres gentes,

que con su habla seducirá a las muchedumbres.
Su fama crecerá más en el reino de Oriente.»

En el contexto europeo, el reino de Oriente es Rusia. En cuanto a
Hitler, sabemos que era hijo de un oficial de aduanas y que cursó modestos estudios secundarios antes de iniciar una vida de escasos medios
económicos.

Allan Bullock calificó a Hitler como el «mayor demagogo de la historia del mundo». Que sedujo a las masas por medio de sus palabras,
es algo más que sabido. Y que Rusia, poderosísima potencia, fue trata-
da de igual a igual, firmando incluso un pacto de no agresión, y que tal
pacto se llevó a cabo por la «fama» (temor) de Hitler, es indiscutible.

❖ ❖ ❖

Son diversas las cuartetas que profetizan la aparición del movimiento nazi. Sólo voy a comentar una de ellas, la perteneciente a la

Centuria III, cuarteta 67:

«Una nueva secta de filósofos,
menospreciando la muerte, honores y riquezas,
de los montes germanos no serán limítrofes.
A los seguidores ofrecerán apoyo y publicidad.»

Que la filosofía nazi, en su teoría más pura, desprecia la muerte y las
riquezas, está escrito en el *Mein Kampf*... como también la intención universalista del llamado nacionalsocialismo. Por otra parte, basta leer cualquier libro de historia para comprobar que todos los que siguieron a Hitler
fueron apoyados y defendidos por su régimen de forma poco común.

Siguen las cuartetas señalando las situaciones prebélicas. Nostradamus
dejó perfectamente reflejado el camino de Hitler hasta el poder, la desaparición de la República de Weimar, la aparición del *Mein Kampf*, las
conversaciones de paz entre Berlín y Moscú... Todo, incluido el acuerdo de Munich, el pacifismo inglés, la actuación de Churchill, etc., está
meticulosamente expuesto en las Centurias.

Veamos algunos ejemplos de sus vaticinios ya en la guerra.

Liberación de Italia
(1943-1944)

Centuria V, cuarteta 99:

«Milán, Ferrara, Turín y Aquilea,
Capua y Brindisi, ultrajadas por pueblos célticos.
Por el león y la falange aguileña,
tendrá Roma al viejo caudillo británico.»

La interpretación literal podría ser:

«Milán, Ferrara, Turín, etc., serán ultrajadas por los pueblos de origen céltico. Sin embargo, Roma podrá tener un caudillo británico, como un león y una falange aguileña.»
La historia, por enésima vez, dio la razón a Nostradamus.
Los alemanes habían invadido Italia y la dominaban despóticamente. El viejo caudillo británico, Montgomery, liberó Italia al mando de las tropas inglesas (el León británico) y americanas, cuya enseña es, precisamente, el águila.

✿ ✿ ✿

Con respecto a Mussolini, puede decirse lo mismo que se ha escrito de Hitler: todo está minuciosamente relatado en las Centurias del profeta francés.
Veamos algunos de esos vaticinios:

Mussolini y el cardenal Schuster.
Ejecuciones en Milán
(1945)

Centuria VI, cuarteta 31:

«El jefe encontrará lo que tanto deseaba,
cuando el prelado sea reprendido injustamente:
respuesta al duque disgustará,
quien en Milán a varios matará.»

Veamos lo que dice la historia, poco conocida en este caso.

La ofensiva aliada en Italia era ya un hecho. A finales de 1944, un grupo de guerrilleros patriotas protagonizó un atentado en Milán, Piazzale Loreto, siendo ajusticiados en el acto y expuestos sus cadáveres «para escarmiento y advertencia de la población».

El 13 de marzo de 1945 (aquí empieza la profecía) Mussolini envía a su hijo Vittorio a parlamentar con el cardenal Schuster, arzobispo de Milán, con la intención de solicitar garantías de los aliados. La oferta es la siguiente: las tropas alemanas se retirarán más allá de los Alpes, si los aliados garantizan la vida de la población civil y militar. Se dice que, en definitiva, Mussolini pretendía ganar tiempo, puesto que, como después se comprobó, los germanos no tenían intención de ceder un palmo de terreno gratuitamente. Desconfiados, los aliados rechazaron la propuesta del Duce, exigiéndole la rendición incondicional; de paso, el alto mando aliado recriminó al arzobispo su labor mediadora, asegurándole que, en el futuro, se abstuviera de intervenir en los asuntos de la guerra.

Es obvio que la «respuesta disgustó al Duce» y que el «prelado fue injustamente reprendido»; también que, a pesar de ello, se mezcló con las gentes que abandonaban la ciudad ante la inminente ofensiva aliada, con la pretensión de huir. En el mismo lugar donde meses antes fueron ejecutados los patriotas italianos, seis cadáveres fueron colgados a las once horas, de una traviesa en una gasolinera: Mussolini, Clara, Pavolini, Zerbino, Barracu y Porta fueron ajusticiados en la forma ya conocida y ampliamente descrita por la historia.

Masacres en Milán y Florencia. Milán capital de Italia
(19 de abril de 1945)

Centuria X, cuarteta 64:

«Llora Milán, llora Luca, llora Florencia.
Que tu gran duque sobre el carro montará.
Se avanza cambiar la sede cerca de Venecia,
cuando Colonia a Roma cambiará.»

Repasemos los hechos.

El nerviosismo nazi es incontrolable. Prácticamente, han perdido la guerra, pero se resisten a la rendición incondicional exigida por los aliados, confiados quizás en las poderosas armas secretas que constantemente les promete Hitler. En Mazzabotto, pueblo muy cercano a Florencia, setecientas personas son ejecutadas por los alemanes, cuando se retiran para reagruparse en una línea de defensa situada entre Rimini y La Spezia, línea que incluye las ciudades de Florencia y Luca que, como no podía ser por menos, sufren en sus carnes la presencia de los germanos.

La presencia de los aliados y la pérdida de Roma, obligan a cambiar la capital de la zona alemana, que es trasladada a la Plaza Colonia de Milán, como indica la última línea de la cuarteta. El Duce abandona su puesto de mando y se traslada a ella en coche (carro). Era el 19 de abril de 1945. Poco después moría linchado.

El proceso de Nuremberg. La guerra fría
(1945-1946)

Centuria II, cuarteta 38:

«Habrá un gran número de condenados
cuando los monarcas se habrán reconciliado.
Pero uno de ellos estará tan irritado
que ya no los encontrarán unidos.»

El significado parece claro: reconciliados los jefes, habrá un gran número de condenados; sin embargo, pronto uno de esos jefes se irritará y dejará de ser aliado de los demás.

Repasemos la historia.

El 20 de noviembre de 1945, tuvo lugar la primera sesión del proceso de Nuremberg, por medio del que se juzgó a los altos jefes militares alemanes, acusados de crímenes de guerra. Componían el tribunal representantes de los cuatro grandes países aliados (Francia, Inglaterra, Estados Unidos y Rusia). La sentencia se hizo pública el 1 de octubre de 1946, y los condenados a muerte ejecutados el 16 de ese mismo mes. De veinticuatro altos dirigentes nazis, sólo tres fueron absueltos, siendo los demás condenados a muerte o a graves penas de prisión.

Poco después comenzaron las desavenencias entre los bloques oriental y occidental de los aliados, como el resultado de la guerra fría y las tensiones ya conocidas.

Retorno de los judíos a Palestina
(1948)

Centuria II, cuarteta 19:

«Recién llegados a lugar construido sin defensas,
ocupar el lugar entonces inhabitable:
prados, casas, campos, ciudades tomar a placer.
Hambre, peste, guerras, ardua y prolongada labor.»

Una de las consecuencias directas de la Segunda Guerra Mundial fue el retorno de los judíos a Palestina. Cualquiera que sepa o recuerde la historia de esos momentos, comprenderá la certera exactitud de las predicciones de Nostradamus. Los judíos llegaron a Palestina sin defensa armada alguna; encontraron grandes extensiones de desierto inhabitable, que transformaron en regadíos, pasando de 1.000 hectáreas de huerta, a 15.000. Por otra parte, la huida de los árabes civiles proporcionó la toma indiscriminada de bienes y, como es sabido, Israel inició una época de guerras y guerrillas que todavía no ha terminado.

Capítulo V

Los acontecimientos de la posguerra mundial, también ocuparon la atención del gran vidente. Vamos a centrar el presente capítulo en dos temas de actualidad. Uno, la sublevación de Budapest; otro, los acontecimientos de Irán.

Insurrección húngara. Representación rusa
(23 de octubre-4 de noviembre de 1956)

Centuria II, cuarteta 90:

«Por vida y muerte cambiado el reino de Hungría,
la ley será más dura que servicial.
(Llena) su gran ciudad de alaridos, lloros y gritos.
Cástor y Pólux, enemigos en la lid.»

Recordemos los tristes acontecimientos padecidos por el pueblo húngaro.

La largo resistencia contra la dirección stalinista del partido comunista húngaro, fiel marioneta de los rusos, se concreta en un alzamiento que estalla en Budapest (su «gran ciudad», es decir, la capital) el 23 de octubre de 1956. El primer resultado es el acceso al poder de Imre Nagy, el Cástor de la cuarteta, quien, de inmediato anuncia la decisión de su gobierno de coalición de retirarse del Pacto de Varsovia y solicita de la ONU el reconocimiento de Hungría como país neutral. Al día siguiente, Budapest queda rodeada por los carros de combate rusos, que entrarán en acción el día 4 siguiente, organizando un nuevo gobierno comandado por Janos Kadar, el Pólux citado por Nostradamus. (Cástor y Pólux eran, en la mitología, dos hermanos hijos de Júpiter.)

51

El balance fue realmente dramático. veinticinco mil personas muertas, quince mil fueron deportadas a la Unión Soviética; ciento cincuenta mil huyeron, solicitando asilo político en diversos países de Occidente.

* * *

Varias son las cuartetas que hacen referencia a Irán y al jefe espiritual de su revolución. Veamos algunas de ellas:

Revolución, guerra y hambre en Irán, Caída del sha
(1979)

Centuria I, cuarteta 70:

«Alboroto, hambre, guerra en Persia no acabada.
La fe demasiado grande traicionará al monarca.
Por el fin en la Galia iniciada,
secreto augurio para una corta existencia.»

Que la fe de los chiítas movió la montaña de la revolución persa, es obvio. Que esa fe tenía su origen en un exilado iraní resistente en Francia, llamado Jomeini, también. Y, asimismo, sabemos que ese fanatismo religioso derrocó (traicionó) al monarca persa y encendió la guerra irano-iraquí. El secreto augurio (que precede en las tres primeras líneas) para una corta existencia, no tiene más interpretación que la rápida muerte de sha, tras su exilio.

Caída del sha. Gobierno militar. Toma del poder
por los clérigos

Centuria X, cuarteta 21:

«Por la resistencia del rey sosteniendo lo inferior,
será herido prestándole las armas;
el padre al hijo, queriendo nobleza inspirar,
hace, como en Persia hicieron los magos un día.»

La interpretación es relativamente sencilla.
A causa de su empeño en mantener la situación de desajuste social imperante en el país, las revoluciones fueron en aumento, hasta el pun-

to de que el sha debió utilizar su ejército contra el pueblo. Sin embargo, está decisión no le favoreció en nada; bien al contrario, sus tropas fueron derrotadas (fue herido). Dice la cuarteta que el padre quiere manifestar o inspirar nobleza al hijo y que se hace en Persia lo que ya hicieron los magos un día.

Veamos ahora la historia y su clarificación:

Cuando en 1967, el sha decidió coronarse emperador y coronar a la emperatriz Farah Diba, mohamed Reza Palhevi declaró:

«Yo quiero dejar a mis hijos una nación joven, evolucionada, perfectamente estable, donde se impongan las técnicas y modos modernos y capaz de colaborar con todos los pueblos del mundo.»

¿No es ésta una forma clara de «inspirar nobleza en los hijos»? En un sentido más prosaico, nobleza podría ser títulos nobiliarios; también en este caso el sha tenía esa intención: en las fiestas de Persépolis, celebradas en 1971 para celebrar el milenario del Imperio Persa, aseguró repetidas veces que su sucesor sería el hijo varón primogénito. Con ello, su descendiente ascendía al más alto escalafón de la nobleza: emperador... el que no es más que miembro de una familia de militares de baja graduación.

Sigamos en el tiempo.

El lunes, 6 de noviembre de 1978, el sha nombra presidente de su gobierno al general en jefe del Ejército de Tierra, general Azhari. La entrada en juego de las fuerzas armadas no hace más que empeorar la situación social; el descontento, alentado desde Francia por Jomeini, aumenta hasta forzar la salida del país del emperador, lo que sucede el 16 de enero siguiente. Quince días después, el 1 de febrero, Jomeini regresaba al país, iniciando lo que llama la República Islámica.

La referencia de los magos es, asimismo, comprensible. *Mago* para los iraníes, es sinónimo de clérigo. Si se repasa la historia antigua del país, será fácil constatar que durante siglos, el poder en el área geográfica a la que estamos refiriéndonos ha estado en manos de la clerecía. Nostradamus, en definitiva, indicó que en Persia iba a suceder lo que ya había pasado antes: que los magos (clérigos) tomarían en sus manos las riendas de la administración del Estado.

Jomeini en Irak
(1963-1978)

Centuria VIII, cuarteta 70:

«Entrará villano, mezquino, infame,
intentará tiranizar Mesopotamia.
Todos amigos hechos de adulterina dama,
tierra horrible negro de fisonomía.»

Mesopotamia es el actual Irak, la tierra comprendida entre el Tigris y el Éufrates. En 1963, desterrado por el sha, Jomeini pidió y recibió asilo político en Irak. Sin embargo, pronto recomenzó sus actividades políticas encaminadas a la instauración de su República Islámica. Las autoridades iraquíes le permitieron actuar mientras sus esfuerzos se encaminaron a derrocar el régimen iraní del sha; sin embargo, cuando comenzó a postular que la República Islámica debía ser universal y, sobre todo, cuando contactó con el clero chiíta iraquí y preconizó la reestructuración gubernamental del país que le había brindado ayuda, fue expulsado, trasladándose a Francia.

Con estos datos, descifrar la cuarteta no es tarea complicada. Los «amigos hechos de adulterina dama», pueden tomarse como «falsos amigos» de los iraquíes; es decir, Jomeini y su camarilla. La última línea de la cuarteta se desvela por sí sola, si echamos una ojeada al desolador panorama de aquellas tierras.

Capítulo VI

Ya he indicado en capítulos anteriores que Nostradamus trató el tema de España en diversas ocasiones. Dije, asimismo, que procuraría ofrecer al lector alguna de sus profecías cumplidas; ha llegado, pues, el momento de hacerlo.

Siguiendo la misma norma que me he impuesto a lo largo de este trabajo, únicamente expondré unos cuantos vaticinios; me guía a ello los mismos motivos que ya expliqué en su momento.

Dicho esto, sigamos con Nostradamus y España:

Sublevación del duque de Alba contra Pablo IV
(1557)

Centuria VII, cuarteta 29:

«El gran duque de Alba llegará a rebelarse.
A sus antepasados les hará traición:
el grande de Guisa llegará a vencerle;
cautivo llevado y erigido monumento.»

La controvertida figura de don Fernando Álvarez de Toledo, tercer duque de Alba, queda claramente reflejada en esta cuarteta.

Nació don Fernando en Piedrahita, en 1507, y murió en Lisboa, en 1582, siendo hijo de don García de Toledo, quien, a su vez, murió en la isla de Gelvez en lucha por su rey, y de doña Beatriz Pimentel. Heredó el título de su abuelo, el segundo duque, y participó en todas las grandes campañas de Carlos I y Felipe II. Venció a los protestantes en la batalla de Mühlberg (1547) y, siendo virrey de Nápoles, invadió en 1557 los Estados Pontificios, obligando a Paulo IV a pedir la paz, solicitando y consiguiendo posteriormente su perdón. Creó en Flandes el Tribunal de los Tumultos, por lo que fue acusado de desmanes y severidad excesiva. Condenó a muerte a los condes de Egmont y Horn, por considerarlos jefes de la revuelta contra el rey.

Felipe II le tuvo preso en Uceda por culpa de las actividades de un hijo suyo. Sin embargo, desatada la guerra de Portugal, el rey le liberó para ponerle al frente de sus ejércitos, lo que hizo comentar al de Alba:

«Majestad: sois el único monarca de la tierra que sacáis de prisión a un general para que deposite en vuestras sienes otra corona.»

Si analizamos línea a línea la cuarteta, comprobaremos que Nostradamus no se equivocó en nada.

Se rebeló contra el Papa, al que combatió, traicionando las ancestrales tradiciones católicas de su familia; fue cautivo, a pesar de lo cual recibió el mando de los ejércitos del rey que le había encarcelado, erigiéndose en héroe y artífice de la victoria contra los portugueses. Y, efectivamente, el duque de Guisa le derrotó en Nápoles, si bien parcialmente, cuando se atacó sorpresivamente desde la parte sur del milanesado.

Batalla de Lepanto
(7 de octubre de 1571)

Aunque son varias las cuartetas que se refieren a este hecho, trataré solamente dos de ellas:

Centuria III, cuarteta 64:

«El jefe de Persia rellenará grandes úlcadas,
la flota trirreme contra los mahometanos
de Parta y Media. Y saquear las Cícladas,
reposo mucho tiempo en el gran puerto jónico.»

Úlcadas son antiguos vasos que servían para transportar líquidos a largas distancias; por extensión, puede tomarse como naves. El vocablo «trirreme» hace alusión a ciertas embarcaciones de guerra, cuya característica principal es que estaban movidas por tres líneas de remos superpuestas, en cada lado del buque. Parta y Media eran provincias del antiguo imperio persa, cuyos territorios coinciden casi exactamente con Turquía. Por último, las Cícladas componen un grupo de islas del mar Egeo.

La historia fue ésta:

Muerto Solimán II, su hijo y heredero, Salim II, continuó con su afán expansionista y, naturalmente, amenazando constantemente la ya nada pacífica Europa. Como resultado de sus actividades bélicas, Chipre, que estaba bajo la soberanía de Venecia, fue conquistada y sometida al imperio otomano.

En virtud de los tratados existentes en la época, la armada de la Santa Liga (compuesta por navíos y personal humano procedentes de España, Venecia y los Estados Pontificios) fue puesta bajo el mando de don Juan de Austria, hermanastro de Felipe II, y se dirigió contra las huestes turcas, comandadas por Mehemet Siriko, virrey de Alejandría.

El enfrentamiento duró cinco horas y terminó con la victoria de los cristianos, que se apoderaron de doscientas cincuenta naves turcas. Con todo, la acción no logró el objetivo primordial que se había trazado, la reconquista de Chipre, pero sí consiguió detener el avance mahometano durante mucho tiempo.

Centuria VI, cuarteta 75:

«El gran piloto será mandado por el rey,
dejará la armada para ocupar puesto más alto.
Siete años después será contraatacado.
Bárbara armada vendrá Venecia a temer.»

La batalla de Lepanto no fue el final de las actividades de Juan de Austria. Como se indica en la última línea de esta cuarteta, Venecia temblaba ante la sola idea de una reagrupación turca, por lo que el general español continuó acosando a los otomanos por todo el Mediterráneo, logrando conquistar Túnez, Bizerta y otras plazas de Berbería.

Representó al rey en Italia y siete años después de su triunfo en Lepanto (tal y como indica la profecía), es decir, en 1578, fue nombrado gobernador general de Flandes, sustituyendo a Recasens. El cargo, evidentemente, era de mayor categoría que el de almirante de la flota del Mediterráneo. Intentó, y logró, pacificar a los rebeldes, firmando con ellos el «Pacto Perpetuo», mediante el cual se prohibían las persecuciones religiosas y se licenciaban los tercios mandados por el rey. Sin embargo, a las dos semanas, tuvo que volver a llamar a los mismos tercios para sofocar la última revuelta rebelde.

Un mes después, moría de unas fiebres malignas cerca de Namur.

Fue, pues, «el gran piloto mandado por el rey» que «dejó la armada para ocupar un cargo más alto» y que «siete años después» fue contraatacado por los mismos con quienes había firmado un pacto teóricamente perpetuo. Mientras tanto, Venecia seguía temiendo la ya menos peligrosa armada turca...

Las tropas de Luis XIII entran en Barcelona
(1640)

Centuria VIII, cuarteta 26:

«De Catón es encontrado en Barcelona,
puesto en lugar abierto, pedregoso y alejado,
el más grande que tiene y no tiene querrá Pamplona,
por la abadía de Montserrat brumas.»

El «grande que tiene y no tiene, querrá Pamplona», se refiere a la pretensión de la corona francesa de situar bajo su cetro el reino de Navarra; el resto, tiene como escenario Cataluña en particular, y la Guerra de los Treinta Años en general.

Luis XIII y Richelieu, en Francia; felipe IV y el conde-duque de Olivares en España, tenían una idea común que, lamentablemente, llevaron a la práctica el absolutismo gobernante. Fruto de la intransigencia y de la ineptitud, España perdió los Países Bajos al negarse el valido a prorrogar la tregua de doce años que se había firmado, sin tener en cuenta que el país no estaba preparado para afrontar los gastos de una campaña militar que se preveía larga y costosa en vidas y medios económicos.

Consecuente con su nefasta política y decidido a la guerra, Gaspar de Guzmán y Pimentel, conde-duque de Olivares, decretó elevados impuestos que, en unas provincias, fueron pagados de mala gana y, en otras, simplemente rechazados. El chantaje no se hizo esperar: la liquidación de los impuestos era condición imprescindible para que las provincias «morosas» continuaran disfrutando de sus fueros y privilegios. Aquellas regiones que no contribuyeran «voluntariamente» a la campaña europea, serían dominadas por la fuerza y derogados sus privilegios.

Portugal y Cataluña, se negaron a aceptar semejantes imposiciones y, cada cual por su lado, buscaron la mejor forma de resolver el conflicto. Portugal se alzó en armas, separándose de España e independizándose de ella, con lo que se rompió definitivamente la unidad de la península Ibérica. Cataluña se puso bajo la protección de Luis XIII y se proclamó república independiente en 1640.

Por motivos que no vienen al caso, las calles de Barcelona quedaron en poder de unos descontentos con la decisión independentista, por lo que se pidió ayuda a Francia, enviando Luis XIII efectivos a la ciudad. Algunos soldados licenciados de los ejércitos huyeron hacia Montserrat, siendo perseguidos por las tropas francesas. En 1650, recuperadas sus libertades, Cataluña regresó a la corona española.

El significado de la cuarteta es, pues, claro... aunque debe tenerse en cuenta que está escrita desde la óptica francesa. «Catones» eran llamados en la época los «licenciados». Nostradamus utiliza el término como sinónimo de «soldados *licenciados*», que fueron quienes protagonizaron los incidentes en Barcelona. Luis XIII seguía aspirando a la corona de Navarra (el «grande que tiene y no tiene»), sobre la que Francia venía reivindicando intereses desde siglos antes. La persecución de los alborotadores de Barcelona motivó la salida en descubierto de las tropas francesas, descubierta que concluyó entre las «brumas de Montserrat», en un lugar que, quien lo conozca sabe que es «abierto, pedregoso y alejado».

Tuvo idea Luis XIII de utilizar sus tropas en Cataluña para ver de forzar un pacto sobre Navarra, pero la situación europea y los ya numerosos frentes bélicos que debía atender, le hicieron reconsiderar su decisión y renunciar a ella.

La guerra franco-española
(1808)

Centuria IV, cuarteta 2:

«Por muerte, Francia hará un viaje.
La flota por mar, atravesar los montes Pirineos.
España perturbada, marchar los militares,
las más grandes damas llevadas a Francia.»

La controvertida situación de Napoleón, Fernando VII, España, Portugal, Francia e Inglaterra en esas fechas, es el motivo de otro acierto profético de Nostradamus.

Recordemos la situación.

Fernando VII y Napoleón habían decidido apoderarse de Portugal: Wellington, en nombre de Inglaterra, desembarca en Leiria y se dirige hacia San Sebastián. El pueblo español se revuelve. Fernando VII, su padre Carlos IV, su esposa María Luisa y su hija, deciden pasar a Francia y ponerse bajo la protección del emperador, con quien habían firmado un pacto permitiéndole pasar por territorio español con sus tropas, a fin de desarrollar la campaña contra Portugal. Los franceses justificaron su posterior actuación diciendo que, para ellos, era una cuestión de *supervivencia* frenar la expansión inglesa. La cuarteta cobra así una interpretación exacta:

«Debido al temor de una invasión inglesa desde España (lo que hubiera ocasionado la *muerte* de Francia como nación), los franceses se aprestan a combatir las tropas británicas en suelo portugués o español, según donde se encuentren. Los ejércitos franceses pasan los Pirineos y surcan los mares, a fin de evitar la retirada de Wellington por el Atlántico. Debido a las perturbaciones interiores, Fernando VII decide ponerse bajo la protección del emperador (del que será un prisionero de oro), para lo que no tiene inconveniente de trasladarse a Francia, acompañado de su esposa e hija (*las más grandes damas*).»

Anexión por Napoleón de los Estados Pontificios.
La guerra con España
(1808)

Centuria IV, cuarteta 36:

«Los juegos nuevos en Galia, organizados,
después de la victoria en la campaña de Insubria:
montes de Hesperia, los grandes atados, destrozados...
De miedo tiemblan España y la Romaña.»

Insubria es una pequeña ciudad contemporánea nuestra, situada en el Milanesado, que en tiempos de Napoleón presenció una gran derrota de las tropas italianas en manos del emperador. A raíz de tal victoria, en Francia se instauró un nuevo «juego político»; es decir, que Napoleón pasó a ostentar todos los poderes del ejecutivo y legislativo. Hesperia fue el nombre dado por los griegos a Italia: tras la citada victoria, Napoleón apresó a innumerables prohombres italianos, que fueron trasladados a Francia. Los Estados Pontificios (la Romaña de la cuarteta) y España, temblaban ante los poderosos ejércitos napoleónicos...

Guerra de España. Derrota de Wellington
(1812)

Centuria IV, cuarteta 70:

«Muy cerca de los grandes montes Pirineos,
uno contra el Águila gran ejército dirigirá.
Abiertas las venas, fuerzas exterminadas,
que hasta Pau el jefe expulsará.»

A finales de 1811, todavía nada había sido decidido militarmente en la Península Ibérica. Los franceses, expulsados de Portugal, son acosados por España, mientras Napoleón piensa que tiene perfectamente aseguradas sus líneas de comunicación con España, por lo que toma la decisión de atacar Rusia; por ello da orden al general Marmont de dirigirse a Salamanca, a fin de controlar la gran ruta desde Madrid a Bayona. Posiblemente sin querer, esta maniobra deja libre el campo a los ingleses, quienes de inmediato aprovechan la situación para enviar el grueso de sus tropas a Badajoz, tomar la plaza y organizar una matanza entre los franceses que la defendían. Ocurría esto en los primeros días de abril de 1812. El 21 de junio de ese mismo año, la batalla de Vitoria libera prácticamente toda la península de soldados franceses, ya que éstos únicamente conservan Pamplona y San Sebastián.

Metódicamente, Wellington se aprestaba a conquistar San Sebastián y Pamplona, cuando recibió una orden de Londres, mandándole que atravesara la frontera y acosara a Napoleón en su propio territorio. Lo hace, enfrentándose al general Soult, que es derrotado.

El 8 de septiembre, San Sebastián se rinde, huyendo sus soldados a través de los montes fronterizos. Ocho días después, Napoleón pierde la llamada «Batalla de las Naciones»...

La cuarteta es, pues, de fácil comprensión. Tras cruzar España, «muy cerca de los montes Pirineos» (San Sebastián, Bayona), «uno (Wellington) gran ejército contra el águila (*imperial*) dirigirá». «Abiertas las venas, fuerzas exterminadas (saqueo de San Sebastián, asesinatos de franceses defensores de la plaza), que hasta Pau el jefe expulsará.»

Pau es la capital del departamento de los Pirineos Atlánticos: con ello, se concretiza el acierto del vaticinio.

Capítulo VII

Otras muchas profecías hacen referencia a España y se sitúan a partir de la Guerra de la Independencia. Debo pasar directamente a una situación sobradamente conocida por casi todos los españoles del momento; a una situación que duró cuarenta años casi, y que se caracterizó por el mandato del general Francisco Franco en el país.

Nacimiento de Franco en Galicia.
Su salida de Marruecos hacia el poder (1936)
La revolución de Asturias (1934)

Centuria X, cuarteta 48:

«De lo más hondo de la enseña de España,
saliendo del final y de los confines de Europa,
tumultos ocurriendo junto al mar de Laine.
Será derrotada su gran tropa por banda.»

La palabra que se ha traducido por «enseña», es *enseigne*. Los traductores parecen haber olvidado que éste es el nombre dado por los franceses del siglo XVI a los oficiales portaestandartes y, por extensión, a los oficiales en general. Si tenemos en cuenta que Laine es un galicismo de Llanes, el significado de la cuarteta no puede ser otro más que éste:

«De lo más hondo de España (el oeste lejano), nacerá un oficial (cuya fama, carrera o hechos) saldrán del final y los confines de Europa (Gibraltar, más allá de Gibraltar). Ocurrirán tumultos en el mar de Llanes, donde la revolución será derrotada por la gran tropa.»

La carrera militar de Franco, en plan profesional, se inició en Marruecos, donde prestó servicio desde 1912 a 1926, siendo elevado al generalato a los treinta y tres años, con lo que se convirtió en el general más joven de

Europa. En 1934 fue enviado a Asturias, a fin de sofocar la revuelta de las izquierdas, que proclamaban la independencia del principado.

Franco es nombrado jefe de gobierno en Burgos
(1 de octubre de 1936)

Centuria IX, cuarteta 16:

«Del castillo saldrá Franco la asamblea.
El embajador no grato hará cisma:
Los de la ribera estarán en la refriega
y al gran abismo les negarán la entrada.»

Castel es el vocablo que utilizó Nostradamus en la redacción de sus Centurias. Cierto es que *castillo* es una traducción correcta; mas si nos remontamos al siglo XVI, *castel* significaba, además, *plaza fuerte*.

Con estas aclaraciones, la cuarteta recobra su significación histórica: Franco saldrá (como jefe) de una asamblea (la Junta) celebrada en una plaza fuerte. El embajador no grato hará cisma. Los de la Ribera (o Rivera) estarán en la refriega, aunque no entrarán en el gran abismo.

Veamos los hechos a la luz de la historia.

Franco fue elegido jefe del gobierno en la Junta de generales, celebrada en Burgos que, evidentemente, era una plaza fuerte. Incluso podría decirse que Nostradamus utilizó el vocablo *castel* refiriéndose también a Castilla, región en la que está enclavada esa ciudad. Primo de Rivera, de sus mismas ideas políticas, se alió con el alzamiento, ya que desde 1934 (4 de abril, Valladolid), había fusionado su Falange Española con las JONS. Pero Franco siempre tuvo recelos de las centurias falangistas. El resultado final, como se sabe, es que José Antonio Primo de Rivera fue condenado a muerte y ajusticiado en Alicante años después. La última línea se refiere, indudablemente, a que Franco no se alió con los alemanes (de ideología similar) en la Segunda Guerra Mundial. Las causas, al margen de la depauperación de España, deben buscarse en la decidida actitud de los aliados, que amenazaron con declarar a España país beligerante si no retiraba una división de voluntarios que luchaba al lado de Hitler. Así, pues, «no se le permitió la entrada al gran abismo».

Debo indicar que el traductor ha optado por «abismo» para traducir *gran goulphre*. Estas dos palabras significan, asimismo, grupos de maleantes, o época de miserias, o ambas cosas a la vez. Con esta acepción, la última línea de la cuarteta se clarifica notablemente.

Apoyos del Eje a Franco
(1936-1939)
Los maquis del sudoeste contra los alemanes

Centuria III, cuarteta 8:

«Los cimbrios, junto a sus vecinos,
vendrán a despoblar casi toda España:
gente agrupada, Guyena y Lemosinos,
estarán en liga y les harán campaña.»

Los cimbrios son un pueblo germánico, establecido en la orilla derecha del río Elba. Guyena es una zona francesa que, en la actualidad, está ocupada por los departamentos de Gironde, Landes, Dordogne, Lot, Averyron, Lot-et-Garonne y Tarn-et-Garonne. Limonges es una ciudad de la que hablaré más adelante.

Es patente que las ayudas recibidas por Francisco Franco en el transcurso de la Guerra Civil española, partieron de Alemania e Italia. La margen derecha del Elba es la más cercana a Italia de las dos y, curiosamente, en la época a la que nos estamos refiriendo, Italia y Alemania eran vecinos, puesto que Austria estaba anexionada al Reich. Así, pues, las dos primeras líneas de la cuarteta son exactas: recordemos el saldo final de la guerra (entre 750.000 y 1.000.000 de muertos) y el número de refugiados, y ello bastará para comprender que Nostradamus se acercó mucho a la verdad.

Veamos lo que dice la historia con respecto a las dos últimas:

El 6 de junio de 1944, da comienzo la liberación de Francia a través del desembarco de Normandía. Se inicia un repliegue hacia el Este, por parte alemana, y nos encontramos con que en la zona de Toulouse se ha estacionado la división acorazada S.S. Das Reich. Se recibe la orden de avanzar hacia el frente abierto por los aliados, orden que se pretende cumplir después de reagrupar las tropas. Los alemanes tienen tres días como máximo para crear una nueva línea de fuego; es un plazo perfectamente asequible..., pero se interpone la resistencia francesa. Los maquis. «La gente agrupada». Dos formaciones maquis, las brigadas «Hervé» y «Alsacia Lorena» atacan a la división acorazada cuando ésta transitaba por las comarcas de Dordogne y, posteriormente, en Lot (ambas, como hemos visto, pertenecientes a la antigua Guyena). Los hostigamientos maquis retrasan el avance alemán. Pretenden pasar Limonges, sin conseguirlo debido a la oposición civil. Por fin, el 10 de junio Limonges es conquistada por los germanos, que protagonizan el conocido drama de Orador-sur-Glane.

Las dos últimas líneas, pues, son también exactas: los maquis, gente agrupada que ocupaba la Guyena y Limonges, agruparon dos de sus brigadas (entraron en liga) e hicieron campaña contra los invasores.

Fin de la República Española (1939)
Masacres de clérigos. La toma de Sevilla (1936)

Centuria VI, cuarteta 19:

«La verdadera llama engullirá a la dama
que querrá arrojar al fuego a los Inocentes.
Poco antes del asalto el ejército se inflama,
cuando en Sevilla sea visto monstruoso buey.»

Un par de matices a las dos primeras líneas de la cuarteta. En numerosas cuartetas, Nostradamus se refiere a las repúblicas con el nombre genérico de «dama». Cierto es que emplea la misma palabra para designar a personajes femeninos de relevancia, pero cuando así lo hace pone el nombre con mayúsculas. Por otra parte es también costumbre del profeta designar a los clérigos con el vocablo «Inocentes», empleando asimismo la mayúscula.

La «verdadera llama» es, pues, la guerra civil que, en efecto, «engulló a la dama», es decir, a la República. Nostradamus se refería al hablar de «arrojar al fuego a los "Inocentes" a los sucesos del País Vasco, en los que perecieron dos mil sacerdotes, según los datos de la "Enciclopedia Universal"».

Los acontecimientos de Sevilla, con el ejército sublevado al mando del general Queipo de Llano, son lo suficientemente conocidos como para que prefiera no traerlos de nuevo a la publicidad. Las decenas de miles de ejecutados en Sevilla y Andalucía, hacen buena la calificación que Nostradamus da al responsable de la matanza: «monstruoso buey».

Tercera parte
El fin de los tiempos

«Guerras lejanas, gritos de terror. El miedo será la coartada de los lobos. Y los rebaños serán más rebaños que nunca.»

(Profecías de Juan XXIII.)

INTRODUCCIÓN

Como ya dije al principio de la primera parte de este libro, las profecías de Nostradamus llegan hasta el año 2035.

Mas, como indiqué también, Nostradamus no se limita a exponer el apocalipsis final: sus vaticinios componen un rosario de hechos entrelazados que, desdichadamente, sólo pueden tener un final. Un final que será, a la vez, el fin del mundo y el de la humanidad que lo puebla.

Como no es el momento de exponer todas las profecías escritas por el vidente de Salon, creo conveniente explicar al lector las líneas generales... los ejes alrededor de los que se mueven todos los hechos descritos por el profeta.

Los centros de acción giran en torno a:

1. Una invasión rusa, que culmina con la victoria de Occidente.
2. La llegada del anticristo.
3. Una invasión oriental (musulmanes-chinos), que destruye definitivamente la civilización occidental.

El posible «argumento» central de lo que será nuestra futura historia sería éste: Los rusos agredirán a Occidente. Tras una dura guerra, en la que Roma será destruida, un Papa asesinado, la Santa Sede trasladada a Francia, y un sinfín de desastres más, Occidente vencerá a sus agresores. Sin embargo, el precio será altísimo: rusos y occidentales quedarán a merced de un posible tercer contendiente.

Mientras tanto, y procedente de Asia, un anticristo elevará su voz, pidiendo la aniquilación de los «perversos» occidentales. Guiados por el fanatismo religioso que les caracteriza, musulmanes y chinos se aliarán para, a través de Rusia unos y del Mediterráneo otros, agredir de nuevo a los países occidentales, totalmente arruinados, desangrados e indefensos tras la dura contienda sostenida.

Dice Nostradamus que ello sucederá en 1999, y así reza en la Centuria X, cuarteta 72:

«En el año 1999, siete meses,
del cielo arribará un gran rey de horror:
resucitar el gran rey de Angolmois,
antes después Marte reinar por felicidad.»

Aunque el significado de la cuarteta lo veremos más adelante, sirva su conocimiento como muestra de la exactitud con que Nostradamus profetizó nuestro futuro.

Alrededor de este «argumento», los hechos se desencadenarán tan implacable como irremisiblemente. Nadie podrá hacer nada por evitarlo. Sólo nos resta, pues, prepararnos a sucumbir dignamente.

Tan dignamente como nuestra entereza nos permita.

Capítulo Primero

Jean Charles de Fontbrune divide las profecías de Nostradamus relacionadas con el apocalipsis final en los siguientes apartados:

1. El clima prebélico.
2. La invasión de Italia.
3. La caída de la V República Francesa.
4. El Medio Oriente y la Tercera Guerra Mundial.
5. Lefebvre y los tradicionalistas.
6. La invasión rusa.
7. Destrucción de París.
8. La conjura musulmana.
9. La victoria de Occidente.
10. La importancia de Sudáfrica en la guerra.
11. Intervención oriental.
12. El anticristo.
13. La agresión chino-árabe.
14. La destrucción de la civilización occidental.

Veremos, pues, seguidamente, algunas de las profecías correspondientes a cada uno de estos apartados.

1. El clima prebélico

Centuria VIII, cuarteta 2 bis:

«Muchos vendrán y hablarán de paz
entre monarcas y señores muy bien puestos.
Mas no será acordada por esos
que obedecen a mezquinos intereses.»

La interpretación no ofrece dificultades: los jefes de Estado se reunirán para tratar de firmar una paz que, sin embargo, jamás será pactada, debido a los mezquinos intereses que les mueven.

No es mi intención ser alarmista, pero... ¿se ha preguntado el lector cuántas conversaciones de paz se están desarrollando desde hace un tiempo? Sin pretender ser exhaustivo, he aquí unas cuantas: conversaciones SALT, para el desarme nuclear; Camp David, para la guerra en Oriente Medio; comisión en la ONU para la invasión de Afganistán; comisión en la Organización de Estados Africanos, con fuerzas de pacificación incluidas, para lograr un alto el fuego en el Chad; frentes para la liberación en El Salvador, Guatemala, Sahara, Afganistán, etcétera. En definitiva, todo el mundo habla de paz y, a la vez, todos culpan a sus adversarios de que esa paz sea frágil. ¿No estaba Nostradamus en lo cierto?

Centuria I, cuarteta 91:

«Los dioses se aparecerán a los humanos
que (y) serán autores de un gran conflicto.
Antes, visto el cielo sereno, espada y lanza,
que en la mano izquierda será más grande la aflicción.»

Camino llevamos de que esta profecía se cumpla, si se le da esta interpretación: los dioses engañarán a los humanos, para que ellos mismos sean la causa de su propia destrucción a través de un gran conflicto armado. Primero, el cielo estará sereno; después se nublará por las armas de tierra (espada) y aire (lanza), causando un mayor estrago en las fuerzas de izquierda.

He indicado en la introducción a esta parte del libro, que uno de los móviles de la última gran guerra será el fanatismo religioso. No hay más que ver el falso misticismo de Gadafi en Libia, o de Jomeini en Irán, para darnos cuenta de que ya se han promovido conflictos armados. Por otra parte, siempre han sido las fuerzas de izquierda las más castigadas en una guerra. Hasta ahora, porque ha sido la población civil la más duramente dañada en las contiendas. Los soldados mueren, sí, pero las madres, hermanos, esposas, seres queridos en general, sufren esas muertes en sus propias carnes. Encima, a todo ese dolor gratuito hay que añadir el hambre, el frío, las persecuciones...

Pero es que, además, en esta guerra triunfará (aunque sólo sea en primera instancia) Occidente; con ello, el máximo representante nacional del izquierdismo, Rusia, pagará las consecuencias más intensamente... Toda la cuarteta es lamentablemente clara.

Centuria II, cuarteta 46:

«Después, gran enfrentamiento humano. Otro mayor se prepara.
El gran motor renueva los siglos.
Lluvia, sangre, hambre, hierro y peste.
Visto fuego en el cielo, corriendo larga centella.»

Lo que les comentaba: tras el primer enfrentamiento, un segundo de mayores características... que tendrá como consecuencia la renovación de la humanidad. La última línea se refiere, sin duda, a la utilización de armamento nuclear.

Centuria III, cuarteta 5:

«Cerca, lejano defecto de las dos grandes luminarias.
¿Qué ocurrirá entre abril y marzo?
¡Oh, qué precio! Pero dos grandes benévolos
por tierra y mar socorrerán todas las partes.»

Las *dos grandes luminarias* componen la figura metafórica, a través de la cual Nostradamus se refiere en sus Centurias de oro y plata. Dicho esto, podemos interpretar la cuarteta en el sentido de que la escasez de oro y plata desencadenará, entre marzo y abril (probablemente de 1999, ya que hasta el séptimo mes de ese año no estallará el gran conflicto) una carestía en el coste de la vida. Sin embargo, esa ayuda servirá de poco, visto el significado del resto de las profecías.

Centuria VIII, cuarteta 28:

«Los simulacros de oro y plata inflad,
que después del rapto al fuego fueron arrojados.
Al descubierto extinguidos todos y enturbiados.
En el mármol esculpido, lo prescrito interponed.»

El vocablo prescrito proviene del latín *prescribo*, que significa pagar en billetes o en monedas. El traductor ha tomado, asimismo, el vocablo *furent* como un tiempo del verbo ser, cuando en realidad Nostradamus utilizó la palabra, *furens*, *furentis*, que significa furioso. Por otra parte, *descubierto* es, en la actualidad, el déficit de una cuenta o en una balanza de pagos.

Con estos datos, el sentido de la cuarteta queda así: lo que representa el oro y la plata (los simulacros), es decir, el papel moneda, serán víctimas de la inflación. Enajenado el deseo de vivir de tal manera (rapto), con unos gobiernos acosados por la deuda pública y sin posibilidades de atender las necesidades de sus administrados, el sistema monetario caerá en picado (el descubierto que extingue a todos y todo lo enturbia). El mármol, material noble y duradero, simboliza el deseo o la advertencia del profeta para que se recuerde siempre las consecuencias nefastas de vivir en un sistema monetario lejano de los sentimientos humanos.

Centuria VIII, cuarteta 35:

«La gran lonja se lamentará, llorará
de haber elegido. Equivocados estarán en la edad:
caudillo con ellos no querrá residir,
defraudado será por los de su lengua.»

También en esta cuarteta hay un error de interpretación. El traductor ha tomado el vocablo *poche*, utilizado por Nostradamus, como «lonja», olvidando que existe una frase hecha, *avior la poche vide*, que viene a ser como la expresión castiza «estar sin blanca», es decir, carecer de dinero.

Tomada así, la profecía indica el constante lamento por la riqueza perdida, característica general de los tiempos prebélicos. Asimismo, las gentes se quejarán por haber elegido a sus «caudillos» (políticos) que serán repudiados pensando, quizá, que todavía hay remedio para los males... Sin embargo, Nostradamus sabía muy bien que ese remedio no existía: «equivocados estarán en la edad...» Equivocados estarán en el tiempo que les queda...

Centuria I, cuarteta 92:

«Con uno, la paz será por todas partes aclamada,
pero no en mucho tiempo, saqueo y rebelión.
Por rechazo, ciudad, mar y tierra empequeñecidas.
Muertos y cautivos el tercio de un millón.»

Fontbrune indica que esta cuarteta se refiere a la ciudad de París. Sólo puedo decir que no sé en qué se funda para afirmar tal extremo, puesto que no lo explica. Ahora bien, sea cual fuere la ciudad en la que han de desarrollarse los hechos de esta profecía, el sentido de la misma no cambia: alrededor de un personaje, la paz será aclamada por todos los habitantes de la ciudad. Sin embargo, al poco tiempo esa misma ciudad se verá sacudida por el saqueo y la rebelión. A causa de la resistencia de esa ciudad, la nación a la que pertenece se verá invadida por tierra y mar, causando esta primera acción (una simple escaramuza prebélica, no se olvide) trescientos mil muertos.

Centuria VIII, cuarteta 16:

«En el lugar donde Hierón hizo su nave fabricar
tan gran diluvio habrá y tan súbito,
que no habrá lugar ni tierras en las que cobijarse.
La ola alcanzará Fesulano Olímpico.»

Hierón es un vocablo griego que significa santo, sagrado. Nostradamus utilizó esta figura literaria para señalar Roma: el lugar donde el sagrado hizo fabricar su nave, es decir, la iglesia.

Fesula es una ciudad de Etruria (Toscana), por lo que la cuarteta indica que en Roma habrá tal diluvio que no existirá lugar donde guarecerse o donde hallar salvación. Probablemente, Nostradamus utilizó el vocablo «diluvio» para designar una revolución, ya que dice que las oleadas de este diluvio (rebelión) llegarán hasta Toscana, después quizá de unos Juegos Olímpicos.

Centuria X, cuarteta 65:

«¡Oh, vasta Roma, tu ruina está cerca!
No de tus muros, de tu sangre, de tu sustancia:
el áspero por cartas hará tan horrible mezquindad.
Hierro puntiagudo hundidos a todos hasta el mango.»

Esta cuarteta parece vaticinar no sólo el fin de Roma, indicado ya en la que hemos examinado inmediatamente atrás, sino también el de los miembros de la Curia vaticana.

La primera línea no tiene necesidad alguna de aclaración; la segunda expone que la ruina no será de sus muros, sino de la sangre y la sustancia de la ciudad. ¿Y qué es lo que ha caracterizado durante siglos a Roma? El Papa y sus colaboradores. La tercera línea asegura que existirá gran cantidad de literatura en contra de ese clero y, por último, que todos ellos serán muertos.

Hay otra interpretación, desligando a los sacerdotes de la profecía. Hay quien ha dicho que en la cuarteta se vislumbra la idea de Nostradamus de que Roma sería aniquilada por la bomba de neutrones: la segunda línea es la base de tal hipótesis, ya que en ella se especifica claramente que no será destruida en sus muros, sino en su sangre y su sustancia lo que, evidentemente, admite la tesis de la muerte de sus habitantes mientras las construcciones se mantienen incólumes. En cualquiera de los dos casos, el vaticinio es desafortunadamente estremecedor.

* * *

Otra de las características que, en opinión de Nostradamus, señalará el principio de la guerra o, por mejor decir, los tiempos prebélicos, es la de las luchas internas en las grandes ciudades y regiones de Europa. Así, en diversas cuartetas, indica levantamientos, rebeliones y luchas fatricidas en Marsella, París, Hamburgo, Londres y varias urbes norteamericanas.

En este apartado y en los siguientes, se habla también de España. Las cuartetas referentes a la península, las encontrará el lector reunidas en el último capítulo.

Capítulo II

2. La invasión de Italia

Las Centurias de Nostradamus relatan una serie de pasos históricos en esta invasión a la península italiana, de algunos de los cuales nos haremos eco en este capítulo.

Estos pasos son:

1. Huida de Roma de Juan Pablo II.
2. Juan Pablo II se entrega en Francia.
3. Bombardeo de las villas del departamento de Gers (Gascuña).
4. Aparición de un cometa.
5. Revolución en el País Vasco y en Italia.
6. Muerte del Papa.
7. Saqueo del Vaticano.
8. Guerra en Italia, Grecia y el mar Rojo.

* * *

Centuria VIII, cuarteta 46:

«Pol Mansola morirá a tres leguas del Ródano,
huye las dos próximas tarascas destruidas:
porque Marte hará el más terrible trono,
de gallo y de águila de Francia tres hermanos.»

Hay que dar algunos datos para entender el significado oculto de esta cuarteta.

Pol, en francés, es la pronunciación de Paul, es decir, Pablo. Designa, asimismo, la abreviatura del gentilicio polaco. Mansola es un vocablo inventado por Nostradamus, que aparece también en la Centuria IX, cuarteta 85, y en la Centuria X, cuarteta 29. Utilizó para su creación dos palabras latinas: *manus*, que indica trabajo, actividad, labor y *sol*, que quiere decir justamente eso: sol. El traductor ha optado por *tarascas* para interpretar la palabra original de Nostradamus, *tarasc*, que hace referencia a dos ciudades muy cercanas entre sí y situadas en las proximidades del Ródano: Tarasc sur Ariége y Taraso sur Rhone (Ródano), de 4 y 8.000 habitantes, respectivamente, que modernamente reciben el nombre de Tarascón.

Por último, informar de que el «gallo francés» fue una de las insignias nacionales de ese país. Bordada en la bandera durante la revolución, fue derogada por Napoleón en 1830.

Con estos datos, podemos pasar a la interpretación.

Pablo, es decir, Juan Pablo II (que es polaco como indica el nombre utilizado por Nostradamus, que no escribió Paul, sino Pol), Mansola (o sea, labor y sol que, justamente, es la divisa que Malaquías otorgó a Juan Pablo II: *de labore solis*) morirá a tres leguas del Ródano (a donde, según la cuarteta 99 de la Centuria IX, habría huido a causa de la invasión rusa). Las dos próximas tarascas destruidas, adquieren sentido tras saber que existen dos ciudades de ese nombre (Tarascón), situadas en las cercanías del Ródano, en alguna de las cuales se refugiará el Papa porque Marte (el dios de la guerra) hará las cosas más horribles con su trono. Los tres hermanos de la última línea son, sin duda, el propio Papa, Francia (el gallo) y los Estados Unidos (el águila). En resumen: el Papa se refugiará en la ciudad de Tarascón, a donde habrá llegado huyendo de los destrozos que la guerra causará en su trono. Allí se encontrará con dos aliados, pero ello no le impedirá morir.

Centuria I, cuarteta 46:

«Sobre Aux, Lestore y Miranda
gran fuego del cielo en tres noches caerá:
algo hermoso sucederá y admirable,
poco después, la tierra temblará.»

Cuartetas dedicadas a los bombardeos que van a destruir Francia hay muchas; he elegido ésta porque es la que trata el tema con mayor generalidad, no centrándose únicamente en un pueblo concreto.

La interpretación es sencilla: sobre las tres ciudades mencionadas caerán gran cantidad de bombas durante tres noches consecutivas. Luego sucederá algo que parecerá agradable a los agredidos, e inmediatamente se producirá un temblor de tierra.

Centuria X, cuarteta 29:

«De Pol Mansol en caverna capruna
escondido y capturado, sacado fuera por la barba,

cautivo llevado como bestia mastín.
Por Begourdans llevado cerca de Tarbes.»

Una vez más me veo precisado a matizar la traducción que estoy utilizando. El traductor adopta el término «capruna» para interpretar el vocablo *caprine*, utilizado por Nostradamus. Pero *caprine* puede significar también, y de hecho significa, algo relacionado con la isla de Capri. Por otra parte, es necesario reseñar que la frase «sacado fuera por la barba» no es del todo correcta. Nostradamus utiliza, ciertamente, el término «barbe», pero no lo hace en el sentido literal, sino refiriéndose a *Aenobarbe*. Domitius Aenobarbe fue el padre de Nerón, autor de la célebre frase: «De Agripina y de mí, sólo puede nacer un monstruo». De ahí que, en todas sus centurias, llame a Hitler Nerón. Y, también de ahí, que en esta cuarteta no quisiera decir «sacado fuera por la barba», sino «sacado fuera por la revolución», o, en todo caso, por las fuerzas desestabilizadoras que, desde siempre, ha representado la figura histórica de Nerón, simbolizado en este caso por su padre.

A la vista de todo ello, y teniendo en cuenta lo que ya se ha dicho del vocablo Mansol (Centuria VIII, cuarteta 46), la interpretación de estas cuatro líneas es simple: Juan Pablo II, refugiado en la isla de Capri, es hecho prisionero por las fuerzas revolucionarias. Será conducido a prisión, como los animales domésticos, a través de la región de Begourdans y cerca de Tarbes.

Falta decir únicamente que Begourdans es una región también llamada Bigorre, cuya ciudad más importante es, precisamente, Tarbes.

Centuria II, cuarteta 35:

«En dos alojamientos de noche el fuego prenderá,
muchos dentro ahogados y quemados:
llegará sólo uno por cerca de dos ríos.
Excepto Sol, Ars y el Caper, todos serán dados por muertos.»

Sol es una referencia a Juan Pablo II, basada en el vocablo Mansol, que ya he comentado; Ars es el nombre de Mónaco (*Monoeci Ars*) y Caper es la palabra latina que equivale a Capri. A falta de describir el significado de «dos alojamientos», el sentido de la cuarteta puede ser:

«El fuego consumirá por la noche dos inmuebles, pereciendo quemados y ahogados (?) muchos hombres. El Papa llegará solo (sin compañía alguna) cerca de dos ríos. Después de su paso por Ars y Capri, todos serán dados por muertos.»

La ciudad con dos ríos debe ser Lyon, situada entre el Ródano y el Saona: ello se complementaría con las demás cuartetas que hacen referencia a Juan Pablo II.

El «todos serán dados por muertos», puede referirse tanto a las víctimas de una revolución en esas ciudades, como al séquito del Papa.

Centuria V, cuarteta 57:

«Saldrá del monte Gaulsier y Aventino
quien por el agujero dirigirá el ejército,
entre dos rocas será cogido el botín.
Desde Sext perderá el renombre Mansol.»

El monte Gaulsier está situado en la Italia del Norte; el Aventino es una de las siete colinas sobre las que se asienta Roma. El «agujero» señala claramente los túneles que unen Suiza e Italia. Las «dos rocas» son una referencia a las ciudades de nombre Tarascón, citadas en la Centuria VIII, cuarteta 46. Por último, Sext es una alusión a la villa Aquae Sextiae, que coincide con la moderna Aix-en-Provence.

Con todo ello, Nostradamus nos dice:

«Saldrá de Roma y pasará por las montañas del norte de Italia, a causa de alguien que atacará el país desde Suiza. Sus bienes serán arrebatados en las cercanías de Tarascón. Su renombre comenzará a desaparecer a partir de su paso por Aix-en-Provence.»

Como el profeta tuvo a bien indicarnos por medio de la palabra Mansol a quien se refería (Juan Pablo II), el contenido de la cuarteta puede catalogarse de esclarecedor.

Centuria VIII, cuarteta 34:

«Después de la victoria del león sobre Lyon,
en la montaña de Jura Hecatombe.
Delues y Brodes séptimo millón.
Lyon, Ulme a Mansol muerte y tumba.»

Vayamos con algunos datos.

Delues es un vocablo latino (*deleo, delui*) que significa *destruir*; Brodes proviene, asimismo, del latín y es el nombre de un pueblo de los Alpes:

Brodiontiens. Ulme es el anagrama de *mule*, especie de pantufla blanca que utilizan los Papas. Mansol, como queda dicho, es un vocablo por el que se señala el lema dado por Malaquías al Papa Juan Pablo II.

A partir de todo ello, llegaremos a la siguiente interpretación:

«Tras la victoria de un jefe violento (león) en Lyon, habrá una hecatombe sobre los montes Jura y siete millones de hombres (¿soldados?) serán destruidos en los Alpes. Juan Pablo II encontrará la muerte en Lyon y será sepultado en esa ciudad.»

El lector no debe olvidar que una de las constantes señaladas por Nostradamus en esta época bélica, es la de las constantes insurrecciones populares. El jefe violento puede ser tanto un invasor del exterior, como un revolucionario del interior.

Centuria II, cuarteta 97:

«Romano Pontífice: guárdate de acercarte a la
ciudad que riegan dos ríos.
Tu sangre vendrá cerca de allí a derramarse,
cuando florezca la rosa, tú y los tuyos.»

La ciudad que riegan dos ríos es, como he señalado, Lyon. La rosa es el símbolo de los socialistas. Tú y los tuyos es una referencia al Papa y a quien componga su séquito. Con estos datos, creo innecesario interpretar la cuarteta.

Centuria VIII, cuarteta 62:

«Cuando se verá expoliar el Santo Templo,
el más grande del Ródano sus sagrados profanar.
Por ellos nacerá pestilencia tan amplia.
Rey huido injusto no hará condenar.»

El traductor ha optado por interpretar la palabra *injustus* empleada por Nostradamus, en su sentido *injusto*. Pero en latín tiene asimismo el significado de duro o tenaz. Bajo este prisma, la interpretación de la cuarteta podría ser:

«Desde el Ródano, el Papa verá expoliar el Vaticano por unos enemigos que causarán una gran calamidad. El jefe del gobierno (rey), aunque duro, no hará condenar tales actos de crueldad.»

Capítulo III

3. La caída de la V República Francesa

Este capítulo gira alrededor de dos temas, en las Centurias originales de Nostradamus:

a) La enemistad entre el bloque soviético y los musulmanes.
b) La huida del jefe del Estado.

Veamos seguidamente algunas de las profecías al respecto:

* * *

Centuria IV, cuarteta 45:

«Por un conflicto, el rey su reino abandonará.
El mayor de los jefes faltará a lo necesario,
herido de muerte, pocos escaparán.
Todos decapitados, uno será testigo.»

Nostradamus, al parecer, se refería a Francia en esta serie de predicciones. Según eso, la cuarteta significaría que a causa de un conflicto, el jefe del Estado francés abandonará su puesto, mientras que el mayor jefe de Estado europeo (Rusia) sucumbirá por penuria, escapando de la muerte muy pocos de los suyos. Un personaje, que queda sumido en el misterio, será testigo de ello.

Centuria I, cuarteta 94:

«En el puerto Selín el tirano ha muerto,
la libertad no por ello recobrada.
El nuevo Marte, por venganza y remordimiento.
Dama por fuerza de horror honrada.»

Selín, en griego, es la Luna; Nostradamus utiliza este simbolismo para señalar la insignia árabe. «Dama» es, como ya he dicho, el vocablo empleado por el profeta para designar la república.

A la vista de esto, la traducción de la cuarteta sería:

«El tirano será muerto en un puerto musulmán, pero no por ello los esclavizados recobrarán la libertad. Una nueva guerra será declarada por espíritu de venganza. La República será derrocada por la fuerza.

Centuria VI, cuarteta 42:

«El reino será dejado por Logmión,
del gran Selín, que realizará un hecho más.
Por las Italias extenderá su enseña.
Será regido por prudente contrahecho.»

Logmión, en la antigua mitología gala, era el dios de la elocuencia. Probablemente, Nostradamus simbolizó en él el sistema parlamentario francés. Selín es, como queda escrito en la cuarteta anterior, la Luna, y señala a los musulmanes. Así, pues, esta cuarteta quiere decir que el sistema parlamentario francés (la República) será destruido por los árabes, quienes, además, realizarán otros actos (de fuerza) y conquistarán Italia. En este país impondrán un jefe de Estado que se revelará prudente (inteligente).

Centuria I, cuarteta 3:

«Cuando la litera volcada por el torbellino,
y los rostros estén cubiertos por sus mantos,
la República vejada por nuevas gentes.
Entonces blancos y rojos se juzgarán al revés.»

Que quiere decir:

«Cuando el lecho (sustento) de la revolución sea volcado y (los revolucionarios) se resignen a su mala suerte, la República será vejada y, en ese momento, los rusos y los mahometanos se mostrarán en desacuerdo.»

Y esta interpretación es válida, porque la traducción «cubiertos por sus mantos» proviene de la frase de Nostradamus *leurs manteaux couverts*, sinónima de la frase hecha *s'envelopper de son manteau*, que significa resignarse ante la mala suerte. Torbellino ha sido la poco afortunada traducción de *tourbillon*, vocablo que proviene del latín *turbo*, que significa revolución.

Capítulo IV

4. El Medio Oriente y la Tercera Guerra Mundial

Fontbrune divide este capítulo en:

a) El papel de Malta.
b) El jefe de Estado libio.
c) Israel y los conflictos árabe-israelíes.

❊ ❊ ❊

Centuria II, cuarteta 95:

«Los lugares poblados serán inhabitables,
gran división habrá en los territorios.
Reinos entregados a jefes incapaces.
Entre hermanos muerte y disensión.»

Por el método enseñado en la primera parte de este libro, la presente cuarteta se relaciona con otras que indican claramente a quién se dirigen los pronósticos: árabes y judíos. Sabiendo esto, es relativamente sencillo interpretar estos cuatro versos: quizá debido a la polución atómica o a los devastadores efectos de la guerra los lugares habitados serán destruidos y existirá una gran división en los territorios palestinos. Los políticos se mostrarán incapaces de solucionar la crisis y la guerra y la muerte seguirán reinando entre dos pueblos hermanos: árabe y judíos.

Centuria I, cuarteta 9:

«Desde Oriente vendrá el espíritu púnico,
a hostigar a Hadria y a los herederos de Rómulo.
Acompañado de la flota líbica.
Temblarán los malteses y las islas próximas saqueadas.»

Coeur punique es la expresión utilizada por Nostradamus, que el traductor ha tomado por «espíritu púnico». Sin embargo, y teniendo en cuenta el lenguaje hermético de Nostradamus, deberíamos interpretarlo por *foi punique* que, aunque literalmente significa fe púnica, entre los franceses adopta el giro de «mala fe». Hadria (Hadrie) es, sin duda, el mar Adriático y, recordando quién era Rómulo, es sencillo deducir que el profeta se refería a los italianos.

Así, pues, la cuarteta se desvela así:

«Desde Oriente vendrán los actos violentos o de mala fe, que hostigarán el Adriático y los italianos con la ayuda de la flota libia. Los habitantes de Malta y su archipiélago temblarán de miedo y serán expoliados.»

Centuria III, cuarteta 27:

«Poderoso príncipe libio en Occidente,
francés de Arabia tanto se inflamará:
sabio en las letras será condescendiente.
La lengua árabe traducir al francés.»

Dice la cuarteta que un jefe árabe poderoso en Occidente, inflamará a los árabes en contra de los franceses. Después aparecerá un hombre cultivado que traducirá los textos árabes al francés.

No es descabellado pensar que el poderoso jefe libio consigue su poder sobre Occidente en base al arma del petróleo. Y basta leer los periódicos para darse cuenta de la importancia trascendental que el citado país está adquiriendo en el mundo, en el contexto de las acciones revolucionarias o terroristas, para darse cuenta de lo acertado que está el profeta...

Centuria III, cuarteta 61:

«La gran banda y secta no crucífera
se levantará en Mesopotamia:
del próximo río, compañía ligera
que tal rey tendrá por enemiga.»

Actualmente, la antigua Mesopotamia ocupa Irak y el norte de Siria. El «próximo río» no puede ser otro más que el Éufrates, que discurre por el territorio de ambos países. Así, pues, Nostradamus nos dice que:
Una gran banda y secta anticristiana se levantará en Irak y Siria, en una

zona cercana al Éufrates y utilizando una compañía ligera (carros, infantería, etc.). Esta turba considerará la ley cristiana como su enemiga.

Centuria III, cuarteta 60:

«Por toda Asia gran proscripción,
al igual que en Misia, Lisia y Panfilia:
derramada sangre por la absolución,
de un joven negro lleno de felonía.»

Esta cuarteta está íntimamente relacionada con la anterior. Pero hagamos algún matiz antes de pasar a interpretarla.

Transcribe el traductor «proscripción» por el vocablo utilizado por Nostradamus *proscriptio*, que en latín quiere decir confiscación de bienes; por otra parte, interpreta como «absolución» el término del profeta *absolutino*, que en latín quiere decir, entre otras cosas, libertad, redención, etc. El negro es el color distintivo de la dinastía musulmana de los Abaddises, que lo utilizan para sus vestimentas y demás telas de la casa.

Con todo ello, podemos concluir que Nostradamus dice: Habrá grandes confiscaciones de bienes cristianos, sobre todo en Misia, Lisia y Panfilia (regiones de la Turquía asiática) y en Asia en general. La sangre de los redimidos (cristianos) correrá a raudales, vertida por un joven jefe musulmán.

✳ ✳ ✳

En este capítulo se vaticina, además, la ocupación de Italia por las tropas ruso-musulmanas (que después se enfrentarán entre ellas); combates en Malta; declaración de guerra en Oriente Medio; la extensión del conflicto al oeste de Europa y, por último, la entrada de Egipto en liza.

Capítulo V

5. Monseñor Lefebvre y los tradicionalistas

Las profecías sobre el citado obispo son tan exactas como estremecedoras. Comprenden la suspensión *a divinis*, la creación de los seminarios de Econe y Albano; la aparición de los tradicionalistas en España, que trataré en el capítulo especial dedicado a este país; la muerte de monseñor Lefebvre; el retorno de algunos tradicionalistas al seno de la Iglesia; la lucha del Vaticano contra ellos, la aparición de un cisma y el nombramiento de un antiPapa y, por fin, la integración de todos los rebeldes en la ortodoxia.

6. La invasión y las operaciones militares

Las profecías de Nostradamus aseguran que la guerra será iniciada por los rusos, utilizando las tropas estacionadas en Afganistán. En este apartado se trata de la guerra situada entre los paralelos 45 y 48 y el trópico de Cáncer, las invasiones de Italia, Inglaterra, Yugoslavia, Suiza, Francia, Alemania, Austria, Grecia, España y Portugal, y la entrada en conflicto de los iraníes y musulmanes en general, que levantan en armas a Argelia, Túnez y Turquía. Además, existirán revoluciones internas en los países occidentales.

Lo referente a España será tratado en capítulo aparte. He aquí algunas de las profecías, pertenecientes al contexto recién planteado.

Centuria III, cuarteta 70:

«La gran Bretaña, comprendida Inglaterra,
inundará por agua de tal forma,
que la Liga nueva de Ausonia le hará guerra,
que contra ellos se aliarán.»

El término *eaux* empleado por Nostradamus, ha sido traducido por «agua»; en realidad, el profeta designa con este nombre a las «olas de la revolución», Aussona (Ausonia en la traducción) es un pueblo italiano y, por extensión, toda la península itálica. De ahí que la interpretación correcta de la cuarteta sea: Gran Bretaña, incluida Inglaterra, será fuertemente sumergida en la revolución. La nueva Liga italiana hará la guerra y los italianos harán esfuerzos por resistir (a los invasores).

Centuria II, cuarteta 68:

«Del Aquilón los esfuerzos serán grandes,
sobre el océano estará la puerta abierta:
será restablecido el reino en la isla,
temblará Londres por vela descubierta.»

Nostradamus, para designar a Rusia utiliza diversos términos: Esclavonia, Tramontana, Normandos, Rojos, Aquilón, y el vocablo OURS, que significa oso. Así, pues, Aquilón es Rusia y la interpretación de la cuarteta será: Los esfuerzos rusos en la guerra serán grandes y tendrán acceso al océano Atlántico. El gobierno de la nación será restablecido (derrocado antes por la revolución) y Londres temblará ante el cerco de buques enemigos.

Centuria II, cuarteta 32:

«Leche, sangre, ranas escurrirá en Dalmacia.
Dado el conflicto, peste cerca de Balennes.
El grito será grande en toda Esclavonia.
Entonces nacerá monstruo cerca y dentro Rávena.»

Esta cuarteta precisa de varias matizaciones.

En diversas partes de su obra, Nostradamus utiliza la palabra «leche» para indicar la alegría de vivir o el vivir gozosamente. Ranas es la traducción escogida para *renouilles*, vocablo éste con el que el profeta designa a todos los pueblos de la historia que no se han conformado con una situación de invasión y que han luchado valientemente contra los opresores. Dalmacia es una zona geográfica europea, situada en las cercanías del Adriático. Balennes hace referencia a Francisatión de Ballensted, ciudad perteneciente al antiguo ducado de Anhalt, ubicada en la frontera entre las dos Alemanias.

Con estos datos ya podemos pasar a la predicción, que sería así:

«Después del bienestar, será la sangre del pueblo la que se escorrerá por toda Yugoslavia (Dalmacia) cuando el conflicto se haya declarado. Una calamidad sucederá cerca de Ballensted. El grito (de guerra) será grande en toda Rusia (Esclavonia, ver cuarteta anterior) y un monstruo nacerá en las cercanías de Rávena.»

Centuria X, cuarteta 33:

«La facción cruel con vestido largo,
vendrá a esconder debajo puntiagudos puñales:
tomar Florencia el duque y lugar inflamado,
su descubrimiento por inmaduros y desleales.»

Tal vez sería más conveniente cambiar la traducción «descubrimiento» por «descubierta», con ello, la cuarteta adquiere el siguiente sentido: La facción cruel de los musulmanes (vestidos largos, túnicas, chilabas, etc.), esconderá bajo sus largos ropajes las armas. Su jefe conquistará Florencia y la incendiará dos veces (o en dos veces), después de haber enviado en descubierta a gentes tramposas y sin ley (probablemente Nostradamus se refiere a los espías).

Centuria II, cuarteta 30:

«Uno que los infernales dioses de Aníbal
hará renacer, terror de los humanos:
jamás se contará un horror más grande,
que llegará a ser por Babel de los romanos.»

Dos consideraciones:
En primer lugar, advertir que Nostradamus utiliza los términos Aníbal, púnicos y bárbaros, para referirse al mundo musulmán. Recuerde el lector que Aníbal fue un caudillo cartaginés que, a instancias de su padre, tuvo que jurar odio eterno a los romanos cuando todavía era un niño.

La segunda consideración estriba en que Babel siempre ha sido considerada el símbolo de la confusión.

Dicho esto, la interpretación de la cuarteta será: Un personaje que resucitará los dioses terroríficos de los cartagineses, horrorizará a la humanidad. Jamás podrá contarse un horror tan grande, que sumirá a los romanos en la más profunda confusión.

Centuria IV, cuarteta 82:

«Muchedumbre se acerca, procedente de Esclavonia.
El viejo destructor arruinará la ciudad.
Muy desolada verá la Romaña,
después la gran llama no sabrá extinguir.»

Que quiere decir que, procedente de Rusia, se acerca hacia el oeste (Romaña) un gran ejército, cuyo viejo jefe destruirá la ciudad (¿Roma? ¿París?) sin que pueda frenar su total saqueo.

Centuria VI, cuarteta 85:

«La gran ayuda de Tarsia, por los galos
será destruida: cautivos todos de turbante.
Ayuda por el mar del gran portugalés.
Primero de verano, el día de San Urbano.»

Veamos los simbolismos de esta cuarteta:

Tarsia es un área geográfica situada en Turquía. La ciudad más grande de Tarsia es Estambul. San Urbano fue Papa entre los años 222 y 230 de nuestra era; celebra su festividad el 25 de mayo. Con estos datos, comprobamos que Nostradamus indicó que Estambul sería destruida por los franceses. Todos los que habían sido capturados por los musulmanes (con anterioridad) serán socorridos por el jefe de los portugueses, entre el 25 de mayo y el 21 de junio (primer día de verano).

Centuria IV, cuarteta 37:

«El galo, a saltos, atravesará los montes,
ocupará el gran paraje de Insubria.
Hasta lo más profundo su ejército hará entrar:
Génova, Mónaco, empujarán la tropa roja.»

Es, como se ve, muy fácil de interpretar: los galos atravesaron los Alpes y penetrarán en Italia, donde conquistarán el Milanesado (Insubria). Tras profundizar algo más, acudirán a Mónaco y Génova, de donde rechazarán a los rusos.

Centuria X, cuarteta 49:

«Jardín del mundo, junto a la ciudad nueva,
en el camino de montañas socavadas:

será asido y sumergido en la cuba,
bebiendo por la fuerza aguas envenenadas con sulfuro.»

Veamos algunos extremos de esta cuarteta:

«Jardín del mundo» es una alusión directa a Suiza; «ciudad nueva» se refiere a la villa suiza situada al pie del monte Jura, llamada Neuenburg (en latín Novisburgum).

Así, pues, Nostradamus nos decía que Suiza, cerca de Neuenburg, será conquistada por fuerzas que llegarán a través de los túneles. Su población será obligada a beber agua envenenada, probablemente como castigo a su resistencia.

Centuria IX, cuarteta 44:

«¡Emigrad, emigrad de Ginebra todos!
Saturno de oro en hierro se cambiará.
Contra el Raypoz exterminará a todos.
Antes del adviento, el cielo señales hará.»

Saturno era el dios del tiempo en la mitología. Raypoz es el anagrama de Zopyar, uno de los siete señores persas que asesinaron a Smerdis y que hicieron a Darío el primer rey del país.

Con estos datos, el mensaje queda así:

«¡Emigrad, emigrad todos de Ginebra! El tiempo de oro se convertirá en tiempos de hierro (la prosperidad se transformará en muerte). alguien que se levantará contra el jefe iraní, os asesinará a todos. Antes del adviento comenzaréis a vislumbrar los signos de todo eso.»

Centuria VI, cuarteta 43:

«Estará mucho tiempo sin ser habitado
donde el Sena y el Marne riegan sus riberas.
Del Támesis y por marciales atacaba,
pudiendo a sus guardias rechazar.»

Si recordamos que París está situada en la confluencia del Sena y del Marne, y tenemos en cuenta que Londres está situada al lado del Támesis, la cuarteta nos dice que París estará mucho tiempo deshabitada (tras su destrucción) y que Londres será atacada, tras vencer los agresores a los soldados que la protegían.

Centuria III, cuarteta 84:

«La gran ciudad será bien desolada,
de sus habitantes, ni uno solo morará.
Muro, sexo, templo y virgen violada,
por hierro, fuego, peste, cañón, el pueblo morirá.»

La traducción es simple: París, a quien Nostradamus llama en varias cuartetas «La gran ciudad», será totalmente destruida. Ni uno solo de sus habitantes quedará en ella: sus edificios, templos y construcciones serán arrasados, mientras sus mujeres sufrirán la violación de las tropas atacantes. El pueblo, acosado por las armas y las enfermedades, morirá.

Centuria VI, cuarteta 96:

«La gran ciudad, abandonada a los soldados,
nunca mortal viera tumulto tan inminente:
¡Oh, qué horrible mortandad que se aproxima!
Ninguna ofensa será perdonada.»

Ya he indicado en la cuarteta anterior que Nostradamus llama «Gran ciudad» a París. A partir de ahí, esta cuarteta tampoco ofrece excesivas dificultades para su comprensión: París será abandonada a los soldados enemigos. Jamás se habrá visto un desastre de semejantes características. Una horrible mortandad se acerca a la ciudad: cualquier ofensa (desobediencia a las fuerzas invasoras, desplante o simple negativa a satisfacer un capricho del enemigo) será causa de muerte.

❊ ❊ ❊

Las tres últimas cuartetas de este capítulo pertenecen al apartado 7, titulado la *Destrucción de París*, que he querido incluir en el perteneciente a la guerra y sus operaciones militares por razones de similitud.

Capítulo VI

8. La conjura

Este apartado comprende las profecías que hablan de las conjuras de quienes en Francia han estado sometidos al poderío rojo o musulmán. Estas conjuras están encaminadas a derrocar el régimen impuesto, cosa que logran tras tres años y setenta días de ocupación y destrucción.

Eludo la reproducción de cuartetas por ser un tema importante, pero muy localizado geográficamente.

9. La victoria de Occidente

Los apartados en que Fontbrune divide este capítulo son numerosos; de ellos, expondré algunos, pocos, porque Nostradamus centra más la acción en Francia que en Europa. De todas formas, y como ya he dicho anteriormente, la universalidad del valor profético queda demostrada precisamente por la existencia de esas cuartetas.

Centuria I, cuarteta 48:

«Pasados veinte años del reino de la Luna,
siete mil años otro tendrá la monarquía:
cuando el sol coja sus días de infortunio,
entonces consumada y cumplida mi profecía.»

Los años lunares son algo más largos que los solares. Veinte años corresponden a veinticinco. Según los historiadores franceses, la monarquía fue instaurada en su país cinco mil años antes de Cristo.

Por otra parte, la V República Francesa se fundó en 1959 y Nostradamus anuncia en la cuarteta la llegada del poder monárquico, por lo que debemos entender que, a la vez, anuncia la caída del republicano.

Con estos datos, y tras la expulsión de los invasores, la cuarteta queda así: Después de veinte años lunares de poder republicano, y justo en el séptimo milenario de su fundación, la monarquía será restaurada. Pero también entonces comenzarán las horas malas y se cumplirá la profecía (de Nostradamus).

Lo que, en fechas convencionales, viene a decir que la V República caerá en 1984 y que en 1999 será respuesta la monarquía. En ese mismo año, comenzará la debacle final.

Centuria III, cuarteta 95:

«La ley morisca se verá desfallecer
después de otra mucho más seductora:
Boristeno caerá el primero,
por dones y lengua más atractiva.»

Boristeno es el nombre antiguo del río Dnieper, perteneciente a la Rusia europea. En esta cuarteta, y a través de las claves de la ley y el lenguaje, Nostradamus señala el hundimiento del bloque ruso-musulmán. Se hundirá la ley morisca, después de otra más seductora (la rusa) que habrá caído primero... a causa de un pueblo de *lengua más atractiva* que pueden ser los franceses o la coalición que se haya establecido para luchar contra los invasores.

Centuria IV, cuarteta 39:

«Los rodianos pedirán socorro,
por la negligencia de sus amigos abandonada.
El imperio árabe descenderá su curso,
por Hesperia la causa enderezada.»

Rodianos son los habitantes de Rodas, isla del mar Egeo, que fue devuelta a los griegos en 1947. Herperies, en griego, es la palabra con la que se indica *Occidente*.

Así, pues, Nostradamus nos dice que los griegos pedirán ayuda, debido al abandono negligente en que la dejarán sus aliados. Sin embargo, la pujanza del imperio árabe será detenida y Occidente restablecerá la situación.

Centuria V, cuarteta 80:

«Se aproximará Ogmión Gran Bizancio,
la liga barbárica será puesta en fuga:

de las dos leyes una, la esténica, dejará
Bárbara y Francia y constante intriga.»

Ogmión era el dios de la elocuencia en la antigua mitología gala; el Gran Bizancio es una alusión a Turquía y, más en general, a los musulmanes, a quienes denomina por el nombre de bárbaros en diversas cuartetas. El vocablo «esténica» merece un comentario algo más extenso.

Literalmente significa «pagano», pero en el contexto árabe cobra un sentido distinto y, como verá el lector, mucho más real de lo que parece a simple vista. Los musulmanes están divididos en dos sectas religiosas (o leyes religiosas): los sunnitas y los chiítas. Los primeros adoptaron su nombre derivándolo de *sunnah*, tradición, y pretenden ser depositarios de la verdadera tradición árabe. Para éstos, los de la segunda ley (chiítas) son los que ese apelativo árabe significa: herejes o paganos. Si el lector repasa la situación actual de chiítas y sunnitas en los territorios árabes, se dará cuenta de la importancia de la secta chiíta (pagana) en las administraciones y gobiernos de la media luna. Son minoría en relación a la población, pero sólo hay que comprobar su poder y su fanatismo religioso para darse cuenta de la trascendencia que tienen en la vida de Occidente. La constante llamada a la instauración de Repúblicas Islámicas de corte integrista, su odio a «imperialistas» y «comunistas» y las constantes agresiones que protagonizan, avalan mi comentario.

Con esta información, la cuarteta se clarifica: Un elocuente personaje se aproximará a Turquía y la alianza musulmana será abatida. de las dos leyes musulmanas, la pagana (chiíta, actualmente en el poder) será abandonada (derrotada, expulsada) y habrán perpetuas discordias entre musulmanes y franceses.

Centuria III, cuarteta 31:

«En los campos de Media, de Arabia y de Armenia,
dos grandes ejércitos tres veces se enfrentarán.
Cerca del río Araxes la mesnada
del gran Solimán en tierra caerán.»

Media es una zona geográfica perteneciente a la antigua Asia Menor, que termina en Irán, en el llamado Desierto de Media. El río Arexes se sitúa en la frontera de la Armenia rusa e Irán, y desemboca en el mar Caspio. Puesto que estamos hablando de dos bloques armados y sabemos que uno de ellos es el árabe, el otro no puede ser más que el occidental, por lo que la profecía asegura que los dos ejércitos se enfrentarán tres veces en los campos de Media, Arabia y Armenia. El último combate tendrá lugar en las inmediaciones del río Araxes, donde las tropas árabes sufrirán una espectacular derrota.

* * *

Siguen ahora una serie de profecías en las que se señala que las luchas intestinas en Occidente se sucederán ininterrumpidamente. La victoria sobre los árabes, en lugar de hacerles recapacitar, excitarán los ánimos de políticos, visionarios e idealistas que, mandando a sus seguidores, se enfrentarán en luchas fratricidas. A la vez, una serie de meteoros caerán sobre Occidente, como un presagio de lo que se avecina.

Sigue Nostradamus explicando la importancia que tendrá Sudáfrica en los acontecimientos que seguirán al fin de esta guerra contra los aliados ruso-árabes, y continúa con la aparición del anticristo, la alianza chino-árabe, la de «blancos-negros» y el fin de la civilización occidental.

Insisto en el hecho de que no puedo exponer todas las profecías de Nostradamus, como también en la certeza de que sus predicciones son metódicas y exhaustivas. Sin embargo, en el capítulo siguiente les ofrezco una muestra de ellas. No pierdan de vista la situación geopolítica del mundo y comprobarán que los vaticinios del vidente de Salon no pueden estar mejor encaminados para que, fatalmente, se cumplan en su totalidad.

Capítulo VII

Centuria VIII, cuarteta 99:

«Por la potencia de los tres reyes temporales,
la Santa Sede será situada en otro lugar.
Donde la sustancia del espíritu corporal
será repuesta y recibida por verdadera sede.»

La cuarteta creo que es lo suficiente explícita como para ahorrarme comentarios.

Centuria II, cuarteta 28:

«El penúltimo, con el sobrenombre de profeta,
cogerá a Diana como su día de reposo,
lejos vagará por cabeza frenética
y liberará a un gran pueblo de impuestos.»

El templo de Diana se halla situado en el monte Aventino. Por otra parte, el traductor ha tomado el término *vaguerá*, utilizado por Nostradamus en su sentido literal. Ya he dicho que el profeta empleaba a menudo vocablos griegos y latinos; la forma latina de *vaguerá* pertenece al moderno *vaquerá*, que significa también *vagar*, pero no en el sentido de caminar sin destino, sino en el de no hacer nada, de estar vacante.

Con estos datos, la cuarteta se interpreta así: el penúltimo Papa, que llevará el sobrenombre de profeta, se establecerá en el monte Aventino para morir (su descanso). El trono de San Pedro quedará vacante, debido a un jefe venido de lejos, que habrá liberado a un gran pueblo de impuestos.

Relacionada esta cuarteta con las que le corresponden según las claves y temas (*ver primera parte de este libro*) se deduce que el gran pueblo es una alusión a China.

Centuria II, cuarteta 29:

«El oriental saldrá de su lugar,
pasar los Apeninos, ver la Galia:
traspasará el cielo, las aguas y la nieve,
y cada uno golpeará con su azote.»

Que quiere decir: El jefe asiático saldrá de su país para pasar los Apeninos y llegar hasta Francia. Atravesará el cielo (invasión aérea), franqueará ríos y montañas y llenará el país de impuestos.

Lo de impuestos, proviene del vocablo francés *gaule* que, figuradamente, significa imposición. Puede ser, también, que Nostradamus pretendiera decir que el invasor iba a imponer su presencia.

Centuria III, cuarteta 42:

«El niño nacerá con dos dientes en la garganta.
Piedras en Tuscia caerán con la lluvia.
Pocos años después, no habrá ni trigo ni cebada,
para alimentar a quienes de hambre morirán.»

En el contexto de las cuartetas, el niño con dos dientes es una referencia al anticristo profetizado por Nostradamus, al que encontraremos seguidamente en otra cuarteta. Tuscia es el nombre antiguo de una región que hoy compone Umbría y Etruria, en Italia. El anuncio del nacimiento del anticristo va unido, pues, con el de un diluvio de piedras que producirá una plaga de hambre con gran secuela de muertos.

Centuria X, cuarteta 10:

«Labor de muerte, enormes adulterios.
Gran enemigo de todo el género humano,
que será peor que abuelos, padres o tíos.
En hierro, fuego, agua, sanguinario e inhumano.»

Debemos recordar que el verdadero significado de la palabra adulterio (*adulterium*, en latín) es el de comercio criminal. Dicho esto, poco hay que añadir a la figura del anticristo que preconiza el profeta.

Centuria VIII, cuarteta 77:

«El anticristo tres bien aniquilará
veintisiete años durará su guerra:

los heréticos muertos, cautivos, exilados;
sangre, cuerpos humanos, agua enrojecida, granito en tierra.»

Heréticos es un concepto que, por extensión, indica a todos aquellos que profesan opiniones distintas a las generalmente aceptadas. Con esto podemos deducir que Nostradamus profetizó que el anticristo aniquilaría tres países, en una guerra que durará veintisiete años. La sangre de los cuerpos humanos, agua enrojecida, mojará la tierra. Sobre el granizo existen las versiones de una tormenta que destroce las cosechas o, más tétrico aún, una serie de bombardeos que destruya las ciudades.

Por otra parte, podemos calcular que si el comienzo de la ruina de Occidente se inicia en 1999, la guerra del anticristo durará hasta el 2026.

Centuria VI, cuarteta 80:

«Desde Fex el reino llegará a los de Europa,
fuego su ciudad y espada cortará:
el grande de Asia tierra y mar con gran mesnada,
que azules, persas, cruz, a muerte conducirá.»

En la cuarteta presente existen dos errores de traducción. Se ha interpretado por azul el vocablo original *bleux*, cuando este vocablo no es francés, sino latino, y significa lívido. Por otra parte, se ha traducido *pers* por *persa*, cuando la palabra significa «color indeterminado, entre azul y verde». Una mezcla de ambos colores de amarillo.

Así, pues, la cuarteta dice que el poder de Marruecos se extenderá a Europa, donde prenderá fuego a ciudades y degollará a los ciudadanos. Los asiáticos invadirán Europa por tierra y mar, y perseguirán a muerte a los cristianos (cruz a muerte conducirá).

Centuria V, cuarteta 54:

«De Ponte-Euxino y de la Gran Tartaria
un rey vendrá a ver la Galia.
Atravesará Alana y Armenia
y en Bizancio dejará su sangrante pabellón.»

Ponte-Euxino es el nombre antiguo del mar Negro. Tartaria está dividida en dos parte: la Tartaria china, que comprende China, Manchuria y algunos otros estados o provincias, y la Tartaria independiente, que

101

es hoy el Turkestán. Los alanos, normalmente, están considerados como pueblos esclavos; lo que generalmente no se especifica es que pertenecían a la zona geográfica de Sarmatia, nombre con el que antiguamente se conocía a la Rusia del norte de Europa.

Teniendo en cuenta estos datos, la traducción de la cuarteta será:

«Del mar Negro y de China, llegará un gran jefe hasta Francia, después de atravesar Rusia y Armenia. (Este jefe) dejará su estandarte lleno de sangre en Turquía.»

Esta última frase, lo mismo puede significar que el jefe morirá en tal país, tras dejar una estela de sangre en su recorrido, como que tras hacer una matanza en Turquía, dejará allí sus tropas y marchará a otro lugar.

Centuria I, cuarteta 4:

«Por el universo será hecho un monarca
que en paz y vida no será de largo tiempo:
entonces se perderá la pescadora barca.
Será regida en más grande detrimento.»

Dos conceptos a aclarar. Desde siempre se ha llamado a la Iglesia Católica la barca de San Pedro, o lo que es igual, la «pescadora barca». Por otra parte, *detrimento* es pérdida pequeña, daño o desastre de poca categoría. *Grande detrimento*, por tanto, es utilizado por Nostradamus como un gran desastre.

Por tanto, la interpretación de la cuarteta sería que un gran monarca será elegido por el mundo (cristiano), pero no vivirá demasiado tiempo en la paz. (Tras su muerte) llegará la desaparición de la Iglesia Católica, que en esos tiempos estará gobernada en el mayor de los desastres.

Centuria I, cuarteta 44:

«En breve volverán los sacrificios,
los opositores serán martirizados:
no habrán más monjes, abades o novicios.
La miel será más cara que la cera.»

Debe recordarse que en una cuarteta anterior ya se ha hablado de la persecución de los cristianos. Teniendo en cuenta esta circunstancia, la cuarteta presente nos dice que los sacrificios de esos cristianos volverán pronto y que quienes se opongan al poder serán martirizados. La persecución contra los que mantienen la fe en Cristo será de tales dimensiones, que jamás volverán a existir monjes, abades o novicios. La última línea de la cuarteta indica que los alimentos serán sumamente caros, es decir, que la carestía de la vida será poco menos que insoportable.

Centuria VII, cuarteta 37:

«Diez enviados, jefe de nave condenado a muerte,
por uno advertido, el ejército guerra abierta.
Confusión jefe, uno se pincha y muerde,
Leryn, baradas naves, jefe dentro de la Nerte.»

Datos y aclaraciones deben darse para comprender esta cuarteta. Las aclaraciones vienen dadas por los defectos de traducción. Se ha interpretado el vocablo *adverty*, y utilizando en el original por Nostradamus, como *advertido* (segunda línea), cuando la palabra proviene del latín *adversor*, que significa *opositor, contrario a...* Por otra parte, la última palabra de la tercera línea se ha traducido por *muerde*, cuando proviene del latín clásico (*mordrire*), que significa morir.

Leryn son unas islas francesas, situadas en las cercanías del golfo de Nápoles; baradas (en la traducción) corresponde en realidad al vocablo Stecades, que son otras islas francesas cercanas a las anteriores (Porquerolles, Port-Cros, Bagneaus y Levant ou Titan). Nerte es una divinidad germana, que simboliza a la Tierra.

Dice, pues, la cuarteta:

«Diez hombres serán enviados para asesinar al Papa, pero uno de ellos se opondrá, lo que desencadenará una guerra. En la confusión siguiente, el jefe (de ese grupo) se suicidará (se pincha y muere). Los barcos atracarán en las costas varesas, y el jefe (con sus tropas) bajará a tierra.»

Varesas proviene de que las islas reseñadas pertenecen al departamento francés del Var, formado por partidos judiciales de la Provenza, en las costas del Mediterráneo.

Centuria X, cuarteta 55:

«Las desgraciadas nupcias se celebrarán
en medio de gran alegría, pero el final será desgraciado.
María madre, y nuera (las gentes) desdeñarán.
Phibe muerto, nuera muy lastimosa y muerta.»

Nuera, aquí, es la Iglesia. Iglesia significa unión con Cristo: se ha dicho siempre que la Iglesia (sacerdotes, monjas, etc.) están casados con Él. Luego la Iglesia será la nuera de la Madre de Cristo. Phibe es el apócope de Phoebus, sobrenombre de Apolo, dios del sol. Y el sol es la fuente de nuestra vida.

Es el final de la profecía.

«Los hombres se habrán alegrado (en algún momento) de las malas alianzas; pero esas alianzas traerán la desgracia. La Iglesia será despreciada. Muerto el sol, los demás (los que componen las iglesias, el pueblo, la gente en general) muy lastimosamente morirán.»

Capítulo VIII

La importancia de España dentro del contexto de las profecías de Nostradamus, es relativa, aunque aparece en numerosas ocasiones. Desde luego, no podemos desligar la suerte de la península Ibérica de la de Europa en general.

Pero veamos algunas de las predicciones en las que se involucra a España, por ejemplo.

Centuria V, cuarteta 14:

«Saturno y Marte en León, España cautiva,
atrapada en el conflicto a causa del jefe libio.
Cerca de Malta la Heredera capturada viva.
Y el cetro romano será golpeado por el gallo.»

Saturno y Marte son dioses conflictivos; Marte, en concreto, el de la guerra. Heredera es una alusión a Italia, a quien se conoce como la «Heredera de Rómulo»; el gallo es, como indiqué en su momento, un símbolo de Francia abolido por Napoleón, pero también el símbolo de la casa de Orleáns.

Con todo ello, la interpretación nos indica que en la época en que la guerra se centrará León, España estará cautiva a causa del jefe de Estado libio, mientras que Italia será asimismo vencida rápidamente. Después, el poder rojo establecido en Roma, será vencido por las tropas francesas.

Centuria VIII, cuarteta 94:

«Ante el lago donde el más querido fue echado
de siete meses, y su huésped derrotado,
serán los hispanos por los albaneses vencidos,
por delación parte dando el conflicto.»

Esta cuarteta, siguiendo el sistema de ordenamiento señalado en la primera parte de este libro, se sitúa en el contexto de los tradicionalistas de Lefebvre. Así, pues, Fontbrune la interpreta así:

«Cerca del lago de Leman, de donde fue arrojada una (herejía) muy querida (los calvinistas), sus partidarios serán derrotados. Los españoles serán contaminados por los de Albano (integristas del seminario de Lefebvre), y este conflicto será causa de gran pérdida.»

Centuria IX, cuarteta 30:

«En el puerto de PUOLA y San Nicolás,
peligro normando en el golfo fanático.
Cap. de Bizancio calles y gritar ¡ay de mí!,
Socorros de Gades y del gran Filípico.»

PUOLA es una alusión a POLA o PULA, puerto yugoslavo del Adriático y enclave marítimo-militar. San Nicolás es el patrón de Rusia, cuya fiesta se celebra el 6 de diciembre. Por normandos, Nostradamus entiende «hombres del Norte». Cap., proviene del latín *caput*, y significa «cabeza» y, por extensión, jefe, el que manda o dirige, etc. Gades es el nombre antiguo de Cádiz y Philippique es el jefe de la casta de Borbón en España, según interpreta Fontbrune, aunque no debe olvidarse que el príncipe heredero del trono español se llama precisamente Felipe.

Centuria VIII, cuarteta 51:

«El bizantino haciendo ofrenda,
después de haber reconquistado Córdoba:
su camino largo, reposo tomado,
mar atravesado proa por la Colonia ocupada.»

El traductor ha tomado el vocablo «Proy», empleado por Nostradamus, en el sentido de *proa*. Realmente, el profeta utiliza este término en su acepción del mascarón de proa, con el que en muchas cuartetas simboliza a los aliados del poder rojo, es decir, a lo que se conoce como el Pacto de Varsovia.

Así, pues, el significado sería: Después de haber conquistado Córdoba (el antiguo califato y para la fe musulmana), el jefe de los árabes hará ofrendas de paz. Tras un largo camino, detendrá su avance (tomará reposo). Mientras tanto, y a través del mar, Alemania Occidental (Colonia y su zona de influencia) permanecerá bajo el poder del Pacto de Varsovia.

Centuria I, cuarteta 73:

«Francia, por negligencia, con cinco partes asediada.
Túnez y Argel acometidas por persas:

León, Sevilla y Barcelona caídas.
No habrá flota de los venecianos.»

La forma geométrica de la extensión geográfica francesa, es un hexágono: quiere ello decir que Nostradamus prevé un cerco en cinco de las seis líneas que delimitan su entorno. Así, pues, la profecía es: Francia será atacada en cinco de sus lados, a causa de su negligencia. Túnez y Argelia lucharán contra ella, sublevadas por Irán. León, Sevilla y Barcelona sucumbirán, sin que puedan esperarse socorros de la armada italiana.

Centuria III, cuarteta 78:

«El jefe de Escocia, con seis de Alemania,
cautivo por marinos orientales:
Atravesarán Calpe y España.
Presente en Persia el nuevo rey amedrentado.»

Calpe es un monte de la Bética (Calpe) que se identifica con Gilbraltar y no con la villa mediterránea. La profecía asegura que el jefe de Gran Bretaña y seis altos jefes alemanes, caerán en manos de los orientales, que atravesarán Gibraltar y España. En Persia, mientras tanto, alcanzará el poder un nuevo jefe, asustado (ante la situación del mundo, probablemente).

Centuria X, cuarteta 95:

«A las Españas llegará un rey muy poderoso,
por mar y tierra, subyugando el Midi:
éste mal hará, rebajando el cuarteto creciente,
bajará las alas a los de los viernes.»

Los viernes es el día festivo de los musulmanes. La interpretación sería:

«Un rey muy poderoso alcanzará el poder en España y subyugará los países del "midi" (Norte de África) por mar y por tierra. Con ello rebajará el empuje de los árabes (su insignia es la media luna) y "bajará las alas" a los que celebran los viernes (es decir, a esos mismos árabes).»

Centuria IX, cuarteta 42:

«Desde Barcelona, Génova y Venecia,
de la Sicilia peste Mónaco unidos:
contra bárbara armada tomarán el frente,
bárbaro arrojado muy lejos, hasta Túnez.»

En el contexto del orden señalado en la primera parte de este libro, la presente cuarteta se inserta en el período cronológico en el que Occidente vence a la coalición árabe-rusa. Teniendo en cuenta este dato, la traducción podría ser:

«Después (de reconquistar) Barcelona, Génova y Venecia, la peste reinará en Mónaco y Sicilia. Las tropas se enfrentarán de nuevo a la armada bárbara (musulmana) que será derrotada y se retirará lejos, hasta Túnez.»

Centuria VII, cuarteta 10:

«Por el gran príncipe vecino de Mans
bravo y valiente jefe del gran ejército:
por mar y tierra de galos y normandos.
Pasar más allá de Barcelona e isla saqueada.»

Ya he indicado en diversas ocasiones que una de las formas con las que Nostradamus se refiere a los rusos es «normando», o «gentes del Norte». Por otro lado, el traductor ha tomado el sentido «pasar más allá de...» (última línea) para interpretar el vocablo del profeta *Caspre passe...* Caspre es una alusión a Capraria, Cabrera, isla del archipiélago balear.

A la luz de estos informes, la interpretación de la profecía será que un gran príncipe originario de las cercanías de Mans (Blois) mandará un gran ejército contra los rusos. Éstos se retirarán primero a Barcelona y, después, a las Baleares, donde saquearán las islas.

Centuria X, cuarteta 11:

«Bajo la Junquera del paso peligroso
hará pasar el póstumo a su tropa,
los montes Pirineos pasar fuera su bagaje,
de Perpiñán correrá el duque de Tende.»

La Junquera es un paso fronterizo entre España y Francia, situado en el nordeste de los Pirineos. Bagage, en su sentido literal, significa arma en el original francés utilizado por Nostradamus. El vocablo «duque» utilizado en el último verso de esta cuarteta, no es correcto. Nostradamus utilizó, efectivamente, la palabra *duc* gala que tiene ese significado literal. Sin embargo, en numerosas cuartillas emplea ese término (*duc*) para referirse al latino *dux*, que significa «caudillo», «jefe al mando» o «general». Por último, Tende es un paso utilizable para cruzar los Alpes Marítimos, entre Niza y Coni.

A la vista de todo ello, la interpretación de Nostradamus sería:

«A través del peligroso paso de la Junquera, el último (de los borbones franceses) hará cruzar sus tropas y su armamento por los Pirineos y perseguirá al general (enemigo) hasta el punto de Tende.»

Para una mejor comprensión de la cuarteta será preciso informar al lector que, según las profecías francesas, cuando caiga la última república gala, accederá al poder la monarquía (los borbones). El último rey Borbón ayudará a España a liberarse de sus opresores (ya hemos visto que sería invadida) y después perseguirá al enemigo hasta su total destrucción. El fin de la civilización occidental coincidirá, como también hemos visto, con la caída de esa monarquía.

Centuria V, cuarteta 55:

«De la fecunda región de la Arabia,
nacerá poderoso de la ley mahometana.
Viajará a España y conquistará Granada.
Y además por mar a la gente de Ligústica.»

Recordando que Ligústica es un nombre antiguo que representa a la península de Italia, la traducción no tiene dificultades: En Arabia, nacerá un poderoso rey mahometano, que viajará a España y conquistará (el antiguo reino de) Granada. Después, por mar, pasará y conquistará también Italia.

EPÍLOGO

Sería muy sencillo para mí culminar este trabajo reproduciendo algunos de los tremebundos versículos del Apocalipsis, como corroboración de cuanto acabo de escribir.

No lo haré. Y no lo haré porque creo en los hechos y no en las quimeras; acepto las realidades y, por eso mismo, no tengo fe en *revelaciones* pseudodivinas; me convencen los datos, pero no las especulaciones y elucubraciones mentales.

Y, sin embargo, a pesar de lo que muchos digan, creo en Nostradamus. Y creo, porque las verdades, los hechos, las realidades y los datos, no siempre se comprenden... aunque se vean, se disfruten o se padezcan. Pocos serán los hombres capaces de explicar las causas de un terremoto, pero todos creemos en ellos. Pocos serán los hombres capaces de explicar el funcionamiento de un televisor, pero todos tenemos uno en casa. Pocos serán los hombres capaces de explicar el Universo, el cosmos y sus leyes inalterables, pero todos creemos en él. Pocos saben los secretos mecanismos de un coche aunque seamos capaces de conducirlo y muchos serán los que sabrán montar en bicicleta, aunque se vean incapaces de explicar cómo consiguen mantenerse verticalmente sobre dos ruedas de mínima base.

No. La verdad, no siempre... no necesariamente, debe emplear un lenguaje comprensible. Y quienes sean padres lo comprenderán muy bien, en ocasiones todos disfrazamos la verdad de lo que decimos, porque consideramos que a nuestro alrededor hay personas a quienes el conocimiento de esa verdad podría dañar gravemente.

Eso hizo Nostradamus: enmascarar la verdad, para que ésta fuera comprendida al nivel mental de la persona que leyera su obra. Daniel Ruzo se ha pasado cuarenta años investigándola, y ha llegado a la conclusión de que los vaticinios no son más que una cubierta, bajo la que se esconde la más terrible de las profecías. Una profecía que ni siquiera un hombre de la categoría de ese investigador ha podido desvelar.

Nosotros nos conformaremos con menos, quizá porque todavía no estamos preparados para conocer más. Pero... ¿acaso no es ya suficiente con lo que hemos leído?

Sabemos, porque así ha quedado demostrado en la primera parte de este libro, que nada, absolutamente nada de cuanto escribió el profeta de Salon, es gratuito. Que incluso su desorden aparente y su pésimo vocabulario tienen una razón de ser... y una manera de ser entendido. Hemos comprobado que existen «claves» y «temas» que ordenan las cuartetas a partir de los datos que se encuentran en su testamento y a partir de determinadas palabras que se repiten. No existe, pues, el desbarajuste que muchos preconizan (quizá para enmascarar su propia ineptitud), sino una perfecta sincronía disimulada, a fin de que sólo los mejor dispuestos entiendan el mensaje... el tétrico mensaje de Michel de Nostradamus.

Hemos visto, también, que todas las profecías emitidas por el vidente y que abarcan el período cronológico que comprenden los siglos XVI y XX, se han cumplido irremisiblemente. Todo esto, lectores, no son elucubraciones, quimeras o revelaciones pseudodivinas. Son datos exactos, milimétricamente predichos y cumplidos.

¿Por qué, pues, he de dudar del cumplimiento de lo que resta?

Observe el lector que la situación socio-política que se deduce de las profecías es similar a la que estamos viviendo en la actualidad. Que muchos países árabes se inclinan hacia alianzas con los soviéticos, mientras que todos temen el despertar de China. Compruebe que Afganistán no es más que una base rusa, y que Nostradamus ha advertido que de allí partirá la agresión a Europa. Vea que la escalada armamentista es cada vez mayor, por más que los jefes de Estado, como anunció el profeta, malgasten su tiempo en inútiles y estériles conversaciones, en las que todos hablan de paz y nadie hace un esfuerzo real por conseguirla.

Vea, lector, que las catástrofes naturales y los accidentes en medios sociales de transporte, son cada vez más numerosos y más mortíferos, y dígame... mejor, dígase a sí mismo, si todo ello no viene a confirmar lo predicho por Nostradamus.

Esconder la cabeza será tan inútil como cobarde. Lo que ha de venir, vendrá. Y lo que deberíamos hacer es prepararnos o preparar a nuestros hijos para afrontarlo.

Relación completa de centurias

EL MUNDO PROFÉTICO DE NOSTRADAMUS

En su versión original (francés)
y con la correspondiente
traducción (libre) al castellano

CENTURIE I

I   Estant assis de nuict secret estude,
    Seul reposé sur la selle d'aerain:
    Flambe exigue sortant de sollitude,
    Fait prospérer qui n'est à croire vain.

II   La verge en main mise au milieu de Branches
    De l'onde il moulle & le limbe & le pied:
    Un peur & voix fremissent par les manches:
    Splendeur divine. Le divin pres s'assied.

III   Quand la lictiere du tourbillon versee,
    Et seront faces de leurs manteaux couverts,
    La republique par gens nouveaux vexee,
    Lors blancs & rouges iugeront à l'envers.

IV   Par l'univers sera faict un Monarque
    Qu'en paix & vie ne sera longuement:
    Lors se perdra la piscature barque,
    Sera regie en plus grand detriment.

V   Chassez seront pur faire long combat
    Par le pays seront plus fort grevez:
    Bourg & cité auront plus grand debat
    Carcas. Narbonne auront coeur esprouvez.

VI   L'oeil de Ravenne sera destitué,
    Quand á ses pieds les aisles failliront:
    Les deux de Bresse auront constitué,
    Turin, Verseil que Gaulois fouleront.

VII   Tard arrivé, l'execution faicte,
    Le vent contraires, lettres au chemin prinses:
    Les coniuez XIIIJ d'une secte,
    Par le Rousseau senez les entreprinses.

CENTURIA I

I Estando de noche sentado en mi secreto estudio,
Solo, reposado en la silla de bronce:
La débil llama que brota de la soledad
Hace lograr lo que no debe tomarse en vano.

II Varilla en mano puesto en medio de Branco
Moldea de la llama el borde y el pie:
Un temor y una voz se agitan entre los débiles:
Esplendor divino. Cerca se asienta Dios.

III Cuando la litera volcada por el torbellino,
y los rostros estén cubiertos por sus mantos,
la República vejada por nuevas gentes,
entonces blancos y rojos juzgarán al revés.

IV Por el universo será hecho un monarca
que en paz y vida no será largo tiempo:
Entonces se perderá la pescadora barca.
Será regida en más grande detrimento.

V Serán elegidas para hacer largo combate,
Serán mayormente hostigadas por el país:
Burgo y ciudad tendrán el más largo debate,
Carcasona y Narbona tendrán el corazón probado.

VI El ojo de Rávena será destituido
cuando fallen las alas a sus pies:
Los dos de Bresse habrán constituido,
Turín, Vercelli que los galos pisotearán.

VII Llegado tarde, la ejecución consumada,
El viento contrario, cartas recogidas en el camino:
Los conjurados XIII de una secta,
gracias a Rousseau reparad los proyectos

VIII   Combien de fois prinse cité solaire
        Sera changeaiit les lois barbares & vaines:
        Ton mal s'approche. Plus sera tributaire
        La grand Hadrie recourira tes veines.

IX   De l'Orient viendra le coeur Punique
        Fascher Hadrie, & les hoirs Romulides.
        Accompagné, de la classe Libyque,
        Temple Melites et proches Isles vuides.

X   Sespens transmis en la cage de fer,
        Où le enfans septains du Roy sont prins,
        Les vieux & peres sortiront bas de l'enfer,
        Ains mourir voir de fruict mort & cris.

XI   Le mouvebent de sens, coeur, pieds & mains
        Seront d'accord Naples, Lyon, Sicile
        Glaives, feux, eaux puis aux nobles Romains,
        Plongez, tuez, morts par cerveau debide.

XII   Dans peu dira faulce brute fragile,
        De bas en hault eslevé promptement.
        Puis en istant desloyale & labile,
        Qui de Veronne aura gouvernement.

XIII   Les exilez par ire, baine intestine,
        Feront au Roy grand coniuration:
        Secret mettront ennemis par la mine,
        Et ses vieux siens contre eux sedition.

XIV   De gent esclave chansons, chants & requestes.
        Captifs par Princes & Seigneurs aux prisons:
        A l'advenir par idiots sans testes,
        Seront receux par divines oraisons.

VIII Cuántas veces será tomada la ciudad del sol
sustituyendo las leyes bárbaras y vanas:
Tu mal se acerca. Aún más será tributaria.
La gran Hadria recorrerá tus venas.

IX Vendrá el espíritu púnico desde Oriente
a hostigar a Hadria y a los herederos de Rómulo,
acompañado de la flota líbica.
Temblarán los malteses y las saqueadas próximas islas.

X Serpientes transmitidas en la jaula de hierro,
donde los hijos séptimos del rey están enterrados,
Los viejos y los padres saldrán de debajo de las tumbas.
antes de morir ver el fruto muerto y grita.

XI El movimiento de los sentidos, corazón, pies y manos,
estarán de acuerdo Nápoles, Lyon, Sicilia.
Espadas, fuegos, aguas a los nobles romanos más tarde.
Herid, matad, muertos por débil mente.

XII En poco dirá la poderosa y frágil hoz,
de abajo hacia arriba prontamente levantada.
Luego en instancia desleal y débil,
quien de Verona tendrá gobierno.

XIII Los exiliados con ira, odio interno,
prepararán contra el rey gran conjura:
En secreto conseguirán enemigos por la expresión,
y sus ancianos en sedición contra ellos.

XIV Canciones, cantos y requerimientos de esclavos,
cautivos por príncipes y señores en las prisiones:
En el futuro por idiotas sin cabezas,
serán recibidos con divinas oraciones.

XV   Mars nous menasse par la force bellique
      Septante fois fera le sang espandre:
      Auge & ruyne de l'Eccelesuastique,
      Et plus ceux qui d'eux rien voudront entendre.

XVI   Faulx à l'estang ioncte vers le Sagittaire,
      En son hault auge de l'exaltation,
      Peste, famine, mort de main militaire,
      Le siecle approche de renovation.

XVII   Par quaranta ans l'Iris n'apparoistra,
      Par quarante ans tous les iours sera veu:
      La terre arride en siccité, croistra,
      Et grand deluges quand sera apperceu.

XVIII   Par la discorde negligence Gauloise
      Sera passage à Mahommet ouvert:
      De sang trempé la terre & mer Senoise,
      Le port Phocen de voiles & nefs couvert.

XIX   Lors que serpens viendront circuir l'are,
      Le sang Troyen vexé par les Espaignes:
      Par eux grand nombre en sera fait tare,
      Chef suict, caché au mares dans les saignes.

XX   Tours, Orleans, Blois, Angers, Reims & Nantes
      Citex vexees par subit changement,
      Par langues estranges seront tendues tentes,
      Feuves, dars, Renes, terre & mer tremblement.

XXI   Profonde argile blanche nourrit rocher,
      Qui d'un abysme istra lacticineuse,
      En vain troublez ne l'oseront toucher,
      Ignorant estre au fond terre argilleuse.

XV Marte nos amenaza por la fuerza bélica.
Setenta veces derramará la sangre:
Auge y ruina del Eclesiástico,
y más aquellos que de ellos nada querrán escuchar.

XVI La hoz en el estanque unida hacia Sagitario
cuando su mayor auge de exaltación.
Peste, hambre, muerte de mano militar.
El siglo se acerca a la renovación.

XVII Por cuarenta años el Iris no aparecerá.
Por cuarenta años todos los días serán visto:
La tierra árida en sequedad aumentará,
y gran diluvio cuando será percibido.

XVIII Por la discordia negligencia de los galos
estará abierto el paso a Mohamed:
Empapada de sangre la tierra y el mar Senense,
el puerto Focense cubierto de velas y naves.

XIX Cuando vengan serpientes a circundar el altar,
la sangre troyana vejada por las Españas:
Por ellos serán dañados un gran número.
Jefe huye, escondido en estanques entre las cañas.

XX Tours, Orleáns, Angers, Reims y Nantes,
ciudades vejadas por súbito cambio.
Tiendas serán levantadas por lenguas extrañas,
ríos, dársenas, Rennes, tierra y mar temblarán.

XXI Profunda arcilla blanca nutre la roca,
que de un abismo surgirá lacticinosa.
Los perturbados en vano no la osarán tocar,
ignorando la existencia en el fondo de tierra arcillosa.

XXII   Ce qui vivra et n'ayant aucuns sens,
Viendra leser à mort son artifice,
Autun, Chalons, Langres, & les deux Sens,
La gresle et glace fera grand malefice.

XXIII   Au mois troisième se levant le Soleil,
Sanglier Liepard, au champ Mars pous combattre
Liepard lassé, au Ciel estend son oeil,
Un aigle autour du Soleil voit s'esbattre.

XXIV   A cité neuve pensif paur condamner,
L'oisel de proye au Ciel se vient offrir:
Apres victoire à captifs pardonner,
Cremone et Mantouë grand maux aura souffert.

XXV   Perdu, trouvé, caché de si long siecle,
Sera pasteur demy Dieu honoré:
Ains que la Lune acheve son grand siecle,
Par autres vents sera deshonoré.

XXVI   Le grand du fouldre tombe d'heure diurne.
Mal & predict par porteur postulaire:
Suivant presage tombe d'heure nocturne,
Confliet Reims, Londres; Etrusque pestifere.

XXVII   Dessous de chaine Guien du Ciel frappé,
Non loing de là est caché le tresor,
Qui par long siecles avoir esté grapppé,
Trouvé mourra, l'oeil crevé de ressor.

XXVIII   La tour de Boucq craindra fuste Barbare,
Un temps, long temps apres barque hesperique
Bettail, gens, meubles, tous deux feront grand tare
Taurus & libra, quelle mortelle picque?

XXII   Lo que vivirá sin sentido alguno,
vendrá a dañar a muerte su artificio,
Autun, Chalons, Langres y los dos Sens.
El granizo y el hielo causarán gran daño.

XXIII   En el tercer mes y levantándose el sol,
jabalí, leopardo, al campo de Marte para combatir.
El leopardo cansado dirige al cielo su mirada.
Un águila ve volar alrededor del sol...

XXIV   Para condenar una nueva ciudad, pensativo,
el ave de presa se ofrece al cielo:
Después de la victoria perdonar a cautivos,
Cremona y Mantua grandes males habrán sufrido.

XXV   Perdido, encontrado, escondido tanto tiempo,
será honrado pastor semidiós:
Antes que la luna termine su gran ciclo,
por otros vientos será deshonrado.

XXVI   El gran rayo cae en hora diurna.
Y el mal fue predicho por un portador postulario:
El siguiente presagio cae en hora nocturna,
conflagrando Reims, Londres; Etruria apestada.

XXVII   Por debajo de sierra Guayana golpeada por el cielo,
está escondido el tesoro no lejos de allá,
que después de muchos años aún sigue intacto.
Morirá quien lo hallaré, el ojo atravesado por el resorte.

XXVIII   La torre de Boucq temerá el azote bárbaro,
un tiempo, mucho tiempo después la barca hespérica.
Ganado, gente, muebles, los dos harán gran daño.
Tauro y Libra, ¿qué mortal lanza?

XXIX Quand le poisson terrestre & aquatique
   Par force vague au gravier sera mis,
   Sa forme estrange suave & horrifique,
   Par mer aux murs bien tost les ennemis.

XXX La nef estrange par le tourment marin
   Abordera pres de port incogneu:
   Nonobstant signes de rameau palmerin,
   Apres mort pille bon advis tard venu.

XXXI Tant d'ans en Gaule les guerres dureront,
   Outre la course du Castulon monarque:
   Victoire incerte trois grands couronneront,
   Aigles, Coq, Lune, Lyon, Soleil en marque.

XXXII Le grand Empire fera tost translaté
   En lieu petit, qui bien tost viendra croistre,
   Lieu bien infime d'exigue comté,
   Où au milieu viendra poser son sceptre.

XXXIII Pres d'un grand pont de plaine spatieuse,
   Le grand Lyon par forces Cesarees,
   Fera abbattre hors cité rigoureuse,
   Par effroy portes luy seront reserrees.

XXXIV L'oyseau de proye volant à la fenestre,
   Avant conflict faict aux François pareure,
   L'un bon prendra, l'un ambigu sinistre:
   La partie foible tiendra par bon augure.

XXXV Le lyon ieune le vieux surmontera,
   En champ bellique par singulier duelle,
   Dans cage d'or les yeux luy crevera,
   Deux classes une puis mourir mort cruelle.

XXIX Cuando el pez terrestre y acuático
sea puesto en la grava por una vaga fuerza,
su extraña forma, suave y terrorífica.
Por mar a los muros muy pronto los enemigos.

XXX La nave extraña por la tormenta marina
abordará cerca de puerto desconocido:
No obstante, signos de rama de palmera
después de la muerte recibe advertencia llegada tarde.

XXXI Durarán tantos años las guerras en la Galia,
más allá de la carrera del Castullón monarca:
Coronarán tres grandes en victoria incierta,
águilas, gallo, luna, león, Sol en marca.

XXXII El Gran Imperio será pronto trasladado
a un lugar pequeño que temprano crecerá,
lugar bien ínfimo de débil condado,
donde en el centro colocará su cetro.

XXXIII Cerca de un gran puente de una espaciosa planice,
el gran león por fuerzas del César,
hará abatir fuera de la rigurosa ciudad.
Por temor las puertas le serán cerradas.

XXXIV El ave de presa volando hacia la ventana,
antes del conflicto causa a los franceses orgullo.
Uno bueno tomará, el otro ambiguo siniestro:
La parte débil tendrá por buen augurio.

XXXV El joven león sobrepasará al viejo,
en campo de batalla por duelo singular.
En jaula de oro los ojos le sacará.
Dos clases una después morir con muerte cruel.

XXXVI   Tard le Monarque se viendra repentir,
De n'avoir mis à mort son adversaire,
Mais viendra bien à plus hault consentir,
Que tout son sang par mort fera deffaire.

XXXVII   Un peu devant que le Soleil s'absconse
Conflict donné, grand peuple dubuteux,
Prosligez, port marin ne fait response,
Pont & sepulcre en deux estranges lieux.

XXXVIII   Le Sol et L'Aigle au victeur paroistront,
Response vaine au vaincu l'on asseure,
Par cor ny cris harnois n'arresteront,
Vindicte paix par mors si acheve à l'heure.

XXXIX   De nuict dans lict le supresme estrangle,
Pour trop avoir seiourné blond esleu,
Par trois l'Empire subroge exancle,
A mort mettra carte, & paquet ne leu.

XL   La trombe fausse dissimulant golie,
Fera Bisance un changement de loix.
Histra d'Egypte, qui veut que l'on deslie,
Edict changeant monnoye & aloys.

XLI   Siege en cité est de nuict assaillie,
Peu eschapé, non loin de mer conflict,
Femme de ioye, retours fils defaillie,
Poisin & lettres cachees dans le plic.

XLII   Le dix Calende d'Avril de faict Gotique,
Resuscité encor par gens malins,
Le feu estainct, assemblee diabolique,
Cherchant les os du d'Amant & Pselin.

XXXVI   El monarca se arrepentirá tarde,
de no haber dado muerte a su adversario,
pero consentirá mucho más,
que toda su sangre por muerte hará deshacer.

XXXVII   Un poco antes de que el sol se esconda
dado el conflicto, gran pueblo dudoso.
Oíd. El puerto marino no da respuesta.
Puente y sepulcro en dos extraños lugares.

XXXVIII   El sol y el águila se aparecerán al victorioso,
se le asegura la respuesta vana al vencido.
Los arneses no se detendrán con cuerpos ni con gritos.
Perdida la paz, con la muerte se acaba a tiempo.

XXXIX   De noche en la cama el supremo estrangulado
por haberse quedado demasiado el rubio elegido,
por tres el imperio sustituido exhausto.
Dar muerte en carta y paquete no leído.

XL   Simulando locura, la falsa tromba
hará un cambio de leyes en Bizancio,
surgirá de Egipto quien desea se la desligue.
Edicto cambiando moneda y quilates.

XLI   La ciudad sitiada es de noche asaltada.
Pocos escapados, no lejos del mar conflicto.
Ramera debilitada por el retorno del hijo.
Veneno y cartas escondidas en la plica.

XLII   La décima calenda de abril del hecho gótico,
aún resucitada por gente perversa.
El fuego apagado, diabólica asamblea,
buscando los huesos de Amant y Pselin.

XLIII   Avant qu'advienne le changement d'Empire,
Il adviendra un cas bien merveilleux,
Le champ mué, le pillier de Porphire
Mis, transmué sus le rocher noilleux.

XLIV   En bref seront de retour sacrifices,
Contrevenans seront mis à martyre:
Plus ne seront moines, abbez, ne novices,
Le miel sera beaucoup plus cher que cire.

XLV   Secteur de sectes grand peine au delateur
Beste en theatre, dresse le ieu scenique,
Du faict antique annobly l'inventeur,
Par sectes monde confus & schismatique.

XLVI   Tout apres d'Aux, de Lestore & Mirande,
Grand feu du ciel en trois nuicts tombera:
Cause adviendra bien stupende & Mirande,
Bien peu apres la terre tremblera.

XLVII   Du lac Leman les sermons fascheront,
Des iours seront reduicts par des semaines,
Puis mois, puis an, puis tous defailliront
Les Magistrats dammeront leurs loix vaines.

XLVIII   Vingt ans duregne de la Lune passez,
Sept mille ans autre tiendra sa monarchie:
Quand le Soleil prendra ses iours lassez,
Lors accomplir & mine ma prophetic.

XLIX   Beaucoup avant telle menees,
Ceux d'Orient par la vertulunaire:
L'an mil sept cens feront grand emmenees,
Subiuguant presque le coing Aquilonaire.

XLIII   Antes de que llegue el cambio de imperio
ocurrirá algo maravilloso.
El campo mudo, el depredador de Porfirio.
Mandado, sustituido sobre las rocas en conflicto.

XLIV   En breve estarán de vuelta los sacrificios.
Los opositores serán martirizados;
No habrán más monjas, abades ni novicios.
La miel será mucho más cara que la cera.

XLV   Sector de sectas gran pena al delator.
Bestia en teatro, dispuesto el juego escénico.
Del hecho antiguo ennoblecido el inventor.
Por sectas el mundo confuso y cismático.

XLVI   Cerca de Aux, de Lestors y Miranda,
gran fuego del cielo en tres noches caerá:
Sucederá una bien estupenda y admirable causa.
Bien poco después la tierra temblará.

XLVII   Del lago Leman los sermones enojarán.
Los días serán convertidos en semanas,
luego en meses, luego en años; después todos desfallecerán.
Los magistrados condenarán sus leyes vanas.

XLVIII   Pasados veinte años del reino de la Luna,
siete mil años otro tendrá su monarquía:
Cuando el sol coja sus días de infortunio,
entonces, cumplida y consumada mi profecía.

XLIX   Mucho antes de tales intrigas,
los de Oriente por la virtud lunar:
El año mil setecientos harán grandes transformaciones,
subyugando casi el rincón Aquilonar.

L De l'aquatique triplicité naistra,
   D'un qui fera le Ieudy pour sa feste:
   Son bruit, loz, regne, sa puissance croistra,
   Par terre & mer aux Oriens tempeste.

LI Chefs d'Aries, Iupiters. & Saturne,
   Dieu eternel quelles mutations?
   Puis par long siecle son maling temps retourne
   Gaule et Italie, quelles esmotions?

LII Le deux malins de Scorpion conioincts,
   Le grand seigneur meurdry dedans la salle:
   Peste à l'Eglise par le nouveau Roy ioinct,
   L'Europe basse et Septentrionale.

LIII Las qu'on verra grand peuple tourmenté,
   Et la loy saincte en totale ruine,
   Par autres loix toutes la Chrestienté,
   Quand d'or d'argent trouve nouvelle mine.

LIV Deux revolts faits du maling facigere,
   De regne & siecles fait permutation:
   Le mobil signe à son endroit si ingere,
   Aux deux esgaux & d'inclination.

LV Soubz l'opposite climat Babylonique,
   Grande sera de sang effusion,
   Que terre & mer, air, ciel sera inique,
   Sectes, faim, regnes, pestes, confusión.

LVI Vous verrez tost & tard faire grand change,
   Horreurs extremes & vindications:
   Que si la Lune conduicte par son ange,
   Le ciel s'approche des inclinations.

L Nacerá de la acuática triplicidad,
de uno que hará el jueves su fiesta:
Su fama, loor, reino, su poder crecerá.
Por tierra y mar a los Orientes tempestad.

LI Jefes de Aires, Júpiter y Saturno,
Dios eterno, ¿qué mutaciones?
Después, por largo tiempo, su malvada época regresa.
Galia e Italia, ¿qué emociones?

LII Los dos perversos de Escorpión juntos.
El gran señor muerto en la sala:
Peste en la Iglesia a causa del nuevo rey ungido.
La Europa baja y la Septentrional.

LIII Cuando se vea un gran pueblo atormentado,
y la ley santa en total ruina,
por todas otras leyes la Cristiandad,
cuando de oro y de plata halle nueva mina.

LIV Dos revueltas provocadas por el maligno segador,
de reino y siglos hace mutación:
El móvil símbolo en su lugar se inserta,
a los dos iguales y de inclinación.

LV Bajo el opuesto clima babilónico,
grande será la efusión de sangre,
tierra y mar, aire, cielo será inicuo.
Sectas, hambre, reinos, pestes, confusión.

LVI Vosotros veréis tarde o temprano hacer un gran cambio,
horrores extremos y venganzas,
que si la Luna conducida por su ángel,
el cielo se acerca a las inclinaciones.

LVII   Par grand discord la trombe tremblera,
Accord rompu dressant la teste au Ciel,
Bouche sanglante dans le sang nagera,
Au sol la face oincte de laict & miel.

LVIII   Trenché le ventre naistra avec deux testes,
Et quatre bras, quelques ans entiers vivra?
Iour qui Alquiloye celebrera ses festes,
Fossen, Turin, chef Ferrare suyvra.

LIX   Les exilez deportez dans les Isles,
Au changement d'un plus cruel Monarque,
Seront meurtris, & mis deux les scintiles,
Qui de parler ne seront estez parques.

LX   Un Empereur naistra pres d'Italie,
Qui à l'Empire sera vendu bien cher,
Diront avec quels gens il se ralie,
Qu'on trouvera moins prince que boucher.

LXI   La republique miserable infelice
Sera vastée du nouveau magistrat,
Leur grand amas de l'exil malefice
Fera Sueve raur leur grand contract.

LXII   La grande perte, las que feront les lettres,
Avant le ciel de Latona parfaict,
Feu grand deluge plus par ignares sceptres,
Que de long siecle ne se verra refaict.

LXIII   Les fleurs passez diminue le monde,
Long temps la paix terres inhabitees,
Seur marchera par Ciel, terre, & onde,
Puis de nouveau les guerres suscitees.

LVII   Por gran discordia la tromba temblará,
        acuerdo roto levantando la cabeza al cielo,
        boca sangrante en la sangre nadará.
        Al suelo la cara ungida de leche y miel.

LVIII   Abierto el vientre, nacerá con dos cabezas
        y cuatro brazos, ¿cuántos años enteros vivirá?
        Día en que Aquiles celebrará sus fiestas,
        Fossen, Turín, el jefe Ferrara seguirá.

LIX   Los exiliados deportados a las islas,
        al cambio de un más cruel monarca,
        serán muertos y quemados en las piras,
        los que al hablar no hayan sido moderados.

LX   Un emperador nacerá cerca de Italia,
        que al imperio costará muy caro,
        dirán con qué gentes se alía,
        y se le encontrará menos príncipe que carnicero.

LXI   La república miserable infeliz,
        será devastada por el nuevo magistrado,
        su gran montón del maléfico exilio,
        hará a Suevia dejar su gran contrato.

LXII   La gran périda que harán las castas
        antes que el cielo de Latona sea perfecto,
        hubo un gran diluvio mas por ignorantes cetros
        que por largo tiempo no se verá rehecho.

LXIII   Azotes pasados, disminuido el mundo,
        largo tiempo en paz, tierras inhabitadas,
        hermana que marchará por cielo, tierras y onda,
        después de nuevo suscitadas guerras.

LXIV   De nuict Soleil penseront avoir veu
Quand le pourceau demy homme on verra.
Bruit, chant, bataille au Ciel battre aperceu,
Et bestes brotes à parler l'on orra.

LXV   Enfant sans mains iamais veu si grand foudre,
L'enfant Royal au ieu d'oesteuf blessé,
Au puy brises fulgures allant mouldre,
Trois souz les chaines par le milieu troussez.

LXVI   Celuy qui lors portera les nouvelles,
Apres un il viendra respirer,
Viviers, Tournon, Montferrant & Pradelles,
Gresles & tempeste le fera souspirer.

LXVII   La grand famine que ie sens approcher,
Souvent tourner puis estre universelle,
Si grande & longue qu'on viendra arracher
Du bois racine, &, l'enfant de mammelle.

LXVIII   A quel horrible & mal'heureux tourment,
Trois innocens qu'on viendra à livrer,
Poisin suspecte, mal gardé tradiment,
Mis en horreur par bourreaux enyvrez.

LXIX   La grand montagne ronde de sept stades,
Apres paix, guerre, faim, inondation,
Roulera loin abismant grands contrades,
Mesmes antiques, & grand fondation.

LXX   Pluye, faim, guerre en Perse non cessee,
La foy trop grande trahira le monarque:
Par la finie en Gaule commencée,
Sevret augure pour à un estre parque.

LXIV De noche, el sol pensarán haber visto
cuando se verá el cerdo semihombre.
Ruido, canto, batalla en el cielo batir apercibido,
y bestias brutas se oirán hablar.

LXV Niños sin manos, jamás visto tan grande locura,
el niño real herido en el juego de bolos,
en el pozo yendo a triturar rotos y fulgurados
tres partidos por el medio con las cadenas.

LXVI Aquel que entonces llevará las noticias,
después del primero, vendrá a respirar,
Viviers, Hournon, Montferrant y Pradelles,
granizo y tempestad lo harán suspirar.

LXVII La gran hambre que siento acercarse,
a menudo vagará, luego será universal,
tan grande y duradera será que llegará a arrancar
del bosque la raíz y del pecho el niño.

LXVIII ¡Oh, qué horrible y maldito tormento!
Tres inocentes que serán condenados,
sospechoso veneno, mal vigilada traición,
puestos en horror por ebrios verdugos.

LXIX El gran monte redondo de siete estadios,
después de la paz, guerra, hambre, inundación,
rodará lejos cubriendo grandes comarcas,
aún antiguas y de gran fundación.

LXX Lluvia, hambre, guerra en Persia no acabada,
la fe demasiado grande traicionará al monarca:
Por el fin en la Galia iniciada,
secreto augurio para una corta existencia.

LXXI   La Tour Marine trois fois prise et reprise,
          Par Espagnols, Barbares, Ligurins:
          Marseille & Aix, Arles par ceux de Pise,
          Vast, feu, fer, pillé Avignon des Thurins.

LXXII   De tout Marseille des habitans changee,
          Course & poursuitte iusque aupres de Lyon,
          Narbon, Toloze, par Bourdeaux outragee
          Tuez captifs presque d'un million.

LXXIII   France à cinq pars par neglect assaillie,
          Tunys, Argal esmeuz par Persiens:
          Leon, Seville, Barcellonne faillie,
          N'aura la classe par les Venitiens.

LXXIV   Apres sejourné vogueront en Epire,
          Le grand secours viendra vers Antioche:
          Le noir poil crespe tendra fort à l'Empire,
          Barbe d'aerain se rostira en broche.

LXXV   Le tyran Siene occuperá Savonne,
          Le fort gaigné tiendra classe marine:
          Les deux annees par la marque d'Anconne,
          Par effrayeur le chef s'en examine.

LXXVI   D'un nom farouche tel proferé sera,
          Que les trois seurs auront fato le nom:
          Puis grand peuple par langue & faict dira,
          Plus que nul autre aura bruit & renom.

LXXVII   Entre deux mers dressera promontoire,
          Que puis mourra par le mors du cheval:
          Le sien Neptune pliera voile noire,
          Par Calpre & classe aupres de Rocheval.

LXXI   La Torre Marina tres veces tomada y reconquistada,
por españoles, bárbaros, ligures:
Marsella y Aix, por los de Pisa,
pillaje, fuego, hierro, Aviñón ultrajada por los turineses.

LXXII   Los habitantes de Marsella cambiados del todo,
carrera y persecución hasta cerca de Lyon,
Narbona, Tolosa, por Burdeos ultrajadas,
muertos cautivos casi un millón.

LXXIII   Francia, por negligencia, con cinco partes asediada,
Túnez y Argel acometidas por persas:
León, Sevilla y Barcelona caídas,
no habrá flota de los venecianos.

LXXIV   Después de su estancia navegarán hacia Epiro,
el gran socorro vendrá de Antíoco:
El negro pelo rizado tendrá fuerte el imperio,
barba de bronce se asará en el espetón.

LXXV   El tirano Siena ocupará Narbona,
el fuerte ganador tendrá flota:
Las dos armadas por la Marca de Ancona,
por temor el jefe se examina.

LXXVI   Será proferido un nombre tan temido,
que las tres hermanas habrán formulado el nombre:
Después un gran pueblo por lengua y hechos dirá,
más que cualquier otro, fama y renombre tendrá.

LXXVII   Elevará un promontorio entre dos mares,
que después morirá por mordedura de caballo:
El suyo Neptuno plegará vela negra,
por Calpre y flota cerca de Rocheval.

LXXVIII D'un chef vieillard naistra sens hebeté,
Degenerant par sçavoir & par armes:
Le chef de France par sa soeur redouté,
Champ divisez, concedez aux gendarmes.

LXXIX Bazaz, Lectore, Condon, Ausch, Agine,
Esmeus par loix, querelle & monopole:
Car Bourd, Tholoze Bay mettra en ruine,
Renouveller voulant leur tauropole.

LXXX De la sixiesme claire splendeur celeste,
Viendra tonner si fort en la Bourgogne,
Puis naistra monstre de tres hideuse beste,
Mars, Avril, May, Iuin grand charpin & rongne.

LXXXI D'humain troupeau neuf seront mis à part,
De iugement & conseil separez,
Leur fort sera divisé en depart,
Kappa, Thita, Lambda mors bannis esgarez.

LXXXII Quand les colonnes de bois grande tremblee,
D'austere conduicte, couverte de rubriche,
Tant vuidera dehors grande assemblee,
Trembler Vienne & le pays d'Austriche.

LXXXIII La gent estrange divisera butins,
Saturne en Mars son regard furieux,
Horrible estrange aux Toscans & Latins,
Grecs qui seront à frapper curieux.

LXXXIV Lune obscurcie aux profondes tenebres,
Son frere passe de couleur ferrugine,
Le grand caché long temps sous les tenebres,
Tiedera fer dans la praye sanguine.

LXXVIII De un viejo nacerá mente estúpida,
degenerada por saber y por armas:
El jefe de Francia temido por su hermana,
Campos divididos entregados a las gentes de armas.

LXXIX Baza, Leçtore, Condon, Ausch, Agine,
hartos por todas las leyes, querella y monopolio:
Porque Bourd, Tolosa Bay convertirá en ruinas,
renovar queriendo su tauropolio.

LXXX De la sexta claro esplendor celeste,
vendrá a tronar tan fuerte en la Borgoña,
después nacerá un monstruo de bestia muy odiosa,
marzo, abril, mayo, junio gran esqueleto y roña.

LXXXI De la sociedad humana nueve serán puestos aparte
por juicio y consejo separados,
su fuerza será dividida en partes,
Kappa, Thita, Lambda muertos exiliados dispersos.

LXXXII Cuando las columnas de madera sufran un gran temblor,
de Austere conducida, cubierta de adornos,
tanto se vaciará hacia afuera la gran asamblea,
temblar Viena y el país de Austria.

LXXXIII Los extraños verán botines,
Saturno en Marte su mirada furiosa,
horrible estrago a los toscanos y latinos,
griegos que estarán deseosos de herir.

LXXXIV Luna oscurecida a las profundas tinieblas,
su hermano pasa de color ferruginoso,
el gran escondido largo tiempo bajo las tinieblas,
calentará hierro en la sanguínea presa.

LXXXV   Par la response de Dame Roy troublé,
          Ambassadeurs mespriseront leur vie,
          La grand ses freses contrefera doublé,
          Par deux mourront ire, haine & envie.

LXXXVI   La grande Royne quand se verra vaincuë
          Fera excez de masculin courage,
          Sur cheval, fleuve passera toute nue,
          Suite par fer, à foy fera outrage.

LXXXVII   En nosigee feu du centre de terre,
          Fera trembler autour de cité neuve
          Deux grands rochers longteinps feront la guerre,
          Puis Arthuse rougira nouveau fleuve.

LXXXVIII   Le divin mal surprendra le grand Prince,
          Un peu devant aura femme espousee
          Son appuy & credit à un coup viendra mimce,
          Conseil mourra pour la teste rasee.

LXXXIX   Tous ceux de Illerde seront dans la Moselle,
          Mettand à mort tous ceux de Loire & Seine,
          Le cours marin viendra pres d'haute velle,
          Quand Espagnols ouvrira toute veine.

XC   Bourdeaux, Poictiers au son de la campagne,
          A grande classe ira jusqu'à l'Angon,
          Contre Gaulois sera leur tramontane,
          Quand monstre hideux naistra pres de Orgon.

XCI   Les Dieux feront aux humains apparence,
          Ce qu'ils seront auteurs de grand conflict,
          Avant Ciel veu serain espee & lance,
          Que vers main gauche sera plus grand afflict.

LXXXV Turbado el rey por la respuesta de la dama,
los embajadores menospreciarán su vida,
la grande a sus hermanos maquinará astuta
por dos morirán ira, odio y envidia.

LXXXVI La gran reina cuando se vea vencida,
hará exceso de masculino coraje,
sobre un caballo pasará el río completamente desnuda,
seguida por el hierro, a la fe hará ultraje.

LXXXVII En el fuego del centro de la tierra,
hará temblar alrededor nueva ciudad,
dos grandes rocas por mucho tiempo harán la guerra,
después Aretusa enrojecerá de nuevo el río.

LXXXVIII El mal divino sorprenderá al gran príncipe,
un poco antes habrá desposado mujer.
Su apoyo y crédito será en un momento pequeño,
Consejo morirá por la cabeza rapada.

LXXXIX Todos los de Ilerda estarán en el Mosela
dando muerte a los del Loira y el Sena,
el curso marino vendrá cerca de la alta vela,
cuando los españoles abrirán toda vena.

XC Burdeos, Poitiers, al son de campaña,
en gran ejército irán hasta el Angón,
contra los galos será su tramontana,
cuando el odioso monstruo nacerá cerca de Orgón.

XCI Los dioses se aparecerán a los humanos,
que serán autores de un gran conflicto,
antes, visto el cielo sereno, espada y lanza,
que en la mano izquierda será más grande la aflicción.

XCII   Sous un la paix par tout sera clamee,
Mais non long temps pille & rebellion,
Par refus ville, terre & mer entamee,
Mort et captifs le tiers d'un million.

XCIII   Terre Italique pres des monts tremblera
Lyon & Coq non trop confederez,
En lieu de peur l'un l'autre s'aydera,
Seul Catulon & Celtes moderez.

XCIV   Au port Selin le tyran mis à mort
La liberté non pourtant recouvree:
Le nouveau Mars par vindicte et remort,
Dame par force de frayeur honnoree.

XCV   Devant Moustier trouvé enfant besson,
D'heroic sang de moine & vetustique:
Son bruit par secte langue & puissance son,
Qu'on dira fort eslevé le vopisque.

XCVI   Celuy qu'aura la charge de destruire
Temples, & sectes, changez par fantasie:
Plus aux rochers qu'aux vivans viendra nuire,
Par langue ornee d'oreilles ressasie.

XCVII   Ce que fer, flamme n'a sçeu parachever,
La douce langue au conseil viendra faire:
Par repos, songe, le Roy fera resver,
Plus l'ennemy en feu, sang militaire.

XCVIII   Le chef qu'aura conduict peuple infini
Loing de son ciel, de meurs & langue estrange
Cinq mil en Crete & Thessalie finy,
Le chef fuyant sauvé en la marine grange.

XCII   Con uno, la paz será por todas partes aclamada,
pero no mucho tiempo, saqueo y rebelión,
por rechazo ciudad, mar y tierra empequeñecidas,
muertos y cautivos el tercio de un millón.

XCIII   La tierra itálica cerca de los montes temblará,
Lyon y Coq, no muy confederados,
en lugar de miedo el uno al otro se ayudarán,
sólo Catulón y celtas moderados.

XCIV   En el puerto Selín el tirano ha muerto,
la libertad no por eso recobrada:
El nuevo Marte por venganza y remordimiento,
dama por fuerza de horror honrada.

XCV   Ante Moustier encontrado niño gemelo,
de heroica sangre de monje vetusto;
Su fama por secta, lengua y potente sonido,
que se diría muy educado el rapaz.

XCVI   Aquel que tendrá la orden de destruir
templos y sectas, cambiado por fantasia:
Más a las piedras que a los vivos maltratarán,
por lengua adornada de orejas recogidas.

XCVII   Lo que hierro, llama no supo concluir
la lengua dulce al consejo vendrá a hacer:
Por reposo, sueño, el rey hará soñar
más el enemigo en fuego, sangre militar.

XCVIII   El jefe que habrá conducido al pueblo infinito
lejos de su cielo, de costumbres y lengua extraños.
Cinco mil en Creta y Tesalia terminada,
el jefe fugitivo, salvado en la cabaña marina.

XCIX Le grand monarque que fera compagnie
Avec deux Roys unis par amitié:
O quel souspir fera la grand mesgnie,
Enfans Narbon à l'entour, quel pitié.

C Longtemps au ciel sera veu gris oyseau,
Aupres de Dole & de Toscane terre:
Tenant au bec un verdoyant rameau
Mourra tost grandet finira la guerre.

CENTURIE II

I Vers Aquitaine par insuls Britanniques
De par eux mesmes grandes incursions:
Pluyes, gelees feront terroirs iniques,
Port Selyn fortes fera invasions.

II La teste blue fera la teste blanche
Autant de mal que France a faict leur bien:
Mort à l'anthene, grand pendu sus la branche,
Quand prins des siens le Roy dira combien.

III Pour la chaleur solaire sus la mer
De Negrepont les poissons demy cuits,
Les habitans les viendront entamer,
Quand Rhod & Gennes leur faudra le biscuit.

IV Depuis Monech iusqu'aupres de Sicile,
Toute la plage demourra desolee,
Il n'y aura faux-bourg, cité, ne ville,
Que par Barbares pillee soit & vollee.

XCIX El gran monarca que hará compañía
con dos reyes unidos por amistad:
¡Oh, qué suspiro hará la gran mesnada!
Hijos de Narbona alrededor, ¡qué piedad!

C Mucho tiempo será visto en el cielo pájaro gris,
cerca de Dole y de la Tierra Toscana:
Con una rama verde en el pico
morirá pronto y terminará la guerra.

CENTURIA II

I Hacia Aquitania por las Islas Británicas,
desde ellas mismas grandes incursiones:
Lluvias heladas harán inicuas las tierras,
Puerto Selín realizará grandes invasiones.

II La cabeza azul hará la cabeza blanca.
Tanto mal que Francia no hace su bien:
Muerto en la Antena, gran colgado bajo la rama,
cuando preso por los suyos el rey dirá cuantos.

III Por el calor del sol bajo el mar
los peces de Negroponte medio cocidos,
los habitantes irán a cortar
cuando Rhod y Gennes necesitarán el bizcocho.

IV Desde Mónaco hasta cerca de Sicilia,
toda la playa quedará desolada,
no habrá barrio, ciudad ni villa,
que por los bárbaros no sea robada y saqueada.

V   Qu'en dans poisson, fer & lettre enfermee
Hors sortira, qui puis fera la guerre,
Aura par mer sa classe bien ramee,
Apparoissant pres de Latine terre.

VI   Aupres des portes & dedans deux citex
Seront deux fleaux & onc n'apperceu un tel,
Faim, dedans peste, de fer hors gens boutez,
Crier secours au grand Dieu immortel.

VII   Entre plusieurs aux isles deportez,
L'un estre nay à deux dents en la gorge:
Mourront de faim les arbres esbrotez,
Pour eux neuf Roy, nouvel edict leur forge.

VIII   Temples sacrez prime façon Romaine,
Reietteront les goffres fondements,
Prenant leurs lois premieres & humaines,
Chassant, nou tout, des saincts les cultements.

IX   Neuf ans le regne le maigre en paix tiendra,
Puis il cherra en soif si sanguinaire,
Pour luy grand peupie sans foy & loy mourra,
Tué par un beaucoup debonnaire.

X   Avant long temps le tout sera rangé
Nous esperons un siecle bien senestre:
L'estat des masques & des seuls bien changé;
Peu trouveront qu'à son rang vueille estre.

XI   Le prochain fils de l'aisnier parviendra,
Tant eslevé iusqu'au regne des fors:
Son aspre gloire un chacun la craindra,
Mais ses enfans du regne gettez hors.

V   Cuando en el pez, hierro y carta cerrada,
afuera saldrá quien después hará la guerra,
tendrá en el mar su flota bien dirigida,
apareciendo cerca de tierra latina.

VI   Cerca de las puertas y dentro de dos ciudades
habrán azotes como nunca se vieron,
hambre, dentro la peste, por el hierro gente expulsada,
pedir socorro al gran Dios inmortal.

VII   Entre varios a las islas deportados,
uno habiendo nacido con los dientes en la garganta:
Morirán de hambre los árboles sacudidos,
por ellos un nuevo rey, nuevo edicto se forja.

VIII   Templos sagrados al primitivo estilo romano
rechazarán la base de los fundamentos,
cogiendo sus leyes primeras y humanas,
censurando, no del todo, los cultos de los santos.

IX   Durante nueve años el débil reino en paz quedará,
después estallará en sed tan sanguinaria,
que por el gran pueblo sin fe ni ley morirá,
muerto por uno mucho más benévolo.

X   En poco tiempo todo se arreglará,
nosotros esperamos un siglo bien siniestro:
El estado de máscaras y de solitarios cambiado,
poco encontrarán que a su rango quieran ser.

XI   Vendrá el próximo hijo del mayor
tan elevado hasta el reino de los fuertes:
Su áspera gloria cada uno la temerá,
pero sus hijos del reino echados fuera.

XII Yeux clos, ouverts d'antique fantasie,
L'habit des seuls seront mis à neant:
Le grand monarque chastiera leur frenaisie.
Ravir des temples le trésor par devant.

XIII Le corps sans ame plus n'estre en sacrifice,
Iour de la mort mis en nativité:
L'esprit divint fera l'âme felice,
Voyant le verbe en son eternité.

XIV A Tours, Gien, gardé seront yeux penetrants,
Descouvriront de loing la grande sereine:
Elle & sa suite au port seront entrans,
Combat, poussez, puissance souveraine.

XV Un peu devant monarque trucidé
Castor, Pollux en nef, astre crinite:
L'erain public par terre & mer vuidé,
Pise, Ast, Ferrare, Turin, terre interdite.

XVI Naples, Palerme, Sicile, Syracuses,
Nouveaux tyrans, fulgures feux celestes:
Gorce de Londres, Gand, Bruxelles, & Suses,
Grand hecatombe, triomphe faire festes.

XVII Le champ du temple de la vierge vestale,
Non esloigné d'Ethene & monts Pyrennees:
Le grand conduict est caché dans la male,
North getez fleuves et vignes mastinées.

XVIII Nouvelle et pluye subite, impetueuse
Empeschera subit deux exercites:
Pierre, ciel, feux faire la mer pierreuse,
La mort de sept terre & marin subite.

XII   Los ojos cerrados, abiertos a la antigua fantasía,
el hábito de los solitarios será reducido a la nada:
El gran monarca castigará su frenesí.
Ante todo, robar el tesoro de los templos.

XIII   El cuerpo sin alma no está más en sacrificio,
el día de la muerte puesto en natividad;
El espíritu divino hará al alma feliz
viendo al verbo en su eternidad.

XIV   En Tours, Giens, celando estarán ojos penetrantes,
descubrirán de lejos la gran serena:
Ella y su séquito en el puerto entrarán,
combate, empujad, poder soberano.

XV   Poco antes monarca asesinado
Cástor, Pólux en nave, astro con crines:
El bronce público por tierra y mar vaciado,
Pisa, Asti, Ferrara, Turín, tierra prohibida.

XVI   Nápoles, Palermo, Sicilia, Siracura,
nuevos tiranos, fulgurantes fuegos celestes:
Fuerza de Londres, Gante, Bruselas y Susa,
gran hecatombe celebrar triunfo con fiestas.

XVII   El campo del templo de la virgen vestal,
no lejos de Ethen y los montes Pirineos:
El gran conducto es escondido en Iodazal,
Norte expulsad ríos y viñas cruzadas.

XVIII   Nueva y súbita lluvia, impetuosa,
obstaculizará de repente a los dos ejércitos:
Piedra, cielo, hace ser la mar pedregosa,
la muerte de siete tierra y mar súbitos.

XIX Nouveaux venus lieu basty sans defence,
Occuper la place par lors inhabitable:
Pres, maisons, champs, vilies prendre à plaisance
Faim, peste, guerre, arpen long labourable.

XX Freres & seurs en divers lieux captifs,
Se trouveront passer pres du monarque:
Les contempler ses rameaux ententifs,
Deplaisant voir imenton, front, nez, les marques,

XXI L'ambassadeur envoyé par biremes,
A my chemin d'incogneus repoulsez;
De les renfort viendront quattre triremes,
Cordes & chaines en Negrepont troussez.

XXII Le camp Ascop d'Europe partira.
S'adioignant proche de l'Isle submergee:
D'Arton classe phalange pliera,
Nombril du mond plus grand voix subrogée.

XXIII Palais, oyseaux, par oyseau dechassé,
Bien tost apres le Prince parvenu:
Combien qu'hors fleuve ennemy repoulsé,
Dehor saisi trait d'oyseau soustenu.

XXIV Bestes farouches de faim fleuves tranner,
Plus part du champ encontre Hister sera,
En caige de fer le grand fera treisner,
Quand rien enfant de Germain observera.

XXV La garde estrange trahira forteresse,
Espoir & umbre de plus hault mariage:
Garde deceuë fort prinse dans la presse,
Loire, Saone, Rosne, Gar à mort outrage.

XIX Recién llegados a lugar construido sin defensas,
ocupar el lugar por entonces inhabitable:
Prados, casas, campos, ciudades tomar a placer,
hambre, peste, guerra, ardua y prolongada labor.

XX Hermanos y hermanas cautivos en diversos lugares,
deberán pasar cerca del monarca:
Contemplarles sus rasgos con atención,
no agradando ver mentón, frente, nariz, las marcas.

XXI El embajador enviado por birremes,
a medio camino rechazado por desconocidos;
de refuerzo llegaran cuatro trirremes,
cuerdas y cadenas en Negroponte, perseguidos.

XXII El campo Ascop de Europa partirá,
acercándose a la isla sumergida:
La flota de Arton doblará en falange,
ombligo del mundo gran voz subordinada.

XXIII Palacio, pájaros, por pájaro rechazado,
justo después de la llegada del príncipe:
Muchas veces el enemigo rechazado más allá del río,
capturado fuera el vuelo sostenido del pájaro.

XXIV Bestias furiosas de hambre ríos beber,
la mayor parte del campo estará ante Híster,
en jaula de hierro el grande hará desplazar,
cuando el hijo germano nada observará.

XXV La guardia extranjera traicionará la fortaleza,
esperanza y sombra del más elevado casamiento:
Guardia completamente engañada, muy atacado en la prensa,
Loira, Saona, Ródano, Gar ultraje a muerte.

XXVI   Pour la faveur que la cité fera,
        Au grand qui tost perdra camp de bataille
        Fuis le rang Pau Thesin versera,
        De sang, feux mors noyez de coup de taille.

XXVII   Le divin verbe sera du ciel frappé,
        Qui ne pourra proceder plus avant:
        Du reserrant le secret estoupé,
        Qu'on marchera par dessus & devant.

XXVIII   Le penultiesme du surnom du prophete,
        Prendra Diane pour son iour & repos:
        Loin vaguera par frenetique teste,
        Et delivrant un grand peuple d'impos.

XXIX   L'Oriental sortira de son siege,
        Passer les monts Apennins voir la Gaule:
        Transpercera le ciel, les aeux & neige,
        Et un chacun frappera de sa gaule.

XXX   Un qui les dieux d'Annibal infernaux,
        Fera renaistre, effrayeur des humains:
        Oncq' plus d'horreur ne plus dire journaux,
        Qu'avint viendra par Babel aux Romains.

XXXI   En Campanie le Cassilin fera tant,
        Qu'on ne verra que d'aux les champs couvers:
        Devant apres la pluye de longtemps,
        Hors mis les arbres rien l'on verra de verts.

XXXII   Laict, sans gr enoilles escoudre en Dalmatie,
        Conflict donné, peste pres de Balennes
        Cry sera grand par toute Esclavonie,
        Lors naistra monstre pres & dedans Ravenne.

XXVI Por el favor que hará a la ciudad
al grande que pronto perderá el campo de batalla,
huido de la formación Pau Tesino verterá
sangre, habrá muertos, abatidos por el filo de las armas.

XXVII El verbo divino será herido desde el cielo,
quien no podrá seguir más adelante:
Del atacado el secreto eliminado,
que se caminará por encima y por delante.

XXVIII El penúltimo con el sobrenombre de profeta,
cogerá Diana para su día y reposo:
Lejos vagará por cabeza frenética,
liberando a un gran pueblo de los impuestos.

XXIX El oriental saldrá de su lugar,
pasar los montes Apeninos y ver la Galia:
Traspasará el cielo, las aguas y la nieve,
y a cada uno golpeará con su azote.

XXX Uno que los infernales dioses de Aníbal
hará renacer, terror de los humanos:
Jamás se contará un horror más grande,
que llegará a ser por Babel a los romanos.

XXXI En Campania el Casilino hará tanto
que no se verá que los campos cubiertos:
Nada más acabada la duradera lluvia,
de los árboles no se verá nada verde.

XXXII Leche, sangre, ranas escurrirá en Dalmacia,
dado el conflicto, peste cerca de Balennes.
El grito será grande para toda Esclavonia,
entonces nacerá monstruo cerca y dentro de Rávena.

XXXIII Par le torrent qui descend de Veronne,
Par lors qu'au Pau guidera son entree:
Un grand naufrage, & non moins en Garonne,
Quand ceux de Gennes marcheront leur contrée.

XXXIV L'ire insensee du combat furieux,
Fera à table par freres, le fer luire:
Les departir, blessé, curieux,
Le fier duelle viendra en France nuire.

XXXV Dans deux logis de nuict le feu prendra,
Plusieurs dedans ostouffez & rostis:
Pres de deux fleuves pour seul il adviendra:
Sol l'Arq, & Caper tous seront amortis.

XXXVI Du grande Prophete les lettres seront prinses,
Entre les mains du tyran deviendront,
Frauder son Roy seront ses entreprinses,
Mais ses rapine bien tost le troubleront.

XXXVII De ce grand nombre que l'on envoyra,
Pour secourir dans le fort assiegez,
Peste & famine tous le devorera,
Hors mis septante qui seront profligez.

XXXVIII Des condamnez serait fait un grand nombre,
Quand les Monarques seront conciliez:
Mais l'un d'eux viendra si malencombre,
Que guere ensemble ne seront raliez.

XXXIX Un'an devant le conflict Italique,
Germains, Gaulois, Espagnols pour le fort,
Cherra l'escolle maison de republique,
Où hors mis peu, seront suffoquez mors.

XXXIII Pero el torrente que desciende de Verona,
cuando entonces hasta el Po guiará su entrada:
Un gran naufragio, y no menos en Garona,
cuando los de Génova vayan a su encuentro.

XXXIV La ira insensata del furioso combate,
hará en la mesa por hermanos el hierro brillar:
Los separará, herido, curioso,
el fiero duelo vendrá a molestar a Francia.

XXXV En dos alojamientos de noche prenderá el fuego,
muchos dentro ahogados y quemados:
Llegará sólo uno por uno cerca de dos ríos:
Excepto el Arp y el Caper, todos serán dados por muertos.

XXXVI Serán cogidas las cartas del gran profeta,
caerán entre las manos del tirano,
sus empresas serán traicionar a su rey,
pero sus rapiñas bien pronto le turbarán.

XXXVII Del gran número que se le enviará,
para socorrer el fuerte asediado,
peste y hambre a todos devorará,
excepto setenta que serán salvados.

XXXVIII Habrá un gran número de condenados
cuando los monarcas se habrán conciliado:
Pero uno de ellos estará tan irritado
que ya no los encontrarán unidos.

XXXIX Un año después del conflicto Itálico,
germanos, galos, españoles por el fuerte,
caerá el escollo casa de la república,
donde en poco tiempo serán sofocados y muertos.

XL   Un peu apres non point longue intervalle,
Par mer & terre sera faict grand tumulte.
Beaucoup plus grande sera pugne navalle,
Feux, animaux, qui plus feront d'insulte.

XLI   La grand estoille par sept iours bruslera,
Nuee fera deux soleils apporoir,
Le gros mastin toute nuict hurlera,
Quand grand pontife changera de terroir.

XLII   Coq, chiens & Chats de sang seront repeus,
Et de la playe du tyran trouvé mort,
Au lict d'un autre iambes et bras rompus,
Qui n'avoit peu mourir de cruel mort.

XLIII   Durant l'estoille chevelue apparente,
Les trois grands princes seront faits ennemis:
Frappez du ciel paix terre tremulente,
Pau, Timbre undans, serpent sus le bort mis.

XLIV   L'aigle poussée entour de pavillons,
Par autres oyseaux d'entour sera chassee:
Quand bruit des cymbres tube & sonnaillons
Rendront le sens de la dame insensee.

XLV   Trop le ciel pleure l'Androgyn procree,
Pres de ciel sang humain respandu:
Par mort trop tard grand peuple recree,
Tard & tost vient le secours attendu.

XLVI   Apres grand troche humain plus grand s'appreste
Le grand moteur les siecles renouvelle:
Pluye, sang, laict, famine, fer et peste,
Au ciel veu feu, courant longue estincelle.

XL   Un poco después en no muy largo intervalo,
por mar y tierra será hecho un gran tumulto.
Mucho más grande será la pugna naval,
fuegos, animales, que harán un mayor insulto.

XLI   Por siete días la gran batalla arderá,
estando nublado hará aparecer dos soles,
el gran mastín aullará toda la noche,
cuando el gran Pontífice cambiará de territorio.

XLII   Gallos, perros y gatos quedarán hartos de sangre,
y de la herida del tirano encontrado muerto,
en la cama de otro, piernas y brazos rotos,
quien no había podido morir de más cruel muerte.

XLIII   Mientras esté visible la estrella de cabellos,
los tres grandes príncipes serán hechos enemigos:
Heridos del cielo, la paz y la tierra tiemblan,
el Po, Timbre, agitados, serpiente puesta en el borde.

XLIV   El águila empujada en torno a los pabellones,
será cazada por otros pájaros de alrededor:
Cuando el ruido de los címbalos, flautas y esquilones
devuelvan el sentido a la insensata Dama.

XLV   El cielo llora demasiado a Andrógino procreado,
cerca del cielo sangre humana derramada:
Por muerte demasiado tardía gran pueblo,
tarde y temprano llega el esperado socorro.

XLVI   Después grande enfrentamiento humano, otro mayor
                              [se prepara
el gran motor renueva los siglos:
Lluvia, sangre, leche, hambre, hierro y peste,
Visto fuego en el cielo, corriendo larga centella.

XLVII L'ennemy grand vieil dueil meurt de poison,
Les souverains par infiniz subiuguez:
Pierres plouvoir, cachez soubs la toison.
Par mort articles en vain sont alleguez.

XLVIII La grand copie qui passera les monts,
Saturne en l'Arcq tournant du poisson Mars:
Venins cachez soubs testes de saulmons,
Leur chief pendu à fil de polemars.

XLIX Les conseillers du premier monopole,
Les conquerants seduits par la Melite:
Rodes, Bisance pour leurs exposants pole,
Terre faudra les poursuivans de fuite.

L Quand ceux d'Hainault, de Gand & de Bruxelles
Verront à Langres le siège devant mis,
Derrier leurs fiancs seront guerres cruelles,
La playe antique sera pis qu'ennemis.

LI Le sang du iuste à Londres fera faute,
Bruslez par foudres de vingt trois les six,
La dame antique cherra de pace haute,
De mesme sectes plusieurs serront occis.

LII Dans plusieurs nuits la terre tremblera,
Surle printemps deux efforts suite,
Corinthe, Ephese aux deux mers nagera,
Guerre s'esmeut par deux vaillants de luite.

LIII La grande peste de cité maritime,
Ne cessera que mort ne soit vengee
Du iuste sang par pris damné sans crime,
De la grand dame par feinte n'outragee.

XLVII El gran enemigo, viejo y afligido, muere envenenado,
los soberanos infinitos subyugados:
Llover piedras, escondidas bajo el vello.
Por la muerte artículos en vano son alegados.

XLVIII Un gran ejército que pasará los montes,
Saturno en el Arcq giratorio del pez Marte:
Venenos escondidos bajo cabezas de salmón,
su jefe colgado de cuerda de cabecillas.

XLIX Los consejeros del primer monopolio,
los conquistadores seducidos por la Melita:
Rodas y Bizancio por sus abandonos ciudadanos,
la tierra necesitará los perseguidores de huida.

L Cuando los de Hainault, de Gante y de Bruselas,
verán ante ellos el asedio de Langres,
tras sus flancos habrán crueles guerras,
la antigua herida será peor que enemigos.

LI La sangre del justo será escasa en Londres,
quemados por el rayo seis de los veintitrés,
la antigua Dama caerá de su alto lugar,
de las mismas sectas muchos serán asesinados.

LII Durante muchas noches la tierra temblará,
en primavera dos esfuerzos seguidos,
Corinto, Éfeso en los dos mares nadará,
la guerra desencadenada por dos valientes luchadores.

LIII La gran peste de ciudad marítima,
no cesará hasta que la muerte sea vengada.
Tomada la sangre del justo condenado sin crimen,
de la gran Dama, por disimulo no ultrajada.

LIV Par gent estrange & Romains loingtaine.
Leur grand cité apres eaue fort troublee,
Fille sans trop different domaine,
Prins chef, terreur n'avoir esté riblee.

LV Dans le conflict le grand qui peu valloit,
A son dernier fera cas merveilleux,
Pendant qu'Hadrie verra ce qu'il falloit,
Dans le banquet pongnale l'orgueilleux.

LVI Que peste et glaive n'a sçeu definer
Mort dans le puys sommet du ciel frappé:
L'Abbé mourra quand verra ruiner,
Ceux du nauffrage l'escucil voulant grapper.

LVII Avant conflict le grand tombera:
Le grand à mort, mort, trop subite & plainte,
Nay mi parfaict, la plus part nagera,
Aupres du fleuve de sang la terre tainte.

LVIII Sans pied ne main dent ayguë et forte,
Par globe au fort de port et lainé nay,
Pres du portail desloyal transporte,
Silene luit, petit, grand emmené.

LIX Classe Gauloise par appuy de grand garde,
Du grand Neptune & ses tridens souldars,
Rongee Provence pour soustenir grand bande,
Plus Mars Narbon par iavelots & dards.

LX La foy Punique en Orient rompue
Grand Iud, & Rosne, Loyre & Tag, changeront
Quand du mulet la faim sera repue,
Classe espargie, sang et corps nageront.

LIV Por gente extranjera y lejana a los romanos.
     Su gran ciudad, después de inundada muy turbada;
     hija sin demasiado dominio diferente,
     cogido el jefe, terror de no haber sido aplastada.

LV En el conflicto el grande que poco valía,
    en su final hará algo maravilloso,
    mientras que Hadria vea que era necesario,
    en el banquete apuñala al orgulloso.

LVI Que la peste y la espada no han sabido definir
    muerte en el pozo, cúspide del cielo herido:
    El abad morirá cuando verá arruinar,
    los del naufragio el escollo queriendo agarrar.

LVII Antes del conflicto el gran muro caerá:
    El grande a muerte, muerte demasiado súbita y sentida,
    la nave imperfecta, la mayor parte nadará,
    cerca del río la tierra teñida de sangre.

LVIII Sin pie ni mano, diente agudo y fuerte,
    por globo en el fuerte del puerto mayor nace,
    cerca del portal desleal se traslada,
    Sileno luce, pequeño, gran conducido.

LIX La flota gala apoyada de la gran guardia,
    del gran Neptuno y sus tridentes soldados,
    atormentada Provenza para contener gran banda,
    más Marte en Narbona con lanzas y dardos.

LX Rota la fe Púnica en Oriente
    gran Iud y Rosne, Loira y Tajo cambiarán,
    cuando sea saciada el hambre del mulo,
    la flota derrotada, sangre y cuerpo nadarán.

LXI   Euge, Tamins, Gironde & la Rochelle,
O sang Troyen Mort au port de la flesche,
Derrier le fleuve au fort mise l'eschelle,
Pointes feu grand meurtre sus la bresche.

LXII   Mabus puis tost alors mourra, viendra,
De gens & bestes une horrible defaite,
Puis tout à coup la vengeance on verra,
Cent, main, soif, faim, quand courra la comete.

LXIII   Gaulois Asone bien peu subiuguera,
Pan, Marme & Seine fera Perme l'urie,
Qui le grand mur contre eux dressera,
Du moindre au mur le grand perdra la vie.

LXIV   Seicher de faim, de soif, gent Genevoise,
Espoir prochain viendra au defaillir,
Sur point tremblant sera loy Gebenoise,
Classe au grand port ne se peu acueillir.

LXV   Le parc enclin grande calamité,
Par l'Hesperie & Insubre fera,
Le feu en nef peste & captivité,
Mercure en l'Arc Saturne fenera.

LXVI   Par grands dangiers le captif eschapé,
Peu de temps grand a fortune changee:
Dans le palais le peuple est attrapé,
Par bon augure la cité assiegee.

LXVII   Le blonds au nez forche viendra commettre.
Par le duelle & chassera dehors,
Les exilez dedans fera remettre,
Aux lieux marins commettant les plus forts.

LXI   Euge, Támesis, Gironda y la Rochelle,
sangre troyana muerta en el puerto de la flecha,
detrás del río, en el fuerte, colocada la escalera,
flechas hicieron muchos muertos en la brecha.

LXII   Mabus muy pronto entonces morirá, llegará
una horrible destrucción de personas y animales,
después, de repente, se verá la venganza,
cien, mano, sed, hambre cuando corra el cometa.

LXIII   El galo a Asón bien poco oprimirá,
Pau, Marne y Sena tendrán odio a Perme,
que el gran muro se levantará contra ellos,
desde el menor en el muro el más grande perderá la vida.

LXIV   Morir de hambre, de sed, habitantes de Ginebra,
desfallecerá la próxima esperanza,
sobre el puente que tiembla estará la ley de Gebenita,
la flota en el puerto no podrá ser acogida.

LXV   El parco doblegado gran calamidad,
por la Hesperia en Insubria hará,
el fuego en la nave, peste y cautividad,
Mercurio en el Arco Saturno arruinará.

LXVI   El cautivo escapará de grandes peligros,
en poco tiempo el grande con fortuna cambiada:
En el palacio el pueblo está atrapado,
por el buen augurio la ciudad asediada.

LXVII   El rubio de nariz ganchuda vendrá a actuar
en el duelo y expulsará fuera,
los exiliados dentro restablecerá,
en los lugares marinos enviando a los más fuertes.

LXVIII De l'Aquilon les efforts seront grands,
Sur l'Ocean sera la porte ouverte:
Le regne en Isle sera reintegrand,
Tremblera Londres par voille descouverte.

LXIX Le Roy Gaulois par la Celtique dextre,
Voyant discorde de la grand Monarchie,
Sus les trois parts feraflorrir son sceptre,
Contre la cappe de la grand Hierarchie.

LXX Le dard du ciel fera son estendue,
Morts en parlant grande execution,
La pierre en l'arbre la fiere gent rendue,
Bruit humain monstre purge expiation.

LXXI Les exilez en Sicile viendront,
Pour délivrer de faim la gent estrange,
Au point du jour les Celtes lui faudront
La vie demeure à raison Roy se range.

LXXII Armee Celtique en Italie vexee,
De outes parts conflict & grande perte,
Romains fius, ô Gaule repoulsee,
Pres du Thesin Rubicon pugne incerte.

LXXIII Au lac Fucin de Benac le rivage,
Prins du Leman au port de l'Orguion,
Nay de trois bras predict bellique image,
Par trois couronnes au grand Endymion.

LXXIV De Sens, d'Autun viendront iusque au Rosne,
Pour passer outre vers les monts Pyrenees,
La gent sortir de la marque d'Anconne
Par terre & mer suivra à grand trainees.

LXVIII   Del Aquilón los esfuerzos serán grandes,
sobre el océano estará la puerta abierta:
será restablecido el reino en la isla,
temblará Londres por vela descubierta.

LXIX   El rey galo por la céltica diestra,
viendo la discordia de la gran monarquía
sobre las tres partes hará florecer su cetro,
contra la capa de la gran jerarquía.

LXX   Se extenderá el dardo en el cielo,
muertos hablando gran ejecución,
la piedra en el árbol la altiva gente rendida,
ruido humano monstruo purga expiación.

LXXI   Los exiliados a Sicilia llegarán,
para librar del hambre a los extranjeros,
al comenzar el día los celtas serán necesarios,
la vida continúa, el rey se ciñe a la razón.

LXXII   La armada céltica en Italia vejada,
por todas partes conflicto y gran pérdida,
romanos vencedores, ¡oh Galia repelida!
Cerca de Tesín, Rubicón incierta pugna.

LXXIII   En el lago Fucín, de Benac la orilla,
Prisionero de Lumán en el puerto de Orguión,
nacido de tres brazos predice bélica imagen,
por tres coronas al gran Endimión.

LXXIV   Desde Sen, de Autún vendrán hasta el Ródano,
para pasar más allá de los montes Pirineos,
la gente saldrá de la marca de Ancona
por tierra y mar seguirá a grandes oleadas.

LXXV   La voix ouye de l'insolit oyseau
Sur le canon du respiral estage
Si haut viendra du froment le poisseau,
Que l'homme d'homme sera Antropophage.

LXXVI   Foudre en Bourgogne fera cas portenteux.
Que par engin oncques ne pourroit faire,
De leur senat sacriste faict boiteux.
Fera sçavoir aux ennemis l'affaire.

LXXVII   Par arcs feux, poix & par feux repoussez,
Cris hurlements sur la minuit ouys:
Dedans sont mis par les rempars cassez,
Par canicules les traditeurs suys.

LXXVIII   Le grande Neptune du profond de la mer,
De gent Punique et sang Gaulois meslé:
Les Ifles à sang pour le tardif ramer,
Plus luy nuira que l'occult mal célé.

LXXIX   La barbe crespe & noire par engin,
Subiuguera la gent cruelle & fiere:
Le grand Chiren ostera du lungin,
Tous les captifs par Seline baniere.

LXXX   Apres conflict du lesé l'eloquence,
Par peu de temps se trame faint repos;
Point l'on n'admet les grands à délivrance,
Des ennemis sont remis à propos.

LXXXI   Par feu du ciel la cité presque aduste,
L'urne menace encor Deucalion,
Vexees Sardaigne par la Punique fuste,
Apres que Libra lairra son Phaëton.

LXXV   La voz oída del insólito pájaro
sobre el cañón del respirable suelo
tan alta llegará la medida del trigo,
que el hombre será antropófago del hombre.

LXXVI   El rayo hará algo portentoso en Borgoña.
Que por ingenio no se podía hacer,
de su sagrado senado un hecho dudoso,
hará saber a los enemigos el asunto.

LXXVII   Por arcos de fuego, resinas y fuegos rechazados,
gritos y alaridos oídos a medianoche:
Son metidos dentro por los muros dañados,
por canículas los traidores seguidos.

LXXVIII   El gran Neptuno desde la profundidad del mar,
de gente púnica y de sangre gala mezclada:
Las islas ensangrentadas por el tardío remar,
más le lastimará que el secreto mal ocultado.

LXXIX   La barba crespa y negra por ingenio,
oprimirá a la gente cruel y fiera:
El gran Chirén sacará a lo lejos,
a todos los cautivos por la bandera de Selín.

LXXX   Después del conflicto del herido la elocuencia
por poco tiempo trama fingido reposo;
de ninguna forma se admiten los grandes, a liberación,
los enemigos son devueltos a propósito.

LXXXI   Por el fuego del cielo la ciudad casi destruida,
la urna amenaza todavía Deucalión,
vejada Cerdeña por el azote Púnico,
cuando Libra deje su Phaëton.

LXXXII   Par faim la proye fera loup prisonnier,
           L'assaillant lors en extresme detresse,
           Le nay ayant au devant le dernier,
           Le grand n'eschappe au milieu de la presse.

LXXXIII   Le gros traffic d'un grand Lyon changé,
           La plus part tourne en pristine ruine,
           Proye aux soldats par pille vendange:
           Par iura mont & Sueve bruine.

LXXXIV   Entre Campaigne, Sienne, Flora, Tustie,
           Six mois neuf iours ne pleuvera une goutte:
           L'estrange langue en terre Dalmatie,
           Courira sus, vastant la terre toute.

LXXXV   Le vieux plain barbe soubs le statut severe,
           A Lyon faict dessus l'Aigle Celtique,
           Le petit brand trop outre persevere,
           Bruit d'arme au ciel, mer ronge Lygustique.

LXXXVI   Naufrage à classe pres d'onde Hadriatique,
           La terre tremble esmuë sus l'air en terre mis,
           Egypte tremble augment Mahometique,
           L'Herault soy rendre à crier est commis.

LXXXVII   Après viendra des estremes contrees,
           Prince Germain, dessus le trosne doré:
           La servitude et eaux rencontrees,
           La dame serve, son temps plus n'adoré.

LXXXVIII   Le circuit du grand faict ruineux,
           Le nom septiesme du cinquiesme sera:
           D'un tiers plus grand l'estrange belliqueux,
           Mouton, Lutece, Aix ne garentira.

LXXXII   Por hambre la presa hará lobo prisionero,
asaltándola cuando esté en extrema debilidad,
el nacido teniendo ante sí al último.
El grande no escapa en medio de la prensa.

LXXXIII   El fuerte tráfico de un gran Lyon cambiado,
la mayor parte tornada en pristina ruina,
presa a los soldados por saqueo vendimia:
Por el monte Jura y la neblina de Sueve.

LXXXIV   Entre Campania, Siena, Flora, Tustia,
no caerá una gota de sangre en seis meses y nueve días:
La extraña lengua en tierra de Dalmacia
correrá delante devastando toda la tierra.

LXXXV   El viejo plano barba bajo el severo estatuto,
el águila sobrevuela Lyon,
el pequeño Grande persevera demasiado,
ruido de arma en el cielo, mar roe Ligústica.

LXXXVI   Naufragada la flota cerca de las olas del Adriático,
la tierra tiembla sacudida por el aire puesto en tierra,
Egipto tiembla, aumento de los mahometanos,
el Herault debe gritar con fuerza el hecho.

LXXXVII   Después vendrá de naciones lejanas,
príncipe germano en el trono dorado:
La servidumbre y las aguas reencontradas,
la dama sirve, su tiempo no será más adorado.

LXXXVIII   El circuito del grande y ruinoso hecho,
el nombre de séptimo será de quinto:
De un tercio más grande el belicoso extraño,
Mouton, Lutecia, Aix no garantizará.

LXXXIX Un iour seront demis les deux grand maistres,
Leur grand pouvoir se verra augmenté:
La terre neuve sera en ses hauts estres,
Au sanguinaire le nombre raconté.

XC Par vie & mort changé regne d'Ongrie,
La loy sera plus aspre que servoce:
Leur grand cité d'urlemens plaincts et crie,
Castor et Pollux ennemis dans la lice.

XCI Soleil levant un grand feu lon verra,
Bruit & clarté vers Aquilon tendants,
Dedans le rond mort & cris l'on orra,
Par glaive feu, faim, mort les attendams.

XCII Feu couleur d'or du ciel en terre veu,
Frappé du haut nay, faict cas marveilleux:
Grand meurtre humain: prinse du grand neveu,
Morts d'espectacles eschappé l'orgueilleux.

XCIII Bien près du Tymbre presse la Lybitine,
Un peu devant grand inondation:
Le chef du nef prins, mis à la sentine,
Chasteau, palais en conflagration.

XCIV Grand Pau, grand mal pour Gaulois recevra.
Vaine terreue au maritin Lyon:
Peuple infiny par la mer passera,
Sans eschapper un quart d'un million.

XCV Les lieux peuplez seront inhabitables,
Pour champs avoir grande division:
Regnes livrez à prudents incapables,
Lors les grands freres mort & dissention.

LXXXIX   Un día estarán acordes los dos grandes maestros,
su gran poder se verá aumentado:
La tierra nueva estará en manos poderosas,
al sanguinario el número contado.

XC   Por vida y muerte cambiado el reino de Hungría,
la ley será más áspero que servicial:
Su gran ciudad de alaridos, lloros y gritos,
Cástor y Pólux, enemigos de la lid.

XCI   Se verá un gran fuego al amanecer,
ruido y claridad dirigidos hacia Aquilón,
se oirán dentro del círculo muerte y gritos,
por espada, fuego, hambre, muertos los que esperarán.

XCII   Visto en tierra un fuego color de oro del cielo,
herido por el nacido alto, hace algo maravilloso:
Gran muerte humana, presa del gran sobrino,
muertos de espectáculos, escapado el orgulloso.

XCIII   Bien cerca del Tíber cogida la Libitina,
un poco antes de la gran inundación:
El jefe de la nave preso, metido en la sentina,
castillo, palacio en conflagración.

XCIV   Gran Pau, los galos recibirán un gran mal.
Vano terror al marítimo Lyon:
Pueblo infinito pasará por el mar,
sin escapar un cuarto de millón.

XCV   Los lugares poblados serán inhabitables,
gran división habrá en los campos:
Reinos entregados a prudentes incapaces,
entonces los hermanos mayores muerte y disensión.

XCVI Flambeau ardant au ciel soir fera veu,
        Pres de la fin & principe du Rosne,
        Famine, glaive, tard le secours pourveu,
        La Perse tourne envahir Macedoine.

XCVII Romain Pontife garde de t'approcher,
        De la cité que deiux fleuves arrouse,
        Ton sang viendra aupres de là cracher,
        Toy & les tiens quand fleurira la rose.

XCVIII Celuy du sang reperse le visage,
        De la victime proche sacrifice,
        Tenant en Leo, augure par presage,
        Mais estre àmort pour la fiancee.

XCIX Terroir Romain qu'interpretoit augure,
        Par gent Gauloise par trop sera vexee:
        Mais nation Celtique craindra l'heure,
        Boreas, classe trop loing l'avoit poussée.

C Dedans les isles si horrible tumulte,
        Bien on n'orra qu'une bellique brigue,
        Tant grand sera des predateurs l'insulte,
        Qu'on se viendra ranger à la grand ligue.

CENTURE III

I Apres combat et bataille navalle,
        Le grand Neptune à son plus haut befroy:
        Rouge aversaire de peur viendra pasle,
        Mettand le grand Ocean en effroy.

XCVI   Llama ardiente será vista en el cielo de noche,
cerca del fin y principio del Ródano,
hambre, espada, tarde el socorro previsto,
Persia vuelve a invadir Macedonia.

XCVII   Romano Pontífice, ¡guárdate de acercarte
a la ciudad que dos ríos riegan!
tu sangre vendrá cerca de allí a derramarse.
Tú y los tuyos, cuando florezca la rosa.

XCVIII   Quien de sangre salpica el rostro
de la víctima próxima al sacrificio,
teniendo en Leo augurio por presagio,
puesto será a muerte por la novia.

XCIX   Territorio romano que interpretó el augurio,
por gente gala será vejado en exceso:
Pero la nación celta temerá la hora,
Boreas, el ejército muy lejos lo habrá empujado.

C   En las islas un tumulto tan terrible,
pronto no se oirá que un conflicto bélico,
tan grande será el insulto de los Predadores
que se alineará en la gran liga.

CENTURIA III

I   Después del combate y la batalla naval,
el gran Neptuno en su más grande exacerbación:
El rojo adversario de miedo palidecerá,
poniendo el gran océano en horror.

II   Le divin Verbe donra à la substance,
Comprins ciel, terre, or occult au laict mystique
Corps, ame, esprit ayant toute puissance,
Tant soubs ses pieds comme au siege Celique.

III   Mars & Mercure, & l'argent ioint ensemble,
Vers le Midy extreme siccité:
Au fond d'Asie on dira terre tremble,
Corinthe, Ephese lors en perplexité.

IV   Quand seront proche le defaut des lunaires,
De l'un à l'autre ne distant grandement,
Froid, siccité, dangers vers les frontières,
Mesme ou l'oracle e prins commencement.

V   Pres loing defaut de deux grands luminaires,
Qui surviendra entre l'Avril et Mars:
O quel cherté: mais deux grands debonnaires
Par terre & mer secourrant toutes parts.

VI   Dans le temple clos le foudre y entrera,
Les citadins dedans leur fort grevez:
Chevaux, boeufs, hommes, l'onde mur touchera
Par faim, soif, soubs les plus foibles armez.

VII   Les fugitifs, feu du ciel sus les piques.
Conflict prochain des corbeaux s'esbatans,
De terre on crie, aide, secours celiques,
Quand pres des murs seront les combattans.

VIII   Les Cimbres ioints avecques leurs voisins,
Depopuler viendront presque l'Espaigne:
Gens amassez, Guienne & Limosins,
Seront en ligue, & leur feront compaigne.

II El verbo divino dará a la sustancia,
comprendidos cielo, tierra, oro oculto a la leche mística.
Cuerpo, alma, espíritu teniendo todo el poder,
tanto bajo sus pies como en el trono céltico.

III Marte y Mercurio y la plata, todos juntos,
hacia el Mediodía, extrema sequedad:
En el fondo de Asia se dirá la tierra tiembla,
Corinto y Éfeso entonces en perplejidad.

IV Cuando esté próximo el defecto de los lunares,
del uno al otro no muy distantes,
frío, sequedad, peligrosos hacia las fronteras,
igual donde el oráculo tuvo comienzo.

V Cerca lejano defecto de las dos grandes luminarias
que ocurrirá entre abril y marzo:
¡Oh, qué precio!, pero dos grandes benévolos
por tierra y mar socorrerán todas las partes.

VI En el templo cerrado el rayo penetrará,
muy hostigados los ciudadanos dentro de su fuerte:
Caballos, bueyes, hombres, la onda el muro tocará
por hambre, sed, bajo los más débiles armados.

VII Los fugitivos, fuego del cielo sobre las picas.
Próximo conflicto de los cuervos divirtiéndose,
desde la tierra se pide ayuda y socorro al cielo,
cuando estén cerca de los muros los combatientes.

VIII Los cimbrios junto a sus vecinos
vendrán a despoblar casi toda España:
Gente agrupada, Guyena y Lemosinos
estarán en liga y les harán campaña.

IX   Bourdeaux, Poüan & la Rochelle ioints,
Tiendront autour la grande mer Occeane,
Anglois, Breton, & les Flamans conioints,
Les chasseront iusqu'au pres de Roüane.

X   De sang & faim plus grand calamité,
Sept fois s'appreste à la marine plage:
Monech de faim, lieu pris, captivité,
Le grand mené croc enferree cage.

XI   Les armes battre au ciel longue saison,
L'arbre au milieu de la cité tombé:
Verbine, rogne, glaive, en face tyson,
Lors le Monarque d'Hadrie succombé.

XII   Par la tumeur de Heb, Po, Tag, Timbre, & Rome,
Et par l'estang Leman & Aretin:
Les deux grands chefs & citez de Garonne,
Prins, morts, noyez. Partir humain butin.

XIII   Par foudre en l'archeor & argent fondu,
De deux captifs l'un l'autre mangera:
De la cité le plus grand estendu,
Quand submergee la classe nagera.

XIV   Par le rameau du vaillant personnage,
De France infime, par le pere infelice:
Honneurs, richesses, travail en son vieil aage,
Pour avoir creu le conseil d'homme nice.

XV   Coeur, vigueur, gloire le regne changera
De tous points contre ayant son adversaire:
Lors France enfance par mort subiuguera,
Un grand Regent sera lors plus contraire.

IX Burdeos, Ruán y la Rochelle juntos
tendrán en su entorno el gran mar océano,
ingleses, bretones y flamencos unidos
los expulsarán hasta cerca de Ruán.

X De sangre y hambre la más grande calamidad
siete veces se apresta a la playa marina:
Mónaco de hambre, lugar tomado, cautividad
el gran prisionero romperá jaula de hierro.

XI Batir las armas al cielo en larga estación,
el árbol en el centro de la ciudad caído:
Tornado, roña, espada, enfrente tizón,
entonces el monarca de Hadria sucumbirá.

XII Por el temblor de Heb, Po, Tajo, Tíber y Roma
y por el lago Lemán y Aretín:
Los dos grandes jefes y ciudades del Garona
prisioneros, muertos, ahogados. Repartir botín humano.

XIII Por rayo en el arco oro y plata fundidos,
de los dos cautivos uno al otro comerá:
La mayor parte de la ciudad
cuando la flota nade sumergida.

XIV Por la estirpe del valiente personaje,
de Francia ínfima, por el infeliz padre:
Honores, riquezas, trabajo en su anciana edad,
por haber creído el consejo del hombre ingenuo.

XV Corazón, vigor, gloria del reino cambiará
de todas partes teniendo en contra a su adversario:
Entonces Francia subyugará la infancia por la muerte,
un gran regente será entonces más contrario.

XVI   Un Prince Anglois, Mars à son coeur de ciel,
Voudra poursuivre sa fortune prospere:
Des deux duelles l'un percera le fiel,
Hay de luy, bien ayemé de sa mere.

XVII   Mont Aventine brusler nuict sera veu,
Le ciel obscur tout à un coup en Flandres,
Quand le Monarque chassera son neveu,
Leurs gens d'Eglise commettront les esclandres.

XVIII   Apres la pluye laict assez longuette,
En plusieurs lieux de Rheims le ciel touché:
O quel conflict de sang pres d'eux s'appreste,
Pere & fils Roys n'oseront approché.

XIX   En Luques sang & laict viendra plouvoir,
Un peu devant changement de preteur:
Grand peste & guerre faim & soif fera voir,
Loin où mourra Ieur Prince recteur.

XX   Par les contrees du gran fleuve Bethique,
Loin d'Ibere au royaume de Grenade:
Croix repoussees par gens Mahometiques,
Un de Cordube trahira la contrade.

XXI   Au Crustamin par mer Hadriatique,
Apparoistra un horrible poisson,
De face humaine & la fin aquatique,
Qui se prendra dehors de l'ameçon.

XXII   Six iours l'assaut devant cité donné:
Licree sera forte & aspre bataille:
Trois la rendront & à eux pardonné,
Le reste à feu & sang tranche taille.

XVI   Un príncipe inglés, Marte en su corazón de cielo,
querrá mantener su próspera fortuna:
De los dos duelos uno atravesará la hiel,
¡ay de él!, bien querido por su madre.

XVII   Monte Aventino será visto en la noche quemar,
el cielo oscuro en un momento en Flandes,
cuando el monarca expulsará a su sobrino,
sus gentes de iglesia cometerán los escándalos.

XVIII   Después de la tan prolongada lluvia de leche,
en varios lugares de Reims el cielo tocado:
¡Oh, qué conflicto de sangre cerca de ellos se apresta!
Padre e hijo reyes no osarán acercarse.

XIX   En Luca sangre y leche lloverá,
un poco antes del cambio de pretor:
Gran peste y guerra, hambre y sed hará ver,
lejos, donde morirá el príncipe rector.

XX   Por las regiones del gran río Bético,
lejos del Ebro, en el reino de Granada:
Cruces rechazadas por mahometanos,
uno de Córdoba traicionará la comarca.

XXI   En el Crustamín por el mar Adriático,
aparecerá un horrible pez,
de cara humana y cola acuática,
que no se cogerá con el anzuelo.

XXII   Seis días habrá un asalto ante la ciudad,
será librada una fuerte y áspera batalla:
Tres la entregarán y a ellos perdonará,
el resto serán pasados a sangre y fuego.

XXIII   Si France passe autre mer Lygustique,
Tu te verras en isles & mers enclos:
Mahommet contraire plus mer Hadriatique,
Chevaux & Asnes tu rongeras les os.

XXIV   De l'entreprinse grandé confusión.
Perte de gens, thesor innumerable:
Tu n'y dois faire encore tension,
France à mon dire fais que sois recordable.

XXV   Qui au Royaume Navarrois parviendra,
Quand le Sicile & Naples seront ioincts:
Bigore & Landes par Foix loron tiendra,
D'un qui d'Espagne sera par trop conioinct.

XXVI   Des Roys & Princes dresseront simulacres,
Augures, creuz eslevez aruspices:
Corne victime doree, & d'azur, d'acre,
Interpretez seront les extipices.

XXVII   Prince Lybinique puissant en Occident,
Frangois d'Arabe vendrá tant enflammer,
Sçavant aux lettres fera condescendent,
La langue Arabe en François translater.

XXVIII   De terre foible & pauvre parentele,
Par bout & paix parviendra dans l'Empire,
Long temps regner une ieune femelle,
Qu'oncques en regne n'en survint un si pire.

XXIX   Les deux neveux en divers lieux nourris:
Navale pugne, terre peres tombez:
Viendront si haut eslevez enguerris,
Venger l'iniure, ennemis succombez.

XXIII Si Francia traspasa el mar de Liguria,
tú te verás en islas y mares encerrado:
Mahomet contrario, más el mar Adriático,
caballos y asnos, tú les roerás los huesos.

XXIV De la empresa gran confusión,
Pérdida de gente, tesoro innumerables:
Tú no debes hacer aún tensión,
Francia a mi parecer haz que sea recordable.

XXV El que llegará al reino de Navarra
cuando Sicilia y Nápoles se hayan unido:
Bigorra y Flandes por Foix Loron se tendrá,
de uno que estará muy unido a España.

XXVI Reyes y príncipes harán simulacros,
augures creídos como grandes arúspices,
cuerno víctima dorada y azul, acre,
interpretados serán los presagios.

XXVII Poderoso príncipe libio en Occidente,
francés de Arabia tanto se inflamará:
Sabio en las letras será condescendiente,
la lengua árabe al francés traducir.

XXVIII De tierra débil y pobre parentela
por extremo y paz llegará en el imperio,
mucho tiempo reinar una joven hembra,
que nunca vino nada peor a un reino.

XXIX Los dos sobrinos en diversos lugares nutridos:
Pugna, naval, tierra, padres caídos.
Vendrán tan alto a alzarse aguerridos,
vengar la injuria, enemigos sucumbidos.

XXX   Celuy qu'en luitte & fer au faict bellique
Aura porté plus grand que luy le pris:
De nuict au lict six luy feront la pique,
Nud sans hanois subit sera surprins.

XXXI   Aux champs de Mede, d'Arabe & d'Armenie
Deux grands copies trois fois s'assembleront,
Pres du rivages d'Araxes la mesgnie,
Du grand Soliman en terre tomberont.

XXXII   Le grand sepulchre du peuple Aquitanique
S'approchera aupres de la Toscane;
Quand Mars sera pres du coing Germanique,
Et au terroir de la regent Mantuane.

XXXIII   En la cité où le loup entrera,
Bien pres de là les ennemis seront:
Copie estrange grand pays gastera,
Aux murs & Alpes les amis passeront.

XXXIV   Quand le deffaut du Soleil lors sera,
Sur le plain iour le monstre sera veu,
Tout autrement on l'interpretera,
Cherté n'a garde, nul n'y aura pourveu.

XXXV   Du plus profond de l'Occident d'Europe,
De pauvres gens un ieune enfant naistra,
Qui par sa langue seduira grande troupe,
Son bruit au regne d'Orient plus croistra.

XXXVI   Ensevely non mort apopletique,
Sera trouvé avoir les mains mangees,
Quand la cité damnera l'heretique,
Qu'avoit leurs loix, ce leur sembloit changees.

XXX   Aquel que en lucha y hierro al hecho bélico
habrá traído más grande que él el precio:
De noche en la cama seis la harán ataque,
desnudo y sin armadura, rápidamente será sorprendido.

XXXI   En los campos de Media, de Arabia y de Armenia,
dos grandes ejércitos tres veces se enfrentarán,
cerca del río Araxes la mesnada,
del gran Solimán caerán en tierra.

XXXII   El gran sepulcro del pueblo de Aquitania
se acercará hasta la Toscana:
Cuando Marte esté cerca de la tierra germana,
y al territorio de la Regencia Mantuana.

XXXIII   En la ciudad donde entrará el lobo,
estarán bien cerca de ella los enemigos:
Asolará el gran país un ejército extranjero
a los muros y a los Alpes los amigos pasarán.

XXXIV   Cuando eclipse de sol se produzca
en pleno día será visto el monstruo,
se le interpretará por completo de distinta manera,
no importa la carestía, nadie lo habrá previsto.

XXXV   De lo más profundo del Occidente de Europa,
un niño nacerá de pobres gentes,
que con su hablar seducirá la muchedumbre,
su fama crecerá más en el reino de Oriente.

XXXVI   Sepultado no muerto apoplético,
será encontrado con las manos comidas,
cuando la ciudad condenará al hereje,
que tenía sus leyes, que les parecían cambiadas.

XXXVII Avant l'assant l'oraison prononcee,
Milen prins l'Aigle par embusches deceus,
Muraille antique par canons enfoncee,
Par feu & sang à mercy peu receus.

XXXVIII La gent Gauloise & nation estrange,
Outre les monts, morts, prins & profligez,
Au moins contraire et proche de vendange,
Par les seigneurs en accord redigez.

XXXIX Les sept en trois mois en concorde,
Pour subiuguer des Alpes Apennines,
Mais la tempeste & Ligure coüarde,
Les profligent en subites ruines.

XL Le grand theatre se viendra redresser,
Les dez iettez & les rets ja tendus,
Trop le premier en glaz viendra lasser,
Par arc prostrais de long temps ja fendus.

XLI Bossu sera esleu par le conseil,
Plus hideux monstre en terre n'apperceu,
Le coup voulant crevera l'oeil,
Le traistre au Roy pour fidele receu.

XLII L'enfant naistra à deux dents en la gorge,
Pierres en Tuscie par pluy tomberont,
Peu d'ans apres ne sera bled ni orge,
Peur saouler ceux qui de faim failliront.

XLIII Gens d'alentour de Tarn, Loth, & Garonne,
Gardez les monts Apennines passer,
Vostre tombeau pres de Rome & d'Anconne,
Le noir poil crespe fera tropher dresser.

XXXVII   Antes del asalto la oración pronunciada,
Milán tomada por el Águila mediante astutos embustes,
muralla antigua hundida a cañonazos,
por fuego y sangre pocos recibieron las gracias.

XXXVIII   La gente gala y la nación extranjera
más allá de los montes, muertos, presos, afligidos,
al menos contrario y próximo de la vendimia,
por los señores en acuerdo firmado.

XXXIX   Los siete en tres meses en concordia,
para dominar los Alpes Apeninos,
pero la tempestad y la Luguria cobarde,
les afligen en súbitas ruinas.

XL   El gran teatro será nuevamente levantado,
los dados echados y las redes ya tendidas,
se apartará demasiado al primero,
por arcos derrumbados, ya rotos desde mucho tiempo.

XLI   Un jorobado será elegido por el consejo,
el monstruo más horrible nunca visto en la tierra,
el golpe reventará queriendo el ojo,
el traidor por el rey será recibido como fiel.

XLII   El niño nacerá con dos dientes en la garganta,
piedras en Tuscia caerán con la lluvia,
pocos años después no habrá trigo ni cebada,
para alimentar a quienes de hambre morirán.

XLIII   Gentes de los alrededores de Tarn, Loth y Garona,
evitad pasar por los montes Apeninos,
vuestra tumba cerca de Roma y Ancona,
el pelo negro y crespo hará trofeo levantar.

XLIV Quand l'animal à l'homme domestique,
Apres grands peines & sauts viendra parler,
De foudre à vierge sera si malefique,
De terre prinse & suspendue en l'air.

XLV Les cinq estranges entrez dedans le temple,
Leur sang viendra la terre prophaner:
Aux Tholousains sera bien dur exemple,
D'un qui viendra ses loix exterminer.

XLVI Le ciel (de Plancus la cité) nous presage,
Par clers insignes & par estoilles fixes,
Que de son change subit s'approche l'aage,
Ne pour son bien, ne pour ses malefices.

XLVII Le vieux Monarque deschassé de son regne,
Aux Oreients son secours ira querre:
Pour peur des croix ployera son enseigne,
En Mitylene ira par port & par terre.

XLVIII Sept cens captifs attachez rudement,
Pour la moitié meurtrir, donné le fort:
Le proche espoir viendra si promptement,
Mais non si tost qu'une quinziesme mort.

XLIX Regne Gaulois tu seras bien changé,
En lieu estrange est translaté l'empire:
En autres moeurs & loix seras rangé,
Roan, & Chartres te feront bien du pire.

L La republique de la grande cité,
A grand rigueur ne voudra consentir,
Roy sortir hors par trompette cité,
L'eschelle an mur, la cité repentir.

XLIV   Cuando el animal al hombre domestique,
después de grandes penas y saltos vendrá a hablar,
de rayo a virgen será tan maléfico,
de tierra tomada y suspendida en el aire.

XLV   Los cinco extranjeros entregados en el templo,
su sangre profanará la tierra:
Sera un duro ejemplo para la gente de Tolosa,
de uno que vendrá a suprimir sus leyes.

XLVI   El cielo (de Plancus la ciudad) nos presagia
por señales claras y por estrellas fijas,
que de su súbito cambio se acerca la edad,
ni por su bien ni por los maleficios.

XLVII   El viejo monarca destronado de su reino,
a los orientales irá en busca de apoyo:
Por miedo de las cruces plegará su enseña,
a Mitilene irá por el puerto y por tierra.

XLVIII   Setecientos cautivos atados rudamente,
por la mitad matar, dado el fuerte:
La próxima esperanza llegará tan prontamente,
pero no antes de que muera una quincena.

XLIX   Reino galo, serás bien cambiado,
en lugar extranjero es trasladado el imperio:
Según otras costumbres y leyes serás recogido,
Ruán y Chartres te harán mucho peor.

L   La república de la gran ciudad,
al gran rigor no querrá consentir,
salir fuera ciudad el rey por trompeta,
la escalera en el muro, la ciudad arrepentida.

LI   Paris coniure un grand meurtre commettre,
Blois le fera sortir en plein effect:
Ceux d'Orleans voudront leur chef remettre,
Angers, Troyes, Langres, leur feront un meffait.

LII   En la campagne sera si longue pluye,
Et en la Poüille si grande siccité,
Coq verra l'aigle, l'aisle mal accomplie.
Par Lyon mise sera en extremité.

LIII   Quand le plus grand emportera le pris,
De Nuremberg, d'Ausbourg & ceux de Basle
Par Agrippine chef Frankfort repris,
Traverseront par Flamant lusqu'en Gale.

LIV   L'un des plus grands fuyera aux Espaignes
Qu'en longue playe apres viendra saigner,
Passant copies par les hautes montaignes,
Devastant tout, & puis en paix regner.

LV   En l'an qu'un oeil en France regnera,
La Cour sera en un bien fascheux trouble,
Le grand de Bloys son amy tuera,
Le regne mis en mal & doubte double.

LVI   Montauban, Nismes, Avignon & Besier,
Peste, tonnerre & gresle à fin de Mars,
De Paris pont, Lyon mur, Montpellier,
Depuis six cens & sept-vingt trois pars.

LVIT   Sept fois changer verrez gens Britannique,
Taints en sang en deux cens novante an,
Franche non point par appuy Germanique,
Aries doubte son pole bastarnan.

LI   París trama cometer un gran asesinato,
      Blois lo hará salir en pleno efecto:
      Aquellos de Orleáns querrán reponer su jefe,
      Angers, Troyes, Langres, les harán gran fechoría.

LII   Será tan fuerte la lluvia en el campo
      y en la Pulla tan grande la sequía,
      el gallo verá al águila el ala mal cumplida.
      Por Lyon será puesta en extremidad.

LIII Cuando el más grande se lleve al prisionero,
      de nuremberg, de Ausburgo y los de Basilea.
      Por Agripina tomado el jefe de Frankfurt,
      atravesarán por Flandes hasta la Galia.

LIV   Uno de los más grandes huirá a las Españas
      que en profunda llaga después sangrará,
      pasando ejércitos por las altas montañas,
      devastando todo y después en paz reinar.

LV   En el año en que un ojo reina en Francia,
      la corte estará en situación bien turbia,
      el grande de Blois matará a su amigo,
      el reino puesto en mal y duda doble.

LVI   Montauban, Nimes, Aviñón y Beziers,
      peste, trueno y granizo a final de marzo,
      de París puente, Lyon muro Montpellier,
      después de seiscientos y siete veinte, tres partes.

LVII Veréis cambiar siete veces a los británicos,
      tintos en sangre en doscientos noventa años,
      libre, no ya por apoyo germánico,
      Aries duda, su polo Bastarnan.

LVIII Aupres du Rhin des montaignes Noriques
Naistra un grand de gens trop tard venu,
Qui defendra Saurome & Pannoniques,
Qu'on ne sçaura qu'il sera devenu.

LIX Barbare empire par le tiers usurpé,
La plus grand part le son sang mettra à mort:
Par mort senile par luy le quart frappé,
Pour peyr que sang par le sang ne soit mort.

LX Par toute Asie grand proscription,
Mesme en Mysie, Lysie & Pamphylie:
Sang versera par absolution,
D'un ieune noir remply de felonnie.

LXI La grande bande & secte crucigere.
Se dressera en Mesopotamie:
Du proche fleuve compagnie legere,
Que telle loy tiendra pour ennemie.

LXII A Carcassone conduira ses menees.
Romain pouvoir sera du tout à bas,
Proche del duero par mer Cyrrene close,
Viendra perces les grands monts Pyrenees.

LXIII La main plus courte & sa percee gloze,
Son grand voisin imiter les vestiges:
Occultes haines civiles & debats,
Retarderont aux boufons leurs folies.

LXIV Le chef de Perse remplira grande Olchade,
Classe Trireme contre gent Mahometique,
De Parthe & Mede, & piller les Cyclades,
Repos long temps au grand port Ionique.

LVIII   Cerca del Rhin, de las montañas nóricas
nacerá un grande de gentes demasiado tarde llegado,
que defenderá Sauroma y las Panónicas,
y no se sabrá lo que haya sucedido.

LIX   Imperio bárbaro por el tercero usurpado,
la mayor parte de su sangre sentenciará a muerte:
Por muerte senil por él el cuarto herido,
por temor de que sangre por la sangre sea muerta.

LX   Por toda Asia gran proscripción,
al igual que en Misia, Licia y Panfilia:
Sangre derramada por la absolución,
de un joven negro lleno de felonía.

LXI   La gran banda y secta crucífera
se levantará en Mesopotamia:
Del próximo río compañía ligera,
que tal ley tendrá por enemiga.

LXII   A Carcasona conducirá sus prófugos.
el poder romano será del todo declinado,
próximo del Duero por mar Cirrene cerrado,
vendrá a atravesar los grandes montes Pirineos.

LXIII   La mano más corta y su herida cerrada,
su gran vecino imitará vestigios:
Ocultos odios civiles y debates,
retrasarán a los bufones sus locuras.

LXIV   El jefe de Persia rellenará grandes úlcadas,
la flota trireme contra los mahometanos,
la Parta y Media, y saquear las Cícladas,
reposo mucho tiempo en el gran puerto Jónico.

LXV Quand le sepulchre du grand Romain trouvé,
Le iour apres sera esleu Pontife,
Du Senat gueres il ne sera prouvé,
Empoisonné, son sang au sacré scyphe.

LXVI Le grand Baillif d'Orleans mis à mort,
Sera par un de sang vindicatif:
De mort merite ne mourra que par sort,
Des pieds & mains malle faisoit captif.

LXVII Une nouvelle secte de Philosophes,
Mesprisant mort, or, honneurs & richesses,
Des monts Germains ne seront limitrophes,
A les ensuyvre auront appuy & presses.

LXVIII Peuples sans chef d'Espaigne d'Italie,
Morts, profligez dedans le Cheronese,
Leur dict trahy par legere folie,
Le sang nager par tout à la traverse.

LXIX Grand exercite conduict par iouvenceau,
Se viendra rendre aux mains des ennemis,
Mais le vieillard nay au demi pourceau,
Fera Chalon & Mascon estre amis.

LXX La grande Bretaigne comprinse d'Angleterre,
Viendra par eaux si haut inonder
La Ligue neuve d'Ausonne fera guerre,
Que contre eux ils se viendront bander.

LXXI Ceux dans les isles de long temps assiegez,
Prendront vigueur force contre ennemis:
Ceux par dehors morts de faim profligez,
En plus grand faim que iamais seront mis.

LXV   Cuando se encuentra el sepulcro del gran romano,
el día después será elegido Pontífice,
no será muy bien acogido por el Senado,
envenenado, su sangre en la sagrada ropa.

LXVI   El gran Bailío de Orleáns sentenciado a muerte,
será por uno de sangre vindicativo:
De muerte merecida no morirá ni por suerte,
de pies y manos hecho prisionero.

LXVII   Una nueva secta de filósofos,
menospreciando la muerte, el oro, los honores y las riquezas,
de los montes germanos no serán limítrofes,
a los seguidores concederán apoyo y publicidad.

LXVIII   Pueblos sin jefes de España e Italia,
muertos, dispersos en el Queroneso,
su mano traicionada por una locura pasajera,
la sangre nadará por todas partes.

LXIX   Un gran ejército conducido por jovenzuelo
se rendirá a manos de los enemigos,
pero el viejo nacido medio puerco,
convertirá a Chalón y Mascón en sus amigos.

LXX   La Gran Bretaña, comprendida Inglaterra,
inundará por agua de tal forma
que la Liga nueva de Ausonia le hará la guerra,
que contra ellos se aliarán.

LXXI   Aquellos, en las islas por mucho tiempo asediadas,
cobrarán vigor y fuerza contra los enemigos:
Los de fuera muertos de hambre, derrotados,
en mayor hambre que jamás habrán tenido.

LXXII   Le bon vieillard tout vif ensevely,
Pres du grand fleuve par fausse soupçon:
Le nouveau vieux de richesse ennobly,
Prins à chemin tout l'or de la rançon.

LXXIII   Quand dans le regne parviendra le boiteux,
Competiteur aura proche bastard,
Luy et le regne viendront si fort roigneux,
Qu'ains qu'il guerisse son faict sera bien tard.

LXXIV   Naples, Florence, Favence, & Imole,
Seront en termes de telle fascherie,
Que pour complaire aux malheureux de Nolle,
Plainct d'avoir faict à son chef moquerie.

LXXV   Pau, Verone, Vincence, Sarragousse,
De glaives loings, terroirs de sang humides:
Peste si grande viendra à la grand gousse,
Proche secours, & bien loing les remedes.

LXXVI   En Germaine naistront diverses sectes,
Sapprochant fort de l'heureux paganisme,
Le coeur captif & petites receptes,
Feront retour à payer le vray disme.

LXXVII   Le tiers climat sous Aries comprins,
L'an mil sept cens vingt & sept en Octobre,
Le Roy de Perse par ceux d'Egypte prins:
Conflit, mort perte: à la croix grand opprobe.

LXXVIII   Le chef d'Ecosse, avec six d'Allemagne,
Par gens de mer Orientaux captif:
Traverseront le Calpre & Espagne,
Present en Perse au nouveau Roy craintif.

LXXII   El buen viejo, sepultado vivo,
cerca del gran río, por falsa sospecha:
El nuevo viejo de riqueza ennoblecido,
coge de una vez todo el oro del rescate.

LXXIII   Cuando llegue el cojo al reino,
competidor tendrá en el próximo bastardo,
él y el reino llegarán a ser tan roñosos
que antes de que cure será ya para él demasiado tarde.

LXXIV   Nápoles, Florencia, Favencia e Imola,
estarán en términos de tal enfado,
que por complacer a los desdichados de Nola,
se queja de haberse burlado su jefe.

LXXV   Pau, Verona, Vicenza, Zaragoza,
espadas largas, territorios húmedos de sangre:
Llegará una peste tan grande a la gran bolsa,
cercano socorro y bien lejos los remedios.

LXXVI   En Germania nacerán diversas sectas,
acercándose mucho del feliz paganismo,
el corazón cautivo y pequeños ingresos,
harán volver a pagar el verdadero diezmo.

LXXVII   El tercer clima comprendido bajo Aries,
el año mil setecientos veintisiete en octubre,
el rey de Persia cogido por los egipcios:
Conflicto, muerte, pérdida, gran ofensa a la cruz.

LXXVIII   El jefe de Escocia, con seis de Alemania,
cautivo por marinos orientales:
Atravesarán el Calpe y España,
presente en Persia al nuevo rey amedrentado.

LXXIX   L'ordre fatal sempiternel par chaisne,
Viendra tourner par ordre consequent:
Du port Phocen sera rompue la chaisne,
La cité prinse, l'ennemy quant & quant.

LXXX   Du regne Anglois le digne dechassé,
Le conseiller par ire mis à feu:
Ses adherans iront si bas tracer,
Que le bastard sera demy receu.

LXXXI   Le grand criard sans honte audacieux,
Sera esleu gouverneur de l'armee:
La hardiesse de son contentieux,
Le pont rompu, cité de peur pasmee.

LXXXII   Freins, Antibor, villes autour de Nice,
Seront vastées fort par mer & par terre:
Les sauterelles terre & mer vent propice,
Prins, morts, troussez, Pillez, sans loy de guerre.

LXXXIII   Les longs cheveux de la Gaule Celtique;
Accompagnez d'estranges nations:
Mettront captif la gent Aquitanique,
Pour succomber à leurs intentions.

LXXXIV   La grand cité sera bien desolee,
Des habitans un seul n'y demourra:
Mur, sexe, temple, & vierge violee,
Par fer, feu, peste, canon peuple mourra.

LXXXV   Par cité prinse par tromperie & fraude
Par le moyen d'un beau ieune attrapé,
Assaut donné Raubine pres de Laude,
Luy & tous morts pour avoir bien trompé.

LXXIX El orden fatal sempiterno por cadena,
se sustituirá por otro orden consecuente:
De puerto Fociano será rota la cadena,
tomada la ciudad, el enemigo en gran cantidad.

LXXX El digno expulsado del reino inglés,
el consejero por ira condenado al fuego:
Sus seguidores caerán tan bajo,
que el bastardo será casi aclamado.

LXXXI El gran orador, sin vergüenza y audaz,
será elegido gobernador de la armada:
La intrepidez de su contencioso,
el puente roto, ciudad pasmada de miedo.

LXXXII Freins, Antíbor, ciudades en torno a Niza,
serán devastadas por mar y tierra:
Las langostas, tierra y mar viento propicio,
prisioneros, muertos, despedazados, robados, sin ley
                              [de guerra.

LXXXIII Los largos cabellos de la Galia céltica;
acompañados de extrañas naciones:
harán cautivos a los aquitanos,
para sucumbir a sus intenciones.

LXXXIV La gran ciudad será muy desolada,
de sus moradores uno sólo la habitará:
Muro, sexo, templo y virgen violada,
por hierro, fuego, peste, cañón, el pueblo morirá.

LXXXV La ciudad tomada por engaño y fraude
por el medio de un apuesto joven atrapado,
asalto a Rubines cerca del Aude,
él y todo muertos por haber bien engañado.

LXXXVI Un chef d'Ausonne aux Espaignes ira,
Par mer sera arrest dedans Marseille,
Avant sa mort un long temps languira.
Apres sa mort on verra grand merveille.

LXXXVII Classe Gauloise n'aproches de Corsegne.
Moins de Sardaigne tu t'en repentira:
Trestous mourrez frustrez de l'aide grogne,
Sang nagera, captif ne me croiras.

LXXXVIII De Barselone par mer si grand'armee,
Toute Marseille de frayeur tremblera:
Isles saisies de mer ayde fermee,
Ton traditeur en terre nagera.

LXXXIX En ce temps là sera frustree Cypres,
De son secours de ceux de mer Egee:
Vieux trucidez, mais par mesles & lyphres
Seduict lear Roy, Royne plus outragee.

XC Le grande Satyre & Tigre d'Hircanie,
Don presenté à ceux de l'Occean:
Un chef de classe istra de Carmanie:
Qui prendra terre au Tyrren Phocean.

XCI L'arbre qu'estoit par long temps mort seché,
Dans une nuict viendra à reverdir:
Cron Roy malade, Prince pied estanché,
Criant d'ennemis fera voile bondir.

XCII Le monde proche du dernier periode,
Saturne encor tard sera de retour:
Translat empire devers nations Brodde,
L'oeil arraché à Narbon par autour.

LXXXVI   Un jefe de Ausonia irá a España,
por mar será detenido en Marsella,
antes de su muerte languidecerá bastante tiempo,
después de su muerte se verá algo maravilloso.

LXXXVII   ¡Flota gala, no te acerques a Córcega
ni a Cerdeña o te arrepentirás!:
Pronto moriréis sin la ayuda tan deseada,
la sangre nadará, cautivo no me creerá.

LXXXVIII   Desde Barcelona por mar tan grande armada,
toda Marsella temblará de miedo:
Islas ocupadas de mar ayuda cerrada,
tu traidor en tierra nadará.

LXXXIX   En ese tiempo Chipre será privada
de su socorro de los de Egeo:
Viejo trucidado, pero con sombra y miserias,
seducido su rey, reina más ultrajada.

XC   El Gran Sátiro y Tigre de Hircania,
don presentado a los del océano:
Un jefe de flota saldrá Carmania,
que tomará tierra en el Tirreno Focenno.

XCI   El árbol que tanto tiempo estuvo muerto, seco,
en una noche reverdecerá:
Con rey enfermo, príncipe pie cojo,
gritando a los enemigos hará la vela extender.

XCII   El mundo cercano ya a su último período,
aún tarde Saturno estará sin retorno:
Trasladado el imperio hacia naciones Brodde,
el ojo arrancado a Narbona a su alrededor.

XCIII   Dans Avignon tout le chef de l'Empire,
Fera arrest pour Paris desolé:
Tricast tiendra l'Annibalique ire,
Lyon par change sera mal consolé.

XCIV   De cinq cens ans plus compte lon tiendra,
Celuy qu'estoit l'ornement de son temps,
Puis à un coup grande clarté donra,
Que par ce siècle les rendra trescontens.

XCV   La loy Moricque on verra deffaillir,
Apres une autre beaucoup plus seductive:
Boristhennes premier viendra faillir,
Par dons & langue une plus attractive.

XCVI   Chef de Fossan aura gorge coupee,
Par le ducteur du limier & levrier:
Le faict patré par ceux du mont Tarpee,
Saturne en Leo 13 de Fevrier.

XCVII   Nouvelle loy terre neuve occuper,
Vers la Syrie, iudee & Palestine:
Le grand empire barbare corruer,
Avant que Phebés son siècle determine.

XCVIII   Deux royals freres si fort guerroyeront,
Qu'entre eux sera la guerre si mortelle:
Qu'un chacun places fortes occuperont,
De regne & vie sera leur grand querelle.

XCIX   Aux champs herbeux d'Alein & du Varneigne,
Du mont Lebron proche de la Durance,
Camps de deux parts conflict sera si aigre,
Mesopotamie defaillira en la France.

XCIII   En Aviñón el gran jefe del imperio,
se detendrá por París desolada:
Tricastro tendrá la ira de Aníbal,
Lyon por engaño mal consolada.

XCIV   En quinientos años se le tendrá en mayor estima
a aquel que fue un adorno en su tiempo,
después se le dará claridad en un instante,
y en este siglo les hará muy contentos.

XCV   La ley morisca se verá desfallecer
después de otra mucho más seductora:
Boristeno caerá primero,
por dones y lengua más atractiva.

XCVI   El jefe de Fosán tendrá el cuello cortado
por el ductor del sabueso y del lebrel:
El hecho perpetrado por los del monte Tarpeyo,
Saturno en Leo el 13 de febrero.

XCVII   Nueva ley ocupará una nueva tierra.
Hacia Siria, Judea y Palestina:
El gran imperio bárbaro sucumbir
antes de Febea su siglo termine.

XCVIII   Dos hermanos reales tan fuerte guerrearán
que entre ellos la guerra será mortal:
Cada uno ocupará plazas fuertes,
de reino y vida será su gran querella.

XCIX   A los campos herbosos de Alein y de Varnegues,
del monte Lebrón cercano a la Durance,
campamentos de las dos partes, en conflicto será tan duro
Mesopotamia desfallecerá en Francia.

C   Entre Gaulois le dernier honnoré,
D'homme ennemy sera victorieux:
Force & terroir en moment exploré
D'un coup de traict quand mourra l'envieux.

CENTURIE IV

I   Cela du reste de sang non espandu,
Venise quiert secours estre donné,
Apres avoir bien long temps attendu,
Cité livree au premier cornet sonné.

II   Par mort la France prendra voyage à faire,
Classe par mer, marcher monts Pyrenees,
Espaigne en trouble, marcher gent militaire:
Des plus gmnd Dames en France emmenees.

III   D'Arras & Bourges, de Brodes grans enseignes,
Un plus grand nombre de Gascons battre à pied,
Ceux long du Rosne saigneront les Espaignes:
Proche du mont où Sagonte s'assied.

IV   L'impotent Prince faché, plaincts & querelles
De rapts & pillé, par Coqz & par Libyques:
Grand est par terre mer infinies voilles,
Seure Italie sera chassant Celtiques.

V   Croix paix, soubs un accomply divin verbe,
L'Espaigne & Gaule seront unis ensemble:
Grand clade proche, & combat tresacerbe,
Coeur si hardy ne sera qui ne tremble.

C El último honrado entre los galos
   será vencedor del hombre enemigo:
   Fuerza y terror en momento explorado
   de un venablo morirá el envidioso.

CENTURIA IV

I Por lo que quede de sangre no derramada,
   Venecia pide que le sea dado socorro,
   después de haber esperado mucho tiempo,
   ciudad entregada al primer toque de cuerno.

II Por muerte Francia hará un viaje,
    la flota por mar, atravesar los montes Pirineos,
    España perturbada, marchar los militares:
    Del más grande damas llevadas a Francia.

III De Arrás y Burgos, de Brodes grandes banderas,
     un gran número de gascones derrotados a pie,
     los de al largo Ródano ensangrentarán las Españas:
     Cerca del monte donde está Sagunto.

IV El impotente príncipe enfadado, llantos y querellas
    saqueos, pillajes, por gallos y libios:
    Grande es por tierra, en mar infinitas velas,
    la hermana Italia arrojará a los celtas.

V Cruz, paz, bajo un cumplido verbo divino,
   España y Francia estarán unidas:
   Gran guerra próxima y combate muy acerbo,
   corazón tan valiente que no habrá quien no tiemble.

VI   D'habits nouveaux apres fait le treuve,
Malice tramme & machination:
Premier mourra qui en fera la preuve,
Couleur Venise insidiation.

VII   Le mineurs fils du grand & hay Prince,
De Lepre aura à vingt ans grande tache,
De dueil sa mere mourra bien triste & mince,
Et il mourra la où tombe cher lache.

VIII   La grand cité d'assaut prompt & repentin,
Surprins de nuict, garde interrompus:
Les excubies & veilles sainct Quintin,
Trucidez gardes & les pourtails rompus.

IX   Le chef du camp au milieu de la presse,
D'un coup de fleche sera blessé aux cuisses,
Lors que Geneve en larmes & detresse,
Sera trahie par Lozan & Souysses.

X   Le ieune Prince accusé faulsement,
Mettra en trouble le camp & en querelles:
Meurtry le chef pour le soustenement,
Sceptre apaiser: puis guerir escroüelles.

XI   Celuy qu'aura couvert de la grand cappe,
Sera induict à quelque cas patrer:
Les douze rouges viendront souiller la nappe
Soubs meurtre, meurtre se viendra perpetrer.

XII   Le camp plus grand de route mis en fuite,
Guaires plus outre ne sera pourchassé:
Ost recampé, & legion reduicte,
Puis hors des Gaules du tout sera chassé.

VI   Nuevas costumbres después de la tregua,
     malicia, tramas y maquinación:
     Primero morirá quien haga la prueba,
     color Venecia conspiración.

VII El hijo menor del gran y odiado príncipe,
     la lepra tendrá a los veinte años gran mancha,
     de duelo su madre triste y estropeada morirá,
     y el morirá allá donde cae el cobarde.

VIII La gran ciudad por asalto pronto y repentino,
     Sorprendidos de noche, los guardias atrapados:
     Las facciones y vigilias de San Quintín,
     asesinados los guardias y los portalones rotos.

IX   El jefe del campamento en medio de la lucha
     de un flechazo será herido en el muslo,
     cuando Ginebra afligida y abandonada,
     será traicionada por Lausana y suizos.

X   El joven príncipe acusado falsamente,
     tubará el territorio en querellas:
     Malherido el jefe por sostenerlo,
     el cetro apaciguar; calmar después las contiendas.

XI   Aquel que habrá cubierto con la gran capa,
     será inducido a ejecutar algunos casos:
     Los doce rojos vendrán a manchar mantel
     bajo un homicidio, el asesinato se perpetrará.

XII El campamento mayor de la ruta puesto en fuga,
     más allá no será acosado:
     Acampado de nuevo y la legión reducida,
     después fuera de las Galias será expulsado por
                                        [completo.

XIII De plus grand perte nouvelles raportees,
Le raport fait le camp s'etonnera:
Bandes unies encontres revoltees,
Double phalange, grand abandonnera.

XIV La mort subite du premier personnage
Aura changé & mis un autre au regne:
Tost, tard venu à si haut & bas aage,
Que terre & mer faudra que on le craigne.

XV D'où pensera faire venir famine,
De là viendra le rassasiement:
L'oeil de la mer par avare canine
Pour de l'un l'autre donra huyle, froment.

XVI La cité franche de liberté fait serve,
Des prosligez et resveurs fait Asyle:
Le Roy changé à eux non si proterve,
De cent seront devenus plus de mille.

XVII Changer à Beaune, Nuy, Chalons & Dijon,
Le duc voulant amender la Barree
Marchant pres fleuve, poisson, bec de plongeon
Verra la queüe: porte sera serree.

XVIII Des plus lettrez dessus les faicts celestes
Seront par Princes ignorans reprouvez:
Punis d'Edict, chassez, comme scelestes,
Et mis à mort là où seront trouvez.

XIX Devant Roüan d'Insubres mis le siege,
Par terre & mer enfermez les passages:
D'Haynaut & Flandres, de Gand & ceux de Liege,
Par dons lenees raviront les rivages.

XIII De una mayor pérdida, noticias reportadas,
hecho el informe el campamento se extrañará:
Bandas unidas contra las sublevadas,
doble falange, el Grande abandonará.

XIV La repentina muerte del primer personaje
habrá cambiado y puesto a otro en el reino:
Pronto, llegado tarde tiene tan alta y joven edad
que tierra y mar será necesario temer.

XV De donde pensará hacer venir el hombre,
de allá vendrá la saciedad:
El ojo de la mar por avaro canino
para uno, el otro dará aceite y trigo.

XVI La ciudad franca y libre, hecha sierva,
asila a fugitivos y soñadores:
El rey cambiado tiene a ellos no se obstina,
de cien se volverán más de mil.

XVII Cambiar a Beaune, Nuy, Chalons y Dijon,
el dique queriendo enmendar la Barrée.
Marchando cerca del río, pez, pico de buceador
verá la cola: la puerta será cerrada.

XVIII Los más instruidos sobre los hechos celestes
serán reprobados por príncipes ignorantes:
Castigados por edicto, expulsados como réprobos,
y condenados a muerte dondequiera que fueran hallados.

XIX Ante Ruán por los Insubrios puesto asedio,
por tierra y mar cerrados los caminos:
De Haynaut y Flandes, de Gante y los de Lieja,
con lanchas desembarcarán en las orillas.

XX   Paix, uberté long temps lieu loüera,
Par tout son regne desert la fleur de lys:
Corps morts d'eau, terre là lon apportera,
Sperants vain heur d'estre là ensevelis.

XXI   Le changement sera fort difficile,
Cité, province au change gain fera:
Coeur haut, prudent mis, chassé luy habile,
Mer terre peuple son estat changera.

XXII   La grand copie qui sera dechassee,
Dans un moment fera besoing au Roy,
La foy promise de loing sera faussee,
Nud se verra en piteux desarroy.

XXIII   La legion dans la marine classe,
Calcine, Magnes soulphre, & poix bruslera:
Le long repos de l'assuree place,
Port Selyn, Hercle feu les consumera.

XXIV   Ouy soubs terre saincte dame voix sainte,
Humaine flamine pour divine voir luire:
Fera des seuls de leur sang terre tainte,
Et les saincts temples pour les impurs destruire.

XXV   Corps sublimes sans fin à l'oeil visibles:
Obnubiler viendront par ces raisons:
Corps, front comprins, sans chef & invisibles.
Diminuant les sacrees oraisons.

XXVI   Lou grand eyssame se levra d'abelhos,
Que non sauran don te siegen venguddos:
Deuech l'ebousq, lou gach dessous las treilhos
Ciutard trahido per cinq lengos non nudos.

XX   Paz, prosperidad largo tiempo y lugar alabará,
     por todo su reino desierto la flor de lis:
     Cuerpos muertos de agua, tierra allá se los llevará,
     esperando en vano la hora de estar allá los enterrados.

XXI   El cambio será muy difícil,
      la ciudad, provincia por el cambio hará ganancia:
      Corazón noble, hecho prudente, expulsado el hábil,
      mar y tierra el pueblo su estado cambiará.

XXII   El gran ejército que será rechazado
       en cierto momento será necesario al rey,
       le fe prometida de lejos será profanada,
       desnudo se verá y en mísera ruina.

XXIII   La legión en el ejército del mar.
        Calcina, es Magna con azufre y brea abrazarán:
        El largo reposo del lugar asegurado,
        puerto Selín y Hércules serán consumidos por el fuego.

XXIV   Oído bajo tierra santa dama y voz santa,
       llama humana por divina ver lucir:
       Hará de solitarios de su sangre tierra teñida,
       y los santos templos por los impuros destruir.

XXV   Cuerpos sublimes sin fin al ojo visibles,
      vendrán a cegar por estas razones:
      Cuerpos, mentes comprendidas, sin jefe e invisibles,
      disminuyendo las sagradas oraciones.

XXVI   El gran enjambre se elevará de abejas,
       que no sabrán de donde habrán venido:
       Desde el bosque, lo esconde bajo los emparrados
       a la ciudad traído por cinco ligas sin nudos.

XXVII   Salon, Manfol, Tarascon de Sex, l'arc,
Où est debout encor la piramide:
Viendront livrer le Prince Dannemarc,
Rachat honny eu temple d'Artemide.

XXVIII   Lors que Venus du Sol sera couvert,
Subs l'esplendeur sera formè occulte:
Mercure au feu, les aura descouvert,
Par bruit bellique sera mis à l'insulte.

XXIX   Le Sol caché eclipse par Mercure,
Nessera mis que pour le ciel second:
De Ulcan Hernes sera faicte pasture,
Sol sera veu pur, rutilant & blond.

XXX   Plus onze fois Lune Sol ne voudra,
Tous augmenté & baissez de degré:
Et si bas mis que peu or on coudra,
Qu'après faim, peste, descouvert le secret.

XXXI   La lune au plain de nuict sur le haut mont,
Le nouveau spohe d'un seul cerveau l'a veu.
Par ses disciples estre immortel semond,
Yeux au midy, en feins, mains, corps au feu.

XXXII   Es lieux & temps chair au poisson donra lieu,
La loy commune sera faicte au contraire:
Vieux tiendra fort puis osté du milieu,
La Panta chiona philon mis fort arriére.

XXXIII   Iupiter ioinct plus Venus qu'à la Lune,
Apparoissant de plenitude blanche:
Venus cachee sous la blancheur Neptune
De Mars frappee par la gravee branche.

XXVII   Salon, Manfol, Tarascón de Sex, el arco,
donde está en pie aún la pirámide:
Vendrán a liberar al príncipe de Dinamarca,
rescate odioso en el templo de Artemisa.

XXVIII   Cuando Venus del sol será cubierta,
bajo el esplendor habrá una forma oculta:
Mercurio al fuego los habrá descubierto,
por ruido bélico será insultado.

XXIX   El sol oculto, eclipsado por Mercurio,
no estará sino en el segundo cielo:
De Vulcano y Hermes será hecho pasto,
el sol será visto puro, rutilante y rubio.

XXX   Once veces más la luna sol no querrá,
todos aumentados y disminuidos de grado:
Y puesto tan bajo que poco oro se coserá
que después hambre, peste, descubierto el secreto.

XXXI   La luna en plena noche sobre el elevado monte,
el nuevo sabio de un solo cerebro la ha visto.
Por sus discípulos al ser inmortal es simiente,
ojos al mediodía, en los sentimientos, manos, cuerpo al fuego.

XXXII   En lugares y tiempos la carne dará lugar al pescado,
la ley común será hecha de modo contrario:
El viejo se mantendrá fuerte, después sacado del medio,
la común amistad quedará bien atrás.

XXXIII   Júpiter junto a Venus más que a la Luna,
apareciendo blanco de plenitud:
Venus escondida bajo la blancura de Neptuno
por Marte golpeada por la pesada rama.

XXXIV Le grand mené captif d'estrange terre,
D'or echaîné au Roy Chiren offert:
Qui dans Ausone, Millan perdra la guerre,
Et tout son os mis à feu & à fer.

XXXV Le feu estaint, les vierges trahiront
La plus grande part de la bande nouvelle:
Fouldre à fer, lance les seuls Roy garderont
Etrusque & Corse, de nuict gorge allumelle.

XXXVI Les ieux nouveaux en Gaule redressez,
Apres victoire de l'Insubre champaigne:
Monts d'Espeire, les grands liez, troussez,
De peur trembler la Romaigne & l'Espaigne.

XXXVII Gaulois par saults, monts viendra penetrer,
Occupera le grand lieu de l'Insubre,
Au plus profond son ost fera entrer,
Gennes, Monech pousseront classe rubre.

XXXVIII Pendant que Duc, Roy, Royne occupera,
Chef Bizant du captif en Samothrace,
Avant l'assault l'un l'autre mangera
Rebours serré suyvra du sang la trace.

XXXIX Les Rhodiens demanderont secours,
Par le neglet de ses hoyrs delaissee,
L'empire Arabe revalera son cours,
Par Hesperies la cause redressee.

XL Les forteresses des assiegez serrez,
Par poudre à feu profondez en abysme,
Les proditeurs seront tous vifs serrez,
Onc aux sacristes n'advint si piteux scisme.

XXXIV El gran prisionero traído de tierra extranjera.
De oro encadenado al rey Chiren ofrecido:
Quien en Ausonia, Milán perderá la guerra
y todo su ejército pasado a hierro y fuego.

XXXV El fuego apagado, las vírgenes traicionarán
la mayor parte de la nueva banda:
Rayo de hierro, lanza que sólo los reyes guardarán,
Etruria y Córcega de noche garganta iluminada.

XXXVI Los nuevos juegos en Galia organizados,
después de la victoria en la campaña de Insubria:
Montes de Hesperia, los grandes atados, destrozados,
de miedo temblarán la Romaña y España.

XXXVII Galo a saltos atravesará los montes,
ocupará el gran paraje de Insubria,
hasta lo más profundo su ejército hará entrar,
Génova, Mónaco, empujarán su tropa roja.

XXXVIII Mientras el duque, rey, reina ocupará,
el jefe de Bizancio cautivo en Samotracia,
antes del asalto el uno al otro comerá
a contrapelo llevado seguirá las huellas de sangre.

XXXIX Los rodianos pedirán socorro,
por la negligencia de sus amigos abandonada,
el imperio árabe reemprenderá su curso,
por Hesperia la causa enderezada.

XL Las fortalezas de los sitiados rodeadas,
por polvo de fuego profundizados en el abismo.
Los traidores serán todos vivos apresados,
nunca entre las sacristías se advirtió tan plorable cisma.

XLI   Gymnique sexe captive par hostage,
Viendra de nuict custodes decevoir,
Le chef du camp deçeu par son langage,
Lairra à la gente, ferra piteux à voir.

XLII   Geneve & Langres par ceux de Chartres & Dole.
Et par Grenoble captif au Montlimard,
Seysset, Lozanne, par fraudulente dole,
Les trahiront par or soixante marc.

XLIII   Seront ouys au ciel les armes battre:
Celuy an mesme les divins ennemis,
Voudront loix sainctes iniustement debattre,
Par foudre & guerre bien croyans à mort mis.

XLIV   Deux gros de Mende, & de Roudés & Milhau,
Cahours, Limoges, Chartres malo sepmano
De nuech l'intrado, de Bourdeaux un cailhau,
Par Perigort au toc de la campano.

XLV   Par conflict Roy, regne abandonnera,
Le plus grand chef faillira au besoing,
Mors prosligez peu en rechapera,
Tous destranchez, un en sera tesmoing.

XLVI   Bien defendu le faict par excellence,
Garde toy Tours de ta proche ruine,
Londres & Nantes par Reims fera deffense
Ne passe outre au temps de la bruine.

XLVII   Le noir farouche quand aura essayé
Sa main sanguine par feu, fer, arc tendus,
Trestout le peuple sera tant effrayé,
Voir les plus grans par col & pieds pendus.

XLI   Gímnica sexo cautivo como rehén,
vendrá de noche a los guardianes decepcionar,
el jefe del campamento engañado por sus palabras,
abandonará a la gente, dará lástima verlo.

XLII   Génova y Langres por los de Chatres y Dole.
Y por Grenoble cautivo en Montelimar,
Seysset, Lausana por fraudulento engaño
les traicionarán por sesenta marcos de oro.

XLIII   Serán oídas en el cielo las armas batir:
Aquel mismo año los divinos enemigos
querrán leyes santas injustamente derogar,
por rayo y guerra los buenos creyentes condenados a morir.

XLIV   Los dos grandes de Mende, de Roudés y de Milhau,
mala semana en Cahours, Limoges y Chartres,
de noche la entrada, de Burdeos un guijarro,
por Perigort al toque de campana.

XLV   Por un conflicto el rey su reino abandonará,
el mayor de los jefes faltará a lo necesario,
heridos de muerte pocos escaparán,
todos decapitados, uno será testigo.

XLVI   Bien defendido el hecho por excelente,
guárdate, Tours, de tu próxima ruina,
Londres y Nantes por Reims defenderán,
no pasará más allá del tiempo de la escarcha.

XLVII   El negro feroz cuando haya ensayado
su mano sanguinaria con fuego, hierro, arcos tensos,
todo el pueblo quedará tan aterrorizado
al ver a los más grandes colgados por cuello y pies.

XLVIII Planure Ansonne fertile, spacieuse,
Produira taons si tant de sauterelles,
Clarté solaire deviendra nubileuse,
Ronger le tout, grand peste venir d'elles.

XLIX Devant le peuple sang sera respandu,
Que du haut ciel ne viendra esloigner,
Mais d'un long temps ne sera entendu,
L'esprit d'un seul le viendra tesmoigner.

L Libra verra regner les Hesperies,
De ciel & terre tenir la Monarchie,
D'Asie forces nul ne verra peries,
Que sept ne tiennent par rang la hierarchie.

LI Un Duc cupide son ennemy ensuyre,
Dans entrera empeschant la phalange,
Hastez à pied si pres viendront poursuyvre,
Que la iournee conflite pres de Gange.

LII En cité obsesse aux murs hommes & femmes,
Ennemis hors le chef prest à soy rendre:
Vent sera fort encontre les gensdarmes,
Chassez seront par chaux, poussière, & cendre.

LIII Les fugitifs & bannis revoquez,
Peres & fils grand garnissant les hauts puits,
Le cruel pere & les siens suffoquez,
Son fils plus pire submergé dans le puits.

LIV Du nom qui oncques ne fut au Roy Gaulois,
Iamais ne fut un foudre si craintif,
Tremblant l'Italie, l'Espaigne & les Anglois,
De femme estrangers grandement attentif.

XLVIII La llanura de Ausonia, fértil, espaciosa,
producirá nubes colmadísimas de langostas,
y la claridad solar se verá oscurecida,
roerlo todo, gran peste llegará con ellas.

XLIX Sangre será derramada ante el pueblo
que de lo alto del cielo no se alejará,
pero por mucho tiempo no será escuchada,
el espíritu de uno solo le atestiguará.

L Libra reinará sobre las Hespérides,
en cielo y tierra se mantendrá la monarquía,
nadie verá pérdidas de las fuerzas de Asia,
los siete no tienen por rango la jerarquía.

LI Un duque ansioso seguirá a su enemigo,
entrará dentro desbordando la falange,
acosados a pie tan cerca serán perseguidos,
que la jornada conflicto cerca del Ganges.

LII En ciudad sitiada en los muros hombres y mujeres,
a los enemigos, no el jefe, prestos son a rendirse:
El viento soplará fuerte contra los gendarmes,
expulsados serán por cal, polvo y ceniza.

LIII Los fugitivos y ahuyentados, vencidos,
padres e hijos mayor adornando los altos pozos,
el cruel padre y los suyos ahogados,
su hijo más alto sumergido en el pozo.

LIV Del nombre que nunca fue del rey galo,
jamás hubo un rayo tan temido,
temblando Italia, España y los ingleses,
de mujer extranjera grandemente enamorado.

LV Quand la corneille sur tout de brique ioincte,
Durant sept heure ne fera que crier:
Mort presagee de sang statue taincte,
Tyran meutry, aux Dieux peuple prier.

LVI Apres victoire de rabieuse langue,
L'esprit tremté en tranquil & repos,
Victeur sanguin par conflict faict harangue,
Roustir la langue & la chair & los os.

LVII Ignare enuie au grand Roy supportee,
Tiendra propos deffendre les escripts:
Sa femme non femme par un autre tentée,
Plus double deux ne fort ne criz.

LVIII Soleil ardent dans le gosier coller,
De sang humain arrouser terre Etrusque:
Chef seille d'eaue, mener son fils filer,
Captive dame conduicte en terre Turque.

LIX Deux assiegez en ardente ferveur,
De soif estaincts pour deux plaines tasses,
Le forte linmé, & un vieillard resveur,
Aux Genevois de Nira monstra trasse.

LX Les sept enfans en hostage laissez,
Le tiers viendra son enfant trucider,
Deux par son fils seront d'estoc percez,
Gennes, Florence los viendra encorder.

LXI Le vieux mocqué & privé da sa place,
Par l'estranger qui le subornera,
Mains de son fils mangee devant sa face,
Le frere à Chartres, Orl, Roüan trahira.

LV   Cuando la corneja esté rodeada toda de ladrillo,
durante siete horas no hará que gritar:
Muerte presagiada en la estatua tinta en sangre,
tirano muerto, a los dioses el pueblo rogará.

LVI   Después de la victoria de rabiosa lengua,
el espíritu sumido en tranquilidad y reposo,
el vencedor sanguinario por el conflicto hace arenga,
asar la lengua, la carne, los huesos.

LVII   Una cuestión enojosa soportada por rey,
tendrá propósito de defender los escritos:
Su mujer no mujer por otro tentada,
más doble dos no gritará, fuerte.

LVIII   El sol ardiente en la garganta abrasada,
de sangre humana empapar la tierra etrusca:
El jefe coge agua, conduce a su hijo a que se vaya,
cautiva dama conducida en tierra turca.

LIX   Dos asediados en ardiente furor,
de sed saciada por dos tazas colmadas,
el fuerte desgastado y un viejo soñador,
a los genoveses de Nira muestran la taza.

LX   Los siete niños dejados como rehenes,
el tercero a su hijo matará,
dos serán atravesados de estocada por su hijo,
Génova y Florencia quedarán expectantes.

LXI   El anciano burlado y privado de su puesto,
por el extranjero que lo sobornará,
alguno de sus hijos comidos ante él,
los hermanos en Chartres, Orl, Ruán traicionará.

LXII   Un coronel machine ambition,
Sa saisira de la plus grande armee,
Contre son Prince fainte invention,
Et descouvert sera soubs sa ramee.

LXIII   L'armée Celtique contre les montaignars,
Qui seront sceuz & prins à la pipee:
Paysans fresz & poulseront tost faugnars,
Precipitez tous au fils de l'espee.

LXIV   Le defaillant en habit de bourgeois,
Viendra le Roy tenter de son offence:
Quinze soldats la pluspart Ustageois,
Vie derniere & chef de sa chevance.

LXV   Au deserteur de la grand forteresse,
Apres qu'aura son lieu habandonné,
Son adversaire fera si grand proüesse,
L'Empereur tost mort sera condamné.

LXVI   Sous couleur fainte de sept testes rasees,
Seront semez divers explorateurs,
Puits & fontains de poisons arrousees,
Au fort de Gennes humains devorateurs.

LXVII   Lors que Saturne & Mars esgaux combust,
L'air fort seiché longue trajection,
Par feux, secrets d'ardeur grand lieu adust,
Peu pluye, vent chault, guerres, incursion.

LXVIII   En lieu bien proche non esloigné de Venus,
Les deux plus grands de l'Asie & d'Afrique,
Du Ryn & Hister qu'on dira sont venus,
Gris, pleurs à Malte & costé Ligustique.

LXII Un coronel maquinando su ambición,
se apoderará de la más grande armada,
contra su príncipe se confabulará,
y será descubierto bajo la enramada.

LXIII La armada celta contra los montañeses,
que serán descubiertos y cogidos en trampa:
Los campesinos jóvenes se empujarán pronto feroces,
precipitándose todos al filo de la espada.

LXIV El desfallecido en ropa de burgués,
irá a intentar su ofensa contra el rey:
Quince soldados, rehenes la mayor parte,
última vida y jefe de su herencia.

LXV Al desertor de la gran fortaleza,
una vez haya abandonado su puesto,
su adversario hará una tan grande proeza,
que el emperador será pronto condenado a muerte.

LXVI Bajo el color fingido de siete cabezas rapadas,
serán asombrados varios exploradores,
pozos y fuentes rociadas de venenos,
al fuerte de Génova humanos devoradores.

LXVII Cuando Saturno y Marte ardan por igual,
el aire muy seco larga trayectoria,
por fuegos secretos de ardor gran lugar adusto,
escasa lluvia, viento cálido, guerras, incursión.

LXVIII Un lugar bien cercano —no lejano— a Venus,
los dos más grandes de Asia y África:
Del Rhin y del Hister se dirá que han venido,
gritos, llantos en Malta y en la costa Ligústica.

LXIX   La cité grande les exiles tiendront,
Les citadins morts, meurtris & chassez,
Ceux daquilee à Parme promettront,
Monstrer l'entree par les lieux non trassez.

LXX   Bien contigue des grands monts Pyrenees,
Un contre l'Aigle grand copie addresser,
Ouverte veines, forces exterminees,
Que iusqu'à Pau le chef viendra chasser.

LXXI   En lieu d'espouse les filles trucidees,
Meurtre à grand faute ne sera superstile,
Dedans le puits vestules inondees,
L'espouse etaiente pur hauste d'Aconile.

LXXII   Les Artomiques par Agen & l'Estore,
A sainct Felix feront leur parlement:
Ceux de Basas viendront à la mal'heure,
Saisir Condon & Marsan promptement.

LXXIII   Le nepveu grand par force prouvera,
Le pache fait du coeur pusillanime,
Ferrare & Ast le duc esprouvera,
Par lors qu'au soir sera la pantomime.

LXXIV   Du lac Leman & ceux de Brannonices
Tous assemblez contre ceux d'Aquitaine.
Germains beaucoup, encore plus Souisses,
Seront des faicts avec ceux d'Humaine.

LXXV   Prest à combattre fera defection,
Chef adversaire obtiendra la victoire:
L'arriere garde fera defension,
Les defaillans mort au blanc territoire.

LXIX La gran ciudad será defendida por los exiliados,
los ciudadanos muertos, heridos o expulsados,
los de Aquilea a Parma prometerán
mostrar la entrada por los lugares no indicados.

LXX Bien cerca de los grandes montes Pirineos,
uno contra el Águila gran ejército dirigirá,
abiertas las venas, fuerzas exterminadas,
que hasta Pau el jefe expulsará.

LXXI En lugar de la esposa, las hijas asesinadas,
una muerte no tendrá gran culpa,
en los pozos vestiduras inundadas,
la esposa muerta muy cerca de Aconil.

LXXII Los artómicos por Agen y el Estore
a San Félix harán sus alocuciones:
Los de Basas vendrán en mala hora,
tomar Condon y Marsan prontamente.

LXXIII El sobrino mayor por fuerza probará
la paz hecha del corazón pusilánime,
a Ferrara y Asti el duque castigará
cuando en la noche haya pantomima.

LXXIV Del lago Leman y los de Brannonices
todos juntos contra los de Aquitania.
Muchos germanos, aún más suizos,
serán derrotados con los de Humania.

LXXV Pronto a combatir hará defección,
el jefe adversario obtendrá la victoria:
La retaguardia se defenderá,
los desfallecientes muertos en blanco territorio.

LXXVI   Les Nictobriges par ceux de Perigort
Seront vexes, tenant iusques au Rosne,
L'associé de Gascons & Begorne,
Trahir le temple, le prestre estant au prosne.

LXXVII   Selin Monarque l'Italie pacifique,
Regnes unis, Roy Chrestien du monde,
Mourant voudra coucher en terre blesique,
Apres pyrates avoir chassé de l'onde.

LXXVIII   La grand'armee de la pugne civile,
Pour de nuict parme à l'estrange trouvee,
Septante neuf meutris dedans la ville,
Les estrangers passez tout à lespee.

LXXIX   Sang Royal fuis, Monhurt, Mas, Eguillon,
Remplis seront Bourdelois les Landes,
Navarre, Bygorre poinctes & eguillons,
Profonds de faims, vorer de Liege glandes.

LXXX   Pres du grand fleuve, grand fosse, terre egeste,
En quinze pars sera l'eau divisee:
La cité prinse, feu, sang, cris, conflict mettre,
Et la plus part concerne au collisee.

LXXXI   Pont on fera promptement de nacelles,
Passer l'armee du grand Prince Belgique:
Dans profondrez, & non loing de Brucelles,
Outre passez, detranchez sept à picque.

LXXXII   Amas s'approche venant d'Esclavonie,
L'Olestant vieux cité ruynera:
Fort desolee verra sa Romanie,
Puis la grand' flamme estaindre ne sçaura.

LXXVI   Los nictobrigos por los de Perigord
serán vejados, luchando hasta el Ródano,
la alianza de gascones y Bigorne
traicionará el templo, el preste estando en púlpito.

LXXVII   El monarca Selin pacificador de Italia,
reinos unidos, rey cristiano del mundo,
muriendo querrá descansar en tierra blésica,
después de haber expulsado del mar a los piratas.

LXXVIII   La gran armada de la pugna civil,
de noche agrede la extranjera hallada,
setenta muertos dentro de la ciudad,
los extranjeros pasados todos por la espada.

LXXIX   Huida la sangre real, Monhurt, Mas, Eguillon,
ocupadas serán de bordeleses las Landas,
Navarra, Bigorra, lanzas y picas,
debilitados por el hambre, devorar bellotas de Lieja.

LXXX   Cerca del gran río gran fosa, tierra labrada,
en quince partes será dividida el agua:
La ciudad tomada, fuego, sangre, gritos, conflicto consumado,
y la mayor parte concerniente al Coliseo.

LXXXI   Puente se hará rápidamente con barcas,
pasará el gran ejército del gran príncipe belga,
en profundidad, y no lejos de Bruselas,
una vez cruzado, separado siete de espadas.

LXXXII   Muchedumbre se acerca proveniente de Esclavonia,
el viejo destructor arruinará la ciudad:
Muy desolada verá su Rumania,
después la gran llama no sabrá extinguir.

LXXXIII Combat nocturne le vaillant capitaine,
Vaincu fuyra peu de gens prosligé:
Son peuple esmeu, sedition non vaine,
Son propre fils le tiendra assiegé.

LXXXIV Un grand d'Auxerre, mourra bien miserable,
Chassé de ceux qui sous luy ont esté:
Serré de chaines, apres d'un rude cable,
En l'an que Mars, Venus & Sol mis on esté.

LXXXV La charbon blanc du noir sera chaffé,
Prisonnier faict mené au tombereau:
More Chameau sus pieds entrelassez,
Lors le puisné sillera l'aubereau.

LXXXVI L'an que Saturne en eau sera conioinct,
Avecques Sol, le Roy fort et puissant,
A Reims & Aix sera receu & oingt,
Apres conquestes meurtrira innocens.

LXXXVII Un fils du Roy tant de languages apprins,
A son aisné au regne different:
Son pere beau au plus grand fils comprins,
Fera perir principal adherant.

LXXXVIII Le grand Antonie du nom de faict sordide,
De Phthyriaise à son dernier rongé:
Un qui de plomb voudra estre cupide,
Passant le port d'esleu sera plongé.

LXXXIX Trente de Londres secret coniureront,
Contre leur roy, sur le pont l'entreprinse:
Luy, fatalites la mort desgousteront,
Un Roy esleu blonde, natif de Frize.

LXXXIII Combate nocturno el valiente capitán,
vencido huirá seguido de poca gente:
Su pueblo emocionado, sedición no vana,
su propio hijo lo tendrá asediado.

LXXXIV Un grande de Auxerre morirá muy miserable,
expulsado por los que bajo él han estado:
Encadenado y con fuerte cable
el año en que Marte, Venus y el Sol estarán en conjunción.

LXXXV Un carbón blanco será calentado por el negro,
hecho prisionero y llevado al chirrión:
Moro camello con los pies entrelazados,
entonces el recién nacido el eje surcará.

LXXXVI El año en que Saturno en el agua sea conjunto,
con el sol, el rey fuerte y poderoso,
En Reims y Aix será recibido y ungido,
después de las conquistas matará los inocentes.

LXXXVII Un hijo del rey tantas lenguas aprenderá,
a su predecesor un reino diferente:
Su suegro por su mayor hijo comprendido,
hará perecer a su principal aliado.

LXXXVIII El gran Antonio del nombre de hecho sórdida,
de Ftiriasis a su último roído:
Uno que de plomo querrá ser ávido,
pasando el puente del elegido será ahogado.

LXXXIX Treinta de Londres conjurarán en secreto,
contra su rey sobre el puente su empresa:
Él, fatalidades la muerte degustarán,
un rey elegido rubio, nativo de Frisia.

XC   Les deux copie aux murs ne pourront ioindre.
Dans cest instant trembler Milan, Ticin:
Faim soif, doutance si fort les viendra poindre
Chair, pain, ne vivres n'auront un seul boucin.

XCI   Au Duc Gaulois contrainct battre au duelle,
La nef Mellele Monech n'approchera,
Tort accusé, prison perpétuelle,
Son fils regner avant mort taschera.

XCII   Teste trenchee du vaillant capitaine,
Sera gettee devant son adversaire:
Son corps pendu de la classe à l'antenne,
Confus fuira par rames à vent contraire.

XCIII   Un serpent veu proche du lict Royal,
Sera par dame nuict chien n'abayeront:
Lors naistre en France un Prince tant Royal,
Du ciel venu tous les Princes verront.

XCIV   Deux grands freres seront chassez d'Espaigne,
L'aisné vaincu sous les monts Pyrenees:
Rougir mes, Rosne, sang Leman d'Alemaigne
Nabon, Blyterre, d'Agath, contaminees.

XCV   Le regne à deux laissé bien peu tiendront,
Trois ans sept mois passez feront la guerre
Les deux vestales contre rebelleront,
Victor puisnay en Armenique terre.

XCVI   La soeur de l'Isle Britannique
Quinze ans devant le frere aura naissance:
Pas son promis moyennant verrifique,
Succedera au regne de balance.

XC Los dos ejércitos a los muros no podrán juntarse.
En ese instante temblarán Milán y Ticino:
Hambre, sed, duda tan fuerte les vendrá a inquietar
carne, pan, tampoco víveres tendrán, ni un solo bocado.

XCI Al duque galo obligado a batirse en duelo,
la nave Mellele a Mónaco no se acercará,
injustamente acusado, a cadena perpetua,
su hijo antes de la muerte intentará reinar.

XCII Cabeza cortada del valiente capitán,
será arrojada ante su adversario:
Su cuerpo colgado del palo por la gente,
Confundido huirá por remos con viento en contra.

XCIII Una serpiente vista cerca del lecho real,
será por dama en la noche, los perros no ladrarán:
Entonces nacerá en Francia un príncipe tan real,
del cielo venido, todos los príncipes verán.

XCIV Dos grandes hermanos serán expulsados de España,
el mayor vencido en los montes Pirineos:
Enrojecer el mar, Ródano, sangre Lemán de Alemania
Nabon, Bliterre, de Agath, contaminadas.

XCV El reino a dos confiado bien poco durará,
tres años y siete meses pasados harán la guerra:
Las dos vestales se rebelarán en contra,
victoria siempre en tierra arménica.

XCVI La hermana de las Islas Británicas,
quince años antes que su hermano nacerá:
Por su prometido mediante verifica,
sucederá al reino de la balanza.

XCVII L'an que Mercure, Mars, Venus retrograde,
Du grana Monarque que la ligne ne faillit:
Esleu du peuple l'usitant pres de Gagdole,
Qu'en paix & regne viendra fort envieillir.

XCVIII Les Albanois passeront dedans Rome,
Moyennant Langres demipler assublés,
Marquis & Duc ne pardonnes à l'homme,
Feu, sang, morbilles point d'eau, faillir les blés.

XCIX L'aisné vaillant de la fille du Roy,
Repoussera si profond les Celtiques,
Qu'il mettra fourdes, combien en tel arroy
Peu et loing, puos profond ès Hespériques.

C De feu céleste au Royal edifice,
Quand la lumiére de Mars defaillira,
Sept mois grand guerre, mort gent de malefice,
Rouan, Evreux au Roy ne faillira.

CENTURIE V

I Avant venuë de ruine celtique,
Dedans le temple deux parlementeront,
Poignard coeur, d'un monté au coursier, & picque,
Sans faire bruit le grande enterreront.

II Sept coniurez au banquet feront luire,
Contre les trois le fer hors de nauire:
L'un les deux classes au grand fera conduire,
Quand par le mail. Demier au front luy tire.

XCVII El año en que Mercurio, Marte y Venus, retrocederán,
del gran monarca su línea no fallará:
Elegido por el pueblo el usado cerca de Gádola,
quien en paz y reino vendrá fuertemente envejecer.

XCVIII Los albaneses entrarán en Roma,
mediante Langres poblarán la mitad,
marqués y duque no perdonados del hombre,
fuego, sangre, muertos, sin agua, agostados los trigales.

XCIX El valiente primogénito de la hija del rey,
expulsará tan lejos a los celtas
que les enviará rayo, en tan grande desconcierto.
Poco y lejos, pozo profundo de las Hesperias.

C Del fuego celeste al real edificio,
cuando la luz de Marte desfallecerá,
siete meses gran guerra, muerta gente de maleficio.
Rouan, Evreux y al Rey no faltará.

CENTURIA V

I Antes de la llegada de la destrucción céltica,
dentro del tema dos parlamentarán,
puñal al corazón de un caballero en corcel, y lanza,
sin hacer ruido al grande enterrarán.

II Siete conjurados en el banquete harán lucir
contra los tres el hierro fuera del navío:
Uno hará conducir el grande de las dos flotas,
cuando por el mazo el último a la frente le arroje.

III Le successeur de la Duché viendra
    Beaucoup plus outre que la mer de Toscane:
    Gauloise Branche la Florence tiendra,
    Dans son giron d'accord nautique Rane.

IV Le gros mastin de cité dechassé,
    Sera fasché de l'estrange alliance,
    Apres aux champs, avoir le cerf chassé,
    Le loup & l'ours se donront defiance.

V Sous ombre faincte d'oster de servitude,
    Peuple & cité l'usurpera luy mesme:
    Pire fera par fraux de ieune pute,
    Livré au champ lisant le faux proësme.

VI Au Roy l'augur sur le chef la main mettre,
    Viendra prier pour la paix Italique:
    A la main gauche viendra changer le sceptre,
    De Roy viendra Empereur pacifique.

VII Du Triumvir seront trouvez les os,
    Cherchant profond thresor aenigmatique,
    Ceux d'alentour ne seront en repos,
    Ce concaver marbre et plomb metallique.

VIII Sera laissé feu vif, mort caché,
    Dedans les globes horribles espouvantable,
    De nuict à classe cité en poudre lasché,
    La cité à feu, l'ennemy favorable.

IX Iusques au fond la grand arq demolüe,
    Par chef captif l'amy anticipé:
    Naistra de dame front, face cheveluë,
    Lors par astuce Duc à mort attrappé.

III El sucesor del ducado llegará
mucho más allá del mar de Toscana:
Florencia tendrá una rama gala,
en su girón conforme la náutica Rana.

IV El poderoso mastín de la ciudad expulsado
será irritado por la extraña alianza,
después de haber dado caza al ciervo en los campos,
entre el lobo y el oso habrá desconfianza.

V Bajo la sombra fingida de liberar de la servidumbre
el mismo usurpará al pueblo y la ciudad:
Lo peor lo hará mediante engaños de joven puta,
entregando al campo a leer el falso proemio.

VI El Augur pondrá la mano sobre la cabeza del rey,
rogará por la paz Itálica:
A la mano izquierda cambiará el centro,
de rey llegará a ser emperador pacífico.

VII Serán encontrados los huesos del Triunviro
buscando un profundo y enigmático tesoro,
nadie descansará en paz a su entorno
por este excavar con mármol y plomo metálico.

VIII Será dejado fuego vivo, muerto escondido
dentro de los tornados y horribles espantos,
de noche la ciudad naval será reducida a polvo.
La ciudad incendiada, favorable al enemigo.

IX El gran arco será demolido por completo
por la participación del amigo del jefe cautivo:
Nacerá del talento de la dama, rostro desmelenado,
cuando por astucia el duque será atrapado a muerte.

X Un chef Celtique dans le conflict blessé,
Aupres de cave voyant siens mort abattre:
De sang & playes & d'ennemis pressé,
Et secourus par incogneus de quatre.

XI Mer par solaires seure ne passera,
Ceux de Venus tiendront tout l'Affrique:
Leur regne plus Saturne n'occupera,
Et changera la part Asiatique.

XII Auprès du lac Lemna sera conduite,
Par grace estrange cité voulant trahir:
Avant son meurtre à Ausbourg la grand suitte,
Et ceux du Rhin la viendront invahir.

XIII Par grand fureur le Roy Romain Belgique,
Vexer voudra par phalange barbare:
Fureur grinssant chassera gent Lybique
Depuis Pannons iusques Hercules la hare.

XIV Saturne & Mars en Leo Espaigne captive,
Par chef Lybique au conflict attrapé,
Proche de Malthe, Heredde prinse vive,
Et Romain sceptre sera par Coq frappé.

XV En navigant captif presa grand Pontife,
Grand aprets faillir les clercs tumultuez:
Second esleu absent son bien debife,
Son favory bastard à mort tué.

XVI A son hault pris plus la lerme sabee,
D'humaine chair par mort en cendre mettre,
A l'Isle Pharos par Croisars perturbee,
Alors qu'à Rhodes paroistra dur espectre.

X   Un jefe celta herido en el conflicto
cerca de las gradas viendo a los suyos abatir muertos:
Por los enemigos precipitado entre sangre y heridas,
y socorrido por desconocidos cuatro.

XI   El mar no pasará por los umbrales solares,
los de Venus dominarán toda el África:
Saturno no ocupará ya más su reino,
y cambiará la parte asiática.

XII   Será conducida cerca del lago Lemán,
por una joven extranjero queriendo traicionar la ciudad:
Antes de su homicidio gran fuga de Ausburgo,
y los del Rhin la invadirán.

XIII   Con gran furor el rey romano belga
querrá vejar la falange bárbara:
con exaltada ira expulsará a los libios
desde Pannonia hasta Hércules torturándoles.

XIV   Saturno y Marte en León, España cautiva,
atrapada por el conflicto a causa del jefe libio,
cerca de Malta la heredera capturada viva,
y el cetro romano será golpeado por el gallo.

XV   Capturado el gran Pontífice mientras navegaba,
al faltar el grande de los clérigos tumultuosos:
El segundo elegico ausente, su bien maltratado,
su bastardo favorito condenado a muerte.

XVI   Por su alto precio más sabor a lágrima,
la carne humana convertida en ceniza por la muerte,
la isla de Faros perturbada por los cruzados,
cuando en Rodas aparecerá el duro espectro.

XVII   De nuict passant le Roy pres d'une Andronne,
          Celuy de Cypres & principal guette:
          Le Roy failly, la main fut long du Rosne,
          Les coniurez l'iront à mort mettre.

XVIII   De dueil mourra l'infelix prosligé,
          Celebrera son vitrix l'hecatombe:
          Pristine loy, franc edict redigé.
          Le mur & Prince au septiesme iour tombe.

XIX   Le grand Royal d'or, d'airain augmenté,
          Rompu la pache, par ieune ouverte guerre:
          Peuple affligé par un chef lamenté,
          De sang barbare sera couverte terre.

XX   Delà les Alpes grande armee passera,
          Un peu devant naistre monstre vapin:
          Prodigieux et subit tournera
          Le grand Tosquan à son lieu plus propin.

XXI   Par le trespas du Monarque Latin,
          Ceux qu'il aura par regne secourus:
          Le feu luyra divisé le butin,
          La mort publique aux hardis incourus.

XXII   Avant qu'à Rome grand aye rendu l'ame,
          Effrayeur grande à l'armee estrangere:
          Par esquadrons l'embusche pres de Parme,
          Puis les deux rouges ensemble feront chere.

XXIII   Les deux contens seront unis ensemble,
          Quant la plupart à Mars seront conioinct:
          Le grand d'Affrique en effrayeur & tremble,
          Duumvirat par la classe desioinct.

XVII Pasando la noche el rey cerca de un estrecho,
el de Chipre y principal vigila:
descuidado el rey, la mano huye a lo largo del Ródano,
los conjurados irán a darle muerte.

XVIII De duelo morirá el infeliz perseguido,
su vencedor celebrará la hecatombe:
Prístina ley, franco edicto redactado.
El muro y el príncipe al séptimo día caen.

XIX El gran real de oro y aumentado de bronces,
rota la paz, por un joven declarada la guerra:
El pueblo afligido por un lamentable jefe,
de sangre bárbara será cubierta la tierra.

XX El gran ejército atravesará los Alpes,
poco antes de nacer el monstruo Vapin·
Prodigiosa y súbitamente regresará
el gran toscano a su lugar más próximo.

XXI Por la muerte del monarca latino,
los que él habrá por el reino socorrido:
El fuego lucirá dividido el botín,
la muerte pública a los valientes incursos.

XXII Antes que en Roma el grande haya rendido su alma,
gran espanto en la armada extranjera:
Por escuadrones la emboscada cerca de Parma,
después los dos rojos juntos harán comilona.

XXIII Los dos contendientes se unirán juntos
cuando la mayoría en Marte estén conjuntados:
El grande de África con espanto y temblor,
el duunvirato desunido por el ejército.

XXIV Le regne & loy sans Venus eslevé,
Saturne aura sus Iupiter empire:
La loy & regne par le soleil levé,
Par Saturnis endurera le pire.

XXV Le Prince Arabe Mars, Sol, Venus, Lyon,
Regne d'Eglise par mer succombera:
Devers la Perse bien pres d'un million,
Bisance, Egypte, ver sepr. inuadera.

XXVI La gent esclave par un heur martial,
Viendra en haut degré tant eslevee:
Changeront Prince, naistra un Provincial,
Passer la mer copie aux monts levee.

XXVII Par feu & armes non loing de la marnegro,
Viendra de Perse occuper Trebisonde:
Trembler Phato, Methelin, Sol alegro,
De sang Arabe d'Adrie couvert onde.

XXVIII Le bras pendant à la iambe liee,
Visage pasle, au sein poignard caché:
Prois qui seront iurez de la meslee,
Au grand de Gennes sera la fer lasché.

XXIX La liberté ne sera recouvree,
L'occupera noir, fier, vilain, inique
Quand la matière du pont sera ouvree,
D'Hister, Venise faschee la republique.

XXX Tout à l'entour de la grande cité,
Seront soldats logez par champs & ville:
Donner l'assaut Paris, Rome incité,
Sur le pont sera faicte grand pille.

XXIV El reino y la ley edificados sin Venus,
Saturno tendrá sobre Júpiter el imperio:
La ley y el reino por el sol levantados
soportarán lo peor por los de Saturno.

XXV El príncipe árabe, Marte, Sol, Venus, Lyon,
el reino de la Iglesia por mar sucumbirá.
Hacia Persia bien cerca de un millón,
Bizancio, Egipto, *versus serpens* invadirá.

XXVI La gente esclava por una suerte bélica,
alcanzará un alto grado y tan elevado:
Cambiarán al príncipe, nacerá un provincial,
cruzará el mar, subirá las tropas a los montes.

XXVII Por fuego y armas no lejos del mar Negro
llegará de Persia para ocupar Trebisonda:
Temblarán Phato, Methelin, Sol alegre,
de sangre árabe cubierta la onda de Adria.

XXVIII El brazo colgante a la pierna atado,
expresión pálida, en el seno puñal escondido:
Presas que serán jurados de la lucha,
al grande de Génova será el hierro abandonado.

XXIX La libertad no será recobrada,
la ocupará negro, arrogante, infame, inicuo,
cuando la materia del puente sea librada,
por Híster la república de Venecia será contrariada.

XXX Todos alrededor de la gran ciudad,
estarán soldados alojados en campamentos y ciudades:
Dar el asalto a París, Roma incitada,
sobre el puente habrá un gran saqueo.

XXXI   Par terre Antique chef de la sapience,
Qui de present est la rose du monde:
Pont ruiné, & sa grand'preeminence
Sera subdite & naufrage des ondes.

XXXII   Où tout bon est, tout bien Soleil & lune,
Est abondant, sa ruine s'approche:
Du ciel s'advance vaner ta fortune,
En mesme estat que la septiesme roche.

XXXIII   Des principaux de cité rebellee,
Qui tiendront fort pour liberté r'avoir:
Detrancher masles, infelice meslee,
Cris, hurlemens à Nantes piteux voir.

XXXIV   Du plus profond de l'Occiden Anglois,
Où est le chef de l'Isle Britannique:
Entrera classe dans Gyronde par Blois,
Par vin et sel, feux cachez aux barriques.

XXXV   Par cité franche de la grand mer Seline,
Qui porte encores à l'estomach la pierre,
Angloisse classe viendra sous la bruine
Un rameau prendre, du grand ouverte guerre.

XXXVI   De soeur le frere par simulte faintise
Viendra mesler rosee en myneral:
Sur la placente donne à vieille tardive,
Meurt, le goustant sera simple & rural.

XXXVII   Trois cens seront d'un vouloir & accord,
Que pour venir au bout de leur attainte.
Vingt mois apres tous & records,
Leur Roy trahy simulant haine fainte.

XXXI Por tierra antigua cúspide de la sabiduría
que en el presente es la rosa del mundo:
Arruinada en el mar —su grado imperio—,
será súbdito y náufrago de las olas.

XXXII Donde está todo lo bueno, todo bien Sol y Luna,
es abundante, su ruina se acerca:
Del cielo se avanza aventar tu fortuna,
en el mismo estado que la séptima roca.

XXXIII Los principales de la ciudad rebelde
tratarán por recuperar la libertad:
Despedazar a los hombres, infeliz combate,
gritos y alaridos en Nantes; lamentable ver.

XXXIV De lo más profundo del Occidente inglés
donde está el jefe de la Isla Británica:
Entrará un ejército en la Girona por Elois,
por el vino y sal, fuegos escondidos en las barricas.

XXXV Por la ciudad franca del gran mártir Selín,
que aún lleva en su estómago una piedra,
llegará la flota inglesa bajo la niebla
a tomar parte en la gran guerra abierta.

XXXVI De la hermana el hermano por simultánea fantasía
mezclará el rocío mineral:
En la placenta dada a vieja tardía,
muerto, el goteante será simple y rural.

XXXVII Trescientos tendrán una voluntad y acuerdo
que para llegar al fin de su espera
veinte meses después, todos y recuerdos,
su rey traicionado simulando odio fingido.

XXXVIII Ce grand Monarque qu'au mort succedera,
Donnera vie illicte & lubrique,
Par monchalance à tous concedera,
Qu'à la parfin faudra la loy Salique.

XXXIX Du vray rameau de fleur de lys yssu
Mis & logé heritier d'Hetrurie:
Son sang antique de longue main tissu,
Fera Florence florir en l'armoirie.

XL Le sang Royal sera si tres meslé,
Contraints seront Gaulois de l'Hesperie:
On attendra que terme soit coulé,
Et que memoire de la voix soit perie.

XLI Nay sous les ombres & iournee nocturne,
Sera en regne & bonté souveraine:
Fera renaistre son sang de l'antique urne,
Renouvellant siecle d'or pour l'airain.

XLII Mars eslevé en son plus haut befroy,
Fera retraite les Allobrox de France:
La gent Lombarde fera si grand effroy,
A ceux de l'Aigle comprins sous la Balance.

XLIII La grand ruine des secrez ne s'esloigne,
Provence, Naples, Sicille, Seez & Ponce,
En Germaine, au Rhin & la Cologne,
Vexez à mort par tous ceux de Magonce.

XLIV Par mer le rouge sera prins de pyrates,
La paix sera par son moyen troublee:
L'ire & l'avare commettra par sainct acte,
Au grand Pontife sera l'armee doublee.

XXXVIII Este gran monarca que al muerto sucederá
dará una vida ilícita y lúbrica,
por indolencia a todas concederá,
que al final será necesaria la ley Sálica.

XXXIX De la verdadera rama de flor de lis nacido
puesto y alojado heredero de Etruria:
Su sangre antigua de larga mano tejida,
hará Florencia florecer en sus armas.

XL La sangre real estará tan mezclada,
forzados serán los galos de la Hesperia:
Se esperará que el término haya cumplido
y que la memoria de la voz haya perecido.

XLI Nacida bajo las sombras de la jornada nocturno,
será en reino y bondad soberana:
Hará renacer su sangre de la antigua urna,
renovando el siglo de oro por el de bronce.

XLII Marte elevado hasta el más alto torreón,
hará retroceder a los Alóbroges de Francia:
Los lombardos causarán tan gran pavor,
a los del águila comprendidos bajo la balanza.

XLIII La gran ruina de los secretos no se aleja,
Provenza, Nápoles, Sicilia, Sées y Ponce,
en Germania, en el Rhin y Colonia,
heridos de muerte por todos los de Maguncia.

XLIV En el mar rojo será apresado por los piratas,
la paz será por su causa turbada:
La ira y el avaro se enfrentarán por acto santo,
al gran Pontífice le será doblada la armada.

XLV Le grand Empire sera tost desolé,
Et translaté pres d'arduenne silue,
Les deux bastards par l'aisné decollé,
Et regnera Aneobarb nez de misue.

XLVI Par chapeaux rouges querelles & nouveaux scismes,
Quand on aura esleu le Sabinois:
On produira contre luy grands sophismes,
Et sera Rome lesee par Albanois.

XLVII Le grand Arabe marchera bien avant,
Trahy sera par les Bisantinois:
L'antique Rodes luy viendra au devant,
Et plus grand mal par austre Pannonois.

XLVIII Apres la grande affiction du sceptre,
Deux ennemis par eux seront defacts:
Classe d'Affrique aux Pannons viendra naistre
Par mer & terre feront horribles faicts.

XLIX Nu de l'Epaigne, mais de l'antique France
Ne sera esleu pour le tremblant nacelle,
A l'ennemy sera faicte fiance,
Qui dans son regne sera peste cruelle.

L L'an que les frères du lys seront en aage,
L'un d'eux tiendra la grand Romanie:
Trembler les monts, ouvert Latin passage,
Pache marcher contre fort d'Armenie.

LI La gent de Dace, d'Angleterre & Polonne,
Et de Boësme feront nouvelle ligue:
Pour passer outre d'Hercules la colonne,
Barcins, Tyrrens dresser cruelle brigue.

XLV El gran imperio será pronto devastado,
y trasladado cerca del bosque de las Árdenas,
los dos bastardos: por el legítimo degollado,
y reinará Enobardo, nariz de arpía.

XLVI Por los capelos rojos querellas y nuevos cismas,
cuando haya sido elegido el Sabino:
Se formularán contra él grandes sofismas,
y Roma será dañada por albanés.

XLVII El gran árabe marchará bien adelante,
será traicionado por los bizantinos:
La antigua Rodas le pasará delante,
y un mal mayor por otros Panonios.

XLVIII Después de la gran aflicción del cetro,
dos enemigos serán derrotados por ellos:
El ejército de África a los Panonios empezará a marchar
por mar y tierra harán actos terribles.

XLIX Nadie de España, sino de la antigua Francia,
será elegido para la trémula barquichuela,
al enemigo se le otorgará fianza,
quien en su reino será peste cruel.

L El año en que los hermanos de lis tendrán la edad,
uno de ellos dominará la gran Rumania:
Temblarán los montes, abierto el paso Latino,
la paz estará contra las fuerzas de Armenia.

LI La gente de Dacia, de Inglaterra, Polonia
y de Bohemia, harán una nueva alianza:
Para pasar más allá de las columnas de Hércules,
barcinos y tirrenos entablarán cruel combate.

LII Un Roy fera qui donra l'opposite,
      Les exilez eslevez sur le regne:
      De sang nager la gent caste hyppolite,
      Et florira long temps sous telle enseigne.

LIII La loy du Sol & Venus contendus,
      Appropriant l'esprit de prophetie,
      Ne l'un ne l'autre ne seront entendus,
      Par sol tiendra la loy du grand Messie.

LIV Du pont Euxine, & la grand' Tartarie,
      Un Roy sera qui viendra voir la Gaule,
      Transpercera Alane & l'Armenie,
      Et dans Bisance lairra sanglante Gaule.

LV De la Felice Arabie contrade,
      Naistra puissant de loy Mahométique,
      Vexer l'Espaigne, conquester la Grenade,
      Et plus par mer à la gent Lygustique.

LVI Par le trespas autref vieillard Pontife
      Sera esleu Romain de bon aage,
      Qui sera dict que le siege debiffe,
      Et long tiendra & de picquant ouvrage.

LVII Istra du mont Gaulsier & Aventin,
      Qui par le trou advertira l'armee,
      Entre deux rocs sera prins le butin,
      De Sext mansol fallar la renommee.

LVIII De l'aqueduct d'Uticense, Gardoing,
      Par la forest & mont inaccessible,
      Emmy du pont sera tasché au poing,
      Le chef nemans qui tant sera terrible.

LII   Un rey hará que presenta oposición,
los exiliados se levantarán en el reino:
En sangre nadará la gente de la casta Hipólita,
y florecerá mucho tiempo bajo tal enseña.

LIII   La ley del Sol y Venus, en ambos contenida,
apropiándose el espíritu de la profecía,
ni el uno ni el otro serán oídos,
como base tendrá la ley del gran Mesías.

LIV   De Ponte-Euxino y de la gran Tartaria,
un rey vendrá a ver la Galia,
atravesará Alana y Armenia
y en Bizancio dejará sangrante pabellón.

LV   De la región de la Arabia feliz,
nacerá poderoso de la ley mahometana,
vejará España y conquistará Granada,
y además por mar a la gente Ligústica.

LVI   Por la muerte del muy anciano Pontífice
será elegido un romano en buena edad,
que será acusado de dañar el solio,
y aguantará mucho tiempo y con una picante obra.

LVII   Saldrá del monte Gaulsier y Aventino
quien por el agujero dirigirá el ejército,
entre dos rocas será cogido el botín,
desde Sext perderá el renombre.

LVIII   Desde el acueducto de Uticense y del Garda,
por el bosque y monte innaccesible,
el enemigo del mar será ligado el puño,
el jefe romano que será tan terrible.

LIX Au chef Anglois à Nymes trop freiour,
Devers l'Espaigne au secours Aenobarbe
Plusieurs mourront par Mars ouvert ce iour,
Quant en Artois faillir estoille en barbe.

LX Par teste rase viendra bien mal eslire,
Plus que sa charge ne porte passera:
Si grand fureur & rage fera dire,
Qu'à feu & sang tout sexe trenchera.

LXI L'enfant du grand n'estant à sa naissance,
Subiuguera les hauts monts Apennis:
Fera trembler tous ceux de la balance,
Et des monts feux iusques à Mont-Senis.

LXII Sur les rochers sang on verra pleuvoir,
Sol Orient, Saturne Occidental:
Pres d'Orgon guerre, à Rome grand mal voir,
Nefs parfondrees, & prins le Tridental.

LXIII De vaine emprinse l'honneur indue plaincte,
Galliots errans par latins, froid, faim, vagues
Non loing du Tymbre de sang la terre taincte,
Et sur humains seront diverses plagues.

LXIV Les assemblez par repos du grand nombre,
Par terre & mer conseil contre mandé:
Pres de l'Autonne Gennes, Nice de l'ombre
Par champs & villes le chef contrebandé.

LXV Subit venu l'effrayeur sera grande,
Des principaux de l'affaire cachez:
Et dame embraise plus ne sera en veue
Ce peu à peu seront les grands fachez.

LIX Al jefe inglés en Nimes demasiado miedo,
hacia España en socorro de Enobarbo:
Muchos morirán por Marte iniciado ese día,
cuando en Artois falta la estrella barbada.

LX A cabeza rapada harán mal en elegir,
más que lo que su cargo comporta hará:
Tan gran furor y rabia hará predicar,
que a fuego y sangre todo sexo descuartizará.

LXI El hijo del grande no estando en su nacimiento,
subyugará los altos montes Apeninos:
Hará temblar a todos los de la balanza,
y desde los montes fuegos hasta Mont-Genis.

LXII Sobre los escarpados rocosos sangre se verá llover,
el sol de Oriente, Saturno occidental:
Guerra cerca de Orgon, en Roma gran mal se verá,
naves hundidas, y ocupado el Tridental.

LXIII En una vana empresa el honor equivocadamente defendido,
galeotas errantes contra latinos, olas, frío y hambre.
No lejos del Tíber de sangre la tierra teñida,
y sobre los humanos caerán varias plagas.

LXIV Los reunidos por reposo del gran número,
por tierra y mar el consejo suprimido:
Cerca del otoño, Génova, Niza de la sombra
por campos y ciudades el jefe introducido.

LXV Súbitamente arribado el terror será grande,
escondidos algunos de los cabecillas del asunto:
Y la dama encinta no será más vista
poco a poco serán los grandes enojados.

LXVI   Sous les antiques edifices vestaux,
Non esloignez d'aque duct ruine:
De Sol et Lune sont les luisans meteaux,
Ardante lampe Trian dor butine.

LXVII   Quand chef Perouse n'ofera sa tunique
Sens au couvert tout nuds expolier,
Seront prins sept faict Aristocratique,
Le pere & fils morts par poincte au colier.

LXVIII   Dans le Danube & du Rin viendra boire
Le grand Chameau, ne s'en repentira:
Trembler du Rofne, & plus fort ceux de Loire.
Et pres des Alpes Coq le ruinera.

LXIX   Plus ne sera le grand en faux sommeil,
L'inquiétude viendra prendre repos:
Dresser phalange d'or, azur & vermeil,
Subiuguer Affrique, la ronger iusques os.

LXX   Des regions subiectes à la Balance
Feront troubler les monts par grande guerre,
Captifs tout sexe deu & tout Bisance,
Qu'on criera à l'aube terre à terre.

LXXI   Par la fureur d'un qui attendra l'eau,
Par la grand rage tout l'exercice esmeu:
Chargé des nobles à dix sept bateaux,
Au long du Rosne tard messager venu.

LXXII   Pour le plaisir d'edict voluptueux,
On mestera la poison dans la foy:
Venus sera en cours si virtueux,
Qu'obfusquera du Soleil tout à loy.

LXVI Bajo los antiguos edificios vestales,
no lejos del acueducto en ruinas:
Del Sol y Luna son los relucientes metales,
ardiente lámpara Trian de oro en el botín.

LXVII Cuando el jefe de Perusa no ofrezca su túnica
sentidos a cubierto, del todo desnudos y expoliados,
serán cogidos siete por el hecho aristocrático.
el padre y el hijo muertos por punta en la garganta.

LXVIII En el Danubio y en el Rhin vendrá a beber
el gran camello, no se arrepentirá:
Temblarán los del Ródano y más fuerte los del Loira.
y cerca de los Alpes Gallo lo vencerá.

LXIX No tendrá el grande más el falso sueño,
la inquietud vendrá a tomar reposo:
Levantar falange de oro, azul y grana,
subyugar África, roerla hasta los huesos.

LXX Regiones sometidas a la Balanza
harán temblar los montes por gran guerra,
cautivos de ambos sexos de toda Bizancio,
que se gritará el alba tierra a tierra.

LXXI Por el furor de uno que esperará el agua,
por la gran rabia toda la acción alterar:
Cargados de nobles diecisiete navíos,
a lo largo del Ródano el mensajero llegado tarde.

LXXII Por el placer de un edicto voluptuoso,
se mezclará el veneno en la fe:
Venus seguirá un curso tan virtuoso,
que ofuscará toda ley del Sol.

LXXIII   Persecutee sera de Dieu l'Eglise,
         Et les saints Temples seront expoliez,
         L'enfant, la mere mettra nud en chemise,
         Seront Arabes aux Polons ralliez.

LXXIV   De sang Troyen naistra coeur Germanique
         Qui deviendra en si haute puissance:
         Hors chassera gent estrange Arabique,
         Tournant l'Eglise en pristine preeminence.

LXXV   Montera haut sur le bien plus à dextre,
         Demourra assis sur la pierre quarree,
         Vers le midy posé à la fenestre,
         Baston tortu en main, bouche ferree.

LXXVI   En lieu libere tendra son pavillon,
         En ne voudra en citez prendre place:
         Aix, Carpen, l'Isle Volee, Mont Cavaillon,
         Poa tous ses lieux abolira sa trasse.

LXXVII   Tous les degrez d'honneur Ecclesiastique
         Seront changez en dial quirinal:
         En Martial quirinal flaminique,
         Puis un Roy de France le rendre vulcanal.

LXXVIII   Les deux unis ne tiendront longuement,
         Et dans treize ans au Barbare Satrappe,
         Aux deux costez feront tel perdement,
         Qu'un benira la Barque & sa cappe.

LXXIX   Par secree pompe viendra baisser les aisles,
         Par la venuë du grand legislateur:
         Humble haussera, vexera les rebelles,
         Naistra sur terre aucun aemulateur.

LXXIII   La Iglesia de Dios será perseguida,
y serán expoliados los templos santos,
la madre pondrá a su hijo desnudo en camisa,
los árabes serán aliados de los polones.

LXXIV   Un corazón germánico nacerá de sangre troyana
que llegará a ser tan alta potencia:
Expulsará afuera extraña gente arábiga,
devolviendo a la Iglesia a su pristina preeminencia.

LXXV   Subirá alto sobre el bien más a la derecha,
permanecerá sentado sobre la piedra, cuadrada,
situado en la ventana hacia el Mediodía,
bastón retorcido en mano, boca férrea.

LXXVI   Tendrá su campamento en lugar liberado,
y no deseará asentarse en ciudad alguna:
Aix, Carpen, la isla Volce, monte Cavaillón,
borrará su rastro de todos esos lugares.

LXXVII   Todos los grados honoríficos eclesiásticos
serán cambiados en día quirinal:
En San Marcial, Quirinal flamínico,
luego lo volverá vulcanal un rey de Francia.

LXXVIII   No estarán unidos los dos mucho tiempo,
y pasados trece años el bárbaro Sátrapa,
por ambos lados tendrán tal pérdida,
que uno bendecirá la barca y su capa.

LXXIX   Por sagrada pompa sus alas bajará,
ante la llegada del gran legislador:
alzará al humilde, vejará a los rebeldes,
ningún imitador nacerá en la Tierra.

LXXX   Logmion grande Bisance approchera,
Chassee sera la Barbarique Ligue:
Des deux loix l'une l'estinique lachera,
Barbare & Franche en perpetuelle brigue.

LXXXI   L'oiseau Royal sur la cité solaire,
Sept mois devant fera nocturne augure:
Mur d'Orient cherra tonnerre, esclaire,
Sept iours aux portes les ennemis à l'heure.

LXXXII   Au conclud pache hors de la forteresse,
Ne sortira celuy en desespoir mis:
Quant ceux d'Arbois, de Langres, contre Bresse
Auront mont Dolle, bouscade d'ennemis.

LXXXIII   Ceux qui auront entreprins subvertir,
Nom pareil regne, puissant et invincible:
Feront par fraude, nuicts trois advertir,
Quant le plus grande à table lira Bible.

LXXXIV   Naistra du gouphre & cité immesuree,
Nay de parents obscurs et tenebreux:
Qui la puissance du grand Roy reveree,
Voudra destruire par Roüan & Evreux.

LXXXV   Par les Sueves & lieux circonvoisins,
Seront en guerre pour cause des nuees:
Gampamarins locustes & confins,
Du Leman fautes seront bien desnuees.

LXXXVI   Pat les deux testes, & trois bras separés,
La cité grande par eaux sera vexee:
Des grands d'entreux par exil esgarés,
Par teste Perse Bisance fort pressee.

LXXX   Se aproximará el Ogmión Gran Bizancio,
la Liga Barbárica será puesta en fuga:
De las dos leyes, una, la esténica, dejará,
Bárbara Francia en perpetua intriga.

LXXXI   Sobre la ciudad solar el pájaro real,
realizará un augurio nocturno antes de siete meses:
Muro de Oriente recibirá estallido de rayos y truenos,
ante las puertas siete días los enemigos alerta.

LXXXII   La paz se formalizará fuera de la fortaleza,
no saldrá el que estuvo desesperado:
Cuando los de Arbois, de Langres, contra Bresse,
tendrán el monte Dolle, emboscada de enemigos.

LXXXIII   Los que tendrán empresa subvertida,
incomparable reino, poderoso e invencible:
Actuarán con fraude, tres noches advertir,
cuando el mayor leerá la Biblia en la mesa.

LXXXIV   Nacerá del abismo y ciudad desmesurada,
nacida de padres oscuros y tenebrosos:
Que el poder del gran rey reverenciado,
querrá destruir por Ruán y Evreux.

LXXXV   Por los Suevos y lugares circundantes,
estarán en guerra a causa de muchedumbres:
Gámbaros marinos, langostas y mosquitos,
del Lemán yerros serán bien encuerados.

LXXXVI   Por las dos testas, y tres brazos separados,
la gran ciudad por agua será vejada:
Los grandes de entre ellos por el exilio perdidos,
por testa persa Bizancio muy presionada.

LXXXVII L'an que Saturne hors de servage,
Au francs terroir sera d'eau inondé:
De sang Troyen sera son mariage,
Et sera seur d'Espaignols circondé.

LXXXVIII Sur le sablon par un hideux deluge,
Des autres mers trouvé monstre marin:
Proche du lieu sera faict un refuge,
Tenant Savonne esclave de Turin.

LXXXIX Dedans Hongrie par Boheme, Navarre,
Et par banniere sainctes seditions:
Par fleurs de lys pays portant la barre,
Contre Orleans fem esmotions.

XC Dans les Cyclades, en Perinthe & Larisse,
Dedans Sparte tout le Peloponnesse:
Si grand famine, peste par faux connisse,
Neuf mois tienda & tout le cherronesse.

XCI Au grand marché qu'on dict des mensongiers,
Du tout Torrent & champ Athenien:
Seront surprins par les chevaux legiers,
Par Albanois Mars, Leo, Sat, un versien.

XCII Apres le siege tenu dix sept ans,
Cinq changeront en tel revolu terme:
Puis sera esleu de mesme temps,
Qui des Romains ne sera trop conforme.

XCIII Sous le terroir du rond globe lunaire,
Lors que sera dominateur Mercure:
L'Isle d'Escosse fera un luminaire,
Qui les Anglois mettra à desconfiture.

LXXXVII El año que Saturno esté fuera de órbita,
de los francos terrenos serán de agua inundados:
De sangre troyana será su matrimonio,
y será hermana de españoles circundada.

LXXXVIII Sobre la arenilla, por un odioso diluvio,
de los otros mares encontrado monstruo marino:
Cercano del lugar se hará un refugio,
teniendo a Savona esclava de Turín.

LXXXIX En el interior de Hungría, por Bohemia, Navarra,
y por estandarte santas sediciones:
Por flores de lis país llevando el asta,
contra Orleáns provocará emociones.

XC En las Cícladas, en Perinto y Larissa,
dentro de Esparta y en todo el Peloponeso:
Hará tan gran carestía, peste falsamente conocida,
nueve meses tendrá y todo el Querronesa.

XCI En el gran mercado que llaman de los embusteros,
de todo Torrente y campo ateniense:
Serán sorprendidos por la caballería ligera,
por Marte Albanés, Leo, Sat, un Acuario.

XCII Después del asedio mantenido durante diecisiete años,
cinco cambiarán en tal término cumplido:
Después será elegido simultáneamente,
quién no será muy del gusto de los romanos.

XCIII Bajo el dominio del redondo globo lunar,
cuando será dominante Mercurio:
La Isla de Escocia hará una luminaria,
que a los ingleses llevará a la ruina.

XCIV Translatera en la grand Germaine,
    Brabant & Flandres, Gand, Bruges & Bologne,
    La tresve saincte, le grand duc d'Armenie,
    Assaillira Vienne & la Coloigne.

XCV Nautique rame invitera les umbres,
    Du grand Empire lors viendra conciter:
    La mer Aegee des lignes les encombres,
    Empeschant l'onde Tirrene defflotez.

XCVI Sur le milieu du grand monde la rose,
    Pour nouveaux faicts sang public espandu:
    A dire vray on aura bouche close,
    Lors au besoing viendra tard l'attendu.

XCVII Le nay difformé par horreur suffoqué,
    Dans la cité du grand Roy habitable:
    L'edict severe des captifs revoqué,
    Gresle & tonnerre, Condon inestimable.

XCVIII A quarante huict degré climaterique,
    Afin de Cancer si grande seicheresse:
    Poisson en mer, fleuve, lac cuit hectique,
    Bearn, Bigorre par feu ciel en detresse.

XCIX Milan, Ferrare, Turin, & Aquilleye.
    Capne, Brundis vexez par gents Celtique:
    Par le Lyon & phalange aquilee
    Quant Rome aura le chef vieux Britannique.

C Le bouteffeu par son feu attrapé,
    De feu du ciel à Carcas & Cominge,
    Foix, Aux, Mazere, haut vieillart eschappé,
    Par ceux de Hasse, des Saxons & Turinge.

XCIV   Trasladará a la Gran Germania,
Brabante y Flandes, Gante, Brujas y Bolonia,
la tregua santa, el gran duque de Armenia,
asaltará Viena y Colonia.

XCV   Náutico remo invitará a las sombras,
el gran imperio entonces vendrá a conquistar:
El mar Egeo de las líneas los estorbos,
impidiendo que vuelva a flotar la onda Tirrena.

XCVI   En el medio del gran mundo la rosa,
por nuevos acontecimientos sangre pública derramada:
A decir verdad se tendrá la boca cerrada,
entonces, según la necesidad, llegará tarde el esperado.

XCVII   El nacido deformado por horror sofocado,
en la ciudad habitable del gran rey.
revocado el edicto severo de los cautivos,
granizo y truenos, perdón inestimable.

XCVIII   Con cuarenta y ocho grados de temperatura,
al terminar la influencia de Cáncer tan gran sequía:
Peces en el mar, ríos, lago desecado,
Bearne, Bigorra, en extrema miseria por fuego del cielo.

XCIX   Milán, Ferrara, Turín y Aquilea,
Capua, Brindisi, ultrajadas por pueblos célticos:
Por el león y la falange aguileña,
cuando Roma tendrá el anciano caudillo británico.

C   El botafuego atrapado por su propio fuego,
de fuego celestial a Carcas y Cominge,
Foix, Aux, Mazere, el insigne anciano fugado,
por los de Hesse, de Sajonia y Turingia.

CENTURIE VI

I Autour des monts Pyrenees gran amas
De gent eitrange secourir Roy nouveau
Pres de Garonne du grand temple du Mas,
Un Romain chef la craindra dedans l'eau.

II En l'an cinq cens octante plus & moins,
On attendra le siecle bien estrange:
En l'an sept cens, & trois cieux en tesmoings,
Que plusieurs regnes un à cinq feront change.

III Fleuve qu'esprouve le nouveau nay Celtique,
Sera en grande de l'Empire discorde:
Le ieune Prince par gent Ecclesiastique,
Ostera le sceptre coronal de concorde.

IV Le Celtiq fleuve changera de rivage,
Plus ne tiendra la cité d'Agripine,
Tout transmué ormis le vieil langage,
Saturne, Leo, Mars, Cancer en rapine.

V Si grand famine par unde pestifere,
Par pluye longue le long du polle arctique,
Samatobryn cent lieux de l'hemisphere,
Vivront sans loy exempt de pollitique.

VI Apparoistra vers le Septentrion,
Non loing de Cancer, l'estoille chevelue,
Suze, Sienne, Boëce, Eretrion,
Mourra de Rome grand, la nuict disperue.

VII Norneigre & Dace, & l'isle Britannique,
Par les unis freres seront vexes,
Le chef Romain issu de sang Gallique
Et les copies aux forests repoulsees.

CENTURIA VI

I Alrededor de los montes Pirineos una muchedumbre
de extranjeros para socorrer al nuevo rey:
Cerca del Garona y del gran templo de Mas,
un jefe romano la temerá en el agua.

II En el año quinientos ochenta, más o menos,
se esperará el siglo bastante extraño:
En el año setecientos, y con tres cielos por testigos,
en el que varios reinos, de uno a cinco, cambiarán.

III Río que agita al recién nacido Céltico,
estará en gran controversia con el imperio:
El joven príncipe, por gente de la Iglesia,
desviará el cetro coronal de concordia.

IV El río Céltico cambiará de orilla,
no resistirá más la ciudad de Agripina,
todo cambiará salvo la antigua lengua,
Saturno, Leo, Marte, Cáncer, en rapiña.

V Tan gran carestía por ola pestífera,
por duradera lluvia a lo largo del Polo Ártico,
Samatobryn cien leguas del hemisferio,
vivirán sin ley, exentos de política.

VI Hará su aparición por el septentrión,
no muy lejana de Cáncer, la estrella melenuda,
Susa, Siena, Boecia, Eretrión,
morirá un grande de Roma, desaparecida la noche.

VII Noruega y Dacia, y la Isla Británica,
por los hermanos unidos serán vejadas,
el jefe romano nacido de sangre gálica,
y las tropas rechazadas en los bosques.

VIII   Ceux qui estoient en regne pour sçavoir,
       Au Royal change deviendront apouvris:
       Uns exilez sans apuy, or n'avoir,
       Lettrez & lettres ne seront à grand pris.

IX   Aux sacrez temples seront faicts escandales,
       Comptez seront par honneur & loüanges,
       D'un que on grave d'argent, d'or les medalles,
       La fin sera en tormens biene stranges.

X   Un peu de temps les temples des couleurs,
       De blanc & noir des deux entremeslee:
       Rouges & iaunes leur embleront les leurs,
       Sang, terre, peste, feu d'eau affollee.

XI   Des sept rameaux à trois seront reduicts,
       Les plus aisnez seront surprins par mort,
       Fratricidez le deux seront seduicts,
       Les coniurez en dormans seront morts.

XII   Dresser copies ponur monter à l'Empire,
       Du Vatican le sang Royal tiendra:
       Flamans, Anglois, Espagne avec Aspire,
       Contre l'Italie & France contendra.

XIII   Un dubieux ne viendra loing du regne,
       La plus grand part le voudra soustenir,
       Un capitole ne voudra point qu'il regne,
       Sa grande charge ne pourra maintenir.

XIV   Loing de sa terre Roy perdra la bataille,
       Prompt eschappé poursuivy suivant prins,
       Ignare prins soubs la doree maille,
       Soubs fainct habit & l'ennemy surprins.

VIII   Aquellos que se encontraban en el reino para aprender,
se verán perjudicados por el cambio real:
Unos exiliados, sin tener oro,
letrados y letras no serán muy apreciados.

IX   En los templos serán hechos escándalos,
contados serán por honor y alabanzas,
de uno que se grabe de plata, de oro las medallas,
el fin se hallarán en tormentos muy extraños.

X   Un poco de tiempo los templos de colores,
de blanco y negro los dos mezclados:
Rojos y amarillos les parecerán propios,
sangre, tierra, peste fuego de agua enloquecido.

XI   De siete retoños a tres serán reducidos,
los primogénitos serán sorprendidos por muerte,
por el fratricidio los dos serán seducidos,
los conjurados durmiendo serán muertos.

XII   Poner en pie de guerra tropas para llegar al imperio,
del Vaticano la sangre real resistirá:
Flamencos, ingleses, España con Aspirio,
contra Italia y Francia contendrá.

XIII   Un dudoso no vendrá de muy lejos del reino,
la mayor parte lo querrá apoyar,
un capitolio no querrá de forma alguna que reine,
su gran carga no podrá mantener.

XIV   Alejado de sus tierras, el rey perderá la batalla,
casi huido acosado por los perseguidores preso,
Ignora preso bajo la malla dorada,
bajo un fingido hábito y el enemigo le sorprendió.

XV Dessoubs la tombe sera trouvé le Prince,
Qu'aura le pris par dessus Nuremberg,
L'Espaignol Roy en Capricorne mince,
Fainct & trahy par le grand Vuitemberg.

XVI Ce que ravy sera du ieune Milve,
Par les Normans de France & Picardie,
Les noirs du temple du lieu de Negrisilve,
Feront aulberge & feu de Lombardie.

XVII Apres les limes bruslez les asiniers,
Contraints seront changer habits divers,
Les Saturnins bruslez par les meusniers,
Hors la pluspart qui ne sera couvers.

XVIII Par les Phisiques le grand Roy delaissé,
Par sort non art de l'Ebrien est en vie,
Luy & son genre au regne hault poussé,
Grace donnee à gent qui Christ envie.

XIX La vraye flamme engloutira la dame,
Que voudra mettre les Innocens à feu,
Pres de l'assaut l'exercite s'enflamme,
Quant dans Seville monstre en boeuf sera veu.

XX L'union faincte sera peu de duree,
Des uns changez reformez la pluspart,
Dans les vaisseaux sera gent enduree,
Lors aura Rome un nouveau liepart.

XXI Quant ceux du polle artiq unis ensemble,
En Orient grand effrayeur & crainte,
Esleu nouveau, soustenu le grand tremble,
Rodes, Bisance de sang Barbare taincte.

XV El príncipe será hallado bajo la tumba,
que tendrá el premio por encima de Nuremberg,
el rey español con Capricornio poco favorable,
engañado y traicionado por el gran Guttenberg.

XVI El que será arrebatado del joven Milvio,
por los normandos de Francia y Picardía,
los negros del templo del lugar de Negrisilve,
harán albergue y fuego en Lombardía.

XVII Después de las limas quemadas por los burreros,
serán obligados a cambiar varios de sus hábitos,
los Saturninos quemados por los molineros,
aparte de la mayoría que no serán cubiertos.

XVIII Deshauciado el gran rey por los físicos
por suerte, no destreza, del Ebrien, está vivo,
él y su yerno empujados al alto reino,
gracia otorgada a la gente que envidia a Cristo.

XIX La verdadera llama engullirá a la dama,
que querrá arrojar al fuego a los inocentes,
poco antes del asalto el ejército se inflama,
cuando en Sevilla sea visto monstruoso buey.

XX La unión fingida tendrá poca duración,
algunos habrán cambiado, la mayoría reformados,
en los barcos habrá gente endurecida,
entonces Roma tendrá un nuevo leopardo.

XXI Cuando estén reunidos los del Polo Ártico,
en Oriente gran espanto y temor:
Elegido uno nuevo, el grande sostenido tiembla,
Rodas, Bizancio, con sangre Bárbara teñida.

XXII   Dedans la terre du grand temple Celique,
        Neveu à Londres par paix faincte meurtry,
        La barque alors deviendra scismatique,
        Liberté faincte sera au corn & cry.

XXIII   D'esprit de regne musnimes descriées,
        Et seront peuples esmeuz contre leur Roy,
        Paix faict nouveau, sainctes loix empirees,
        Rapis onc fut en si tresdur arroy.

XXIV   Mars & le sceptre se trouvera conioinct,
        Dessoubs Cancer calamiteuse guerre,
        Un peu apres sera nouveau Roy oingt,
        Qui par longtemps pacifiera la terre.

XXV   Par Mars contraire sera la monarchie,
        Du grande pescheur en trouble ruyneux,
        Ieune noir rouge prendra la hierarchie.
        Les prodíteurs iront iour bruyneux.

XXVI   Quatre ans le siege quelque peu bien tiendra,
        Un surviendra libidineux de vie,
        Ravenne & Pyse, Veronne soustiendront,
        Pour eslever la croix de Pape envie.

XXVII   Dedans les Isles de cinq fleuves à un,
        Par le croissant du grand Chyren Selin,
        Par les bruynes de l'air fureur de l'un,
        Six eschapez, cachez fardeaux de lyn.

XXVIII   Le grand Celtique entrera dedans Rome,
        Menant amas d'exilez & bannis:
        Le grand pasteur mettra à mort tout homme
        Qui pour le coq estoyent aux Alpes unis.

XXII En el interior de la tierra del gran Templo Céltico,
en Londres sobrino lastimado por fingida paz:
La barca pasará a ser entonces cismática,
libertad fingida será de cuerno y grito.

XXIII El espíritu de reino será desacreditado con dureza,
y pueblos se alzarán en armas contra un rey:
Conseguida de nuevo la paz, empeoradas las santas leyes,
después de ser raptado y puesto en tan gran temor.

XXIV Marte y el cetro se aliarán.
Bajo la influencia de Cáncer calamitosa guerra:
Poco tiempo después un nuevo rey será coronado,
que por largo tiempo pacificará la Tierra.

XXV La monarquía será contrariada por Marte,
del gran pescador en ruinoso desconcierto:
Joven negro rojo tomará la jerarquía,
los traidores vendrán en día brumoso.

XXVI La sede se mantendrá unos cuatro años,
uno de vida libidinosa sobrevendrá:
Rávena, Pisa, Verona sostendrán su poder,
para alzar la envidiada cruz de Papa.

XXVII En el interior de las islas de los cinco ríos
por el creciente del gran Chyren Selín:
Por las lloviznas del aire, furor de ese uno,
seis escapados, escondidos fardos de lino.

XXVIII El gran Céltico entrará en Roma,
dirigiendo muchedumbres de exiliados y proscritos:
El gran pastor condenará a muerte a todos los hombres,
que por el gallo estuvieran unidos a los Alpes.

XXIX La vefve saincte entendant les nouvelles,
De ses rameaux mis en perplex & trouble:
Qui sera duict appaiser les querelles,
Par son pourchas des razes sera comble.

XXX Par l'apparence de saincte saincteté,
Sera trahy aux ennemis le siege:
Nuict qu'on cuidoit dormir en seureté,
Pres de Braban marcheront ceux de Liege.

XXXI Roy trouvera ce qu'il desiroit tant,
Quand le Prelat sera reprins à tort:
Responce au Duc le rendra mal content,
Qui dans Milan mettra plusieurs à mort.

XXXII Par trahison de verges à mort battu,
Prins surmonté sera par son desordre,
Conseil frivole au grand captif sentu,
Nez par fureur quand Berich viendra mordre.

XXXIII Sa main derniere par Alus sanguinaire,
Ne se pourra par la mer guarentir:
Entre deux fleuves craindre main militaire,
Le noir l'ireux le fera repentir.

XXXIV De feu volant la machination,
Viendra troubler au grand chef assiegez:
Dedans sera telle sedition,
Qu'en desespoir seront les profligez.

XXXV Pres de Rion, & proché à blanche laine,
Aries, Taurus, Cancer, Leo, la Vierge,
Mars, Iupiter, le Sol ardra grand plaine,
Bois & citez lettres cachez au cierge.

XXIX La viuda santa escuchando las noticias,
desde sus ramificaciones puesta en perplejidad y turbación:
Quien será inducido a apaciguar las controversias,
por su acoso de las razas quedará colmado.

XXX Por la apariencia de falsa santidad,
será traicionada por los enemigos de la sede:
Noche en que se confiaba en dormir con seguridad,
cerca de Brabante irán los de Lieja.

XXXI El rey encontrará lo que tanto deseaba,
cuando el prelado sea reprendido injustamente:
Respuesta al duque disgustará,
quien en Milán a varios matará.

XXXII Por traición a muerte de vergajos batido,
luego será superado por su desorden:
Odio frívolo consejo por el gran cautivo,
nacido por furor cuando Berich venga a morder.

XXXIII Su última mano sanguinaria por Alus,
no se podrá garantizar por mar:
Entre dos ríos temerá la mano militar,
el iracundo negro le hará arrepentirse.

XXXIV De fuego volante la máquina,
vendrá a turbar el gran jefe asediado:
En el interior habrá tal sedición,
que en desesperación estarán los derrotados.

XXXV Cerca de Rion, y junto a la blanca lana,
Aries, Tauro, Cáncer, Leo, Virgo,
Marte, Júpiter, el sol hará arder gran llanura,
bosques y ciudades, letras ocultas en el cirio.

XXXVI Ne bien ne mal par bataille terrestre,
Ne parviendra aux confins de Perouse:
Rebelle Pise, Florence voir mal estre,
Roy nuict blessé sur mulet à noire house.

XXXVII L'oeuvre ancienne se parachevera,
Du toict chera sur le grand mal ruyne:
Innocent faict mort on accusera,
Nocent caché, taillis à la bruyne.

XXXVIII Aux profligez de paix les ennemis,
Apres avoir l'Italie superee,
Noir sanguinaire, rouge sera commis,
Feu, sang verser, eau de sang coloree.

XXXIX L'enfant du regne par paternelle prinse,
Expolier sera pour delivrer:
Aupres du lac Trasimen l'azur prinse,
La troupe hostage par trop fort s'enyvrer.

XL Grand de Magonce pour grande soif estaindre,
Sera privé de sa grand'dignité:
Ceux de Cologne si fort se viendront plaindre,
Que le grand groppe au Rhin sera ietté.

XLI Le second chef du regne d'Annemarc,
Par ceux de Frize & l'isle Britannique,
Fera desprendre plus de cent mille marc,
Vain esploicter voyage en Italique.

XLII A Logmyon sera laissé le regne,
Du grand Selin, qui plus fera de faict:
Par les Itales estendra son enseigne,
Regi sera par prudent contrefaict.

XXXVI Ni bien ni mal por la batalla terrestre,
ni llegará a los confines de Perusa:
Rebelde Pisa, ver malestar en Florencia,
el rey herido en noche sobre mulo de negros arreos.

XXXVII La obra antigua llegará a su fin,
desde el techo caerá sobre el grande una mala ruina:
A un inocente a muerte se le acusará,
culpable escondido, setos bajo las brumas.

XXXVIII A los deseosos de paz los enemigos,
tras haber superado Italia,
negro sanguinario, rojo será cometido,
fuego, sangre derramar, agua coloreada de sangre.

XXXIX El hijo del reino por paternal prisión,
expoliado será para libertar:
Cerca del lago Trasimeno cogido el azul,
la tropa rehén por embriagarse demasiado.

XL Grande Maguncia para aplacar gran sed,
será privado de su gran dignidad,
los de Colonia tan vivamente se lamentarán,
que el grande será lanzado de espaldas al Rhin.

XLI El segundo jefe del reino de Dinamarca,
por los de Frisia y la Isla Británica,
hará gastar más de cien mil marcos,
en una vana explotación de viaje a Italia.

XLII El reino será dejado por Logmión,
del gran Selín, que realizará un hecho más:
Por las Italias extenderá su enseña,
era regido por prudente contrahecho.

XLIII   Long temps sera sans estre habitee,
Où Signe & Marne autour vient arrouser:
De la Tamise & martiaux tentee,
Deceus les gardes en cuidant repousser.

XLIV   De nuict par Nantes Lyris apparoistra,
Des arts marins susciteront la pluye:
Arabiq goulfre grand classe parfondra,
Un monstre en Saxe naistra d'ours & truye.

XLV   Le gouverneur du regne bien sçavant,
Ne consentir voulant a faict Royal:
Mellile classe par le contraire vent
Le remettra à son plus desloial.

XLVI   Un iuste sera en exil renvoyé,
Par pestilence aux confins de Nonseggle,
Response au rouge le fera desvoyé,
Roy retirant à la Rane & à l'Aigle.

XLVII   Entre deux monts les deux grands assemblez
Delaisseront leur simulté secrette,
Brucelle & Dolle par Langres accablez,
Pour à Malignes executer leur peste.

XLVIII   La saincteté trop fainte & seductive,
Accompagné d'une langue discrete:
La cité vieille, & Parme trop hastive,
Florence & Sienne rendront plus desertes.

XLIX   De la partie de Mammer grand Pontife,
Subiuguera les confins du Danube:
Chasser les crois, par fer raffe ne riffe,
Captifs, or, bagues plus de cent milles rubes.

XLIII Estará mucho tiempo sin ser habitada,
       donde el Sena y Marne riegan sus riberas:
       Del Támesis y por marciales atacada,
       sus guardias creyéndolos rechazar.

XLIV   De la noche aparecerá el iris por Nantes,
       artilugios marinos provocarán la lluvia:
       En el abismo arábigo se hundirá la gran flota,
       en Sajonia nacerá de oso y cerda gran monstruo.

XLV   El gobernador del reino muy discreto,
       no queriendo consentir tiene propuesta real:
       Maltesa flota por el viento contrario,
       lo entregará a su más desleal.

XLVI   Un justo será devuelto al exilio,
       por pestilencia a los confines de Norucglc:
       Respuesta al rojo lo hará descarriado,
       rey retirando a la Rana y al Águila.

XLVII Entre dos montes los grandes reunidos,
       abandonarán su disimulado secreto:
       Bruselas y Dolle por Langres abrumados,
       para ejecutar su peste en Malinas.

XLVIII La santidad excesivamente fingida y seductora,
       acompañada de una lengua discreta:
       La vieja ciudad, y Parma muy prematura,
       Florencia y Siena volverán a estar desiertas.

XLIX   Del lado de Mammer gran Pontífice,
       subyugará los confines del Danubio:
       Arrojar las cruces, por hierro y pillaje,
       cautivos, oro, sortijas más de cien mil rubíes.

L   Dedans le puys seront trouvez les os,
     Sera l'inceste commis par la maratre:
     L'estat changé, on querra bruit & los,
     Et aura Mars attendant pour son astre.

LI   Peuple assemblé, voir nouveau expectacle,
     Princes & Roys par plusieurs assistans,
     Pilliers faillir, murs, mais comme miracle
     Le Roy sauvé & trente des instans.

LII   En lieu du grand qui sera condamné,
     De prison hors, son amy en sa place:
     L'espoir Troyen en six mois ioins mort né,
     Le Sol à l'urne seront peins fleuve en glace.

LIII   Le grand Prelat Celtique à Roy suspect,
     De nuict par cours sortira hors du regne:
     Par Duc fertile à son grand Roy Bretaigne,
     Bisance à Cypres & Tunes insuspect.

LIV   Au poinct du iour au second chant du coq,
     Ceux de Tunes, de Fez & de Begie,
     Par les Arabes captif le Roy Maroq,
     L'an mil six cens & sept, de Liturgie.

LV   Au chalmé Duc, en arrachant l'espence,
     Voile Arabesque voir, subit descouverte:
     Tripolis Chio & ceux de Trapesonce,
     Duc prins, Marnegro & la cité deserte.

LVI   La crainte armee de l'ennemy Narbon,
     Effrayera si fort les Hesperiques:
     Parpigna vuide par l'aveugle darbon,
     Lors Barcelon par mer donra les piques.

L En el interior de los pozos serán hallados los huesos.
El incesto será cometido por la madrastra:
El Estado cambiado, se deseará ruido y escándalo,
y tendrá marte esperando para su astro.

LI Pueblo reunido ver nuevo espectáculo,
príncipes y reyes entre muchos asistentes:
Pilares hundirse, muros, más como milagros,
el rey salvado y treinta de los siguientes.

LII En el puesto del grande que será condenado,
fuera de la prisión, su amigo en su lugar:
La esperanza del Troyano en seis meses junto muerta nacida,
el Sol en la urna serán pintados ríos en el hielo.

LIII El gran prelado céltico del rey sospechoso,
de noche saldrá fuera del reino por curso:
Por duque fértil a su gran rey de Bretaña,
Bizancio a Chipre y Túnez no sospechoso.

LIV Al despuntar el día al segundo canto del gallo,
los de Túnez, de Fez y de Begie:
Cautivo el rey de Marruecos por los árabes,
el año mil seiscientos y siete de Liturgia.

LV Al calmado duque, arrancando el espacio
vela arabesca ver, súbitamente descubierta:
Trípoli, Chíos y los de Trapesonce,
preso el duque, Marnegro y la ciudad desierta.

LVI La temida armada del enemigo Narbón,
aterrorizará mucho a las Hespéricas:
Perpiñán vaciado por el ciego darbón,
entonces Barcelona por mar dará las armas.

LVII   Celuy qu'estoit bien avant dans le regne,
        Ayant chef rouge proche à la hierarchie,
        Aspre & cruel, & se fera tant craindre,
        Succedera a sacrée monarchie.

LVIII   Entre les deux monarcques esloignez,
        Lorsque le Sol par Selin clair perdue,
        Simulté grande entre deux indignez,
        Qu'aux Isles & Sienne la liberté rendue.

LIX   Dame en fureur par rage d'adultere,
        Viendra à son Prince coniures non de dire:
        Maig bref cogneu sera la vitupere,
        Que seront mis dix sept a màrtyre.

LX   Le Prince hors de son terroir Celtique,
        Sera trahy, deceu par interprete:
        Roüan, Rochelle par ceux de l'Armorique
        Au port de Blaue deceus par moyen & prestre.

LXI   Le grand tappis plié ne monstrera,
        Fors qu'à demy la plus part de l'histoire:
        Chassé du regne loign aspre apparoistra,
        Qu'au faict bellique chacun le viendra croire.

LXII   Trop tard tous deux les fleurs seront perdües,
        Contre la loy serpent ne voudra faire:
        Des Liguers forces par fallot confrondües,
        Savone, Albingue par monech grand martyre.

LXIII   La dame seule au regne demeuree,
        L'unic estaints premier au lict d'honneur,
        Sept ans sera de douleur explorèe,
        Puis longue vie au regne par grand heur.

LVII Aquél que está desde mucho antes que el reino,
teniendo jefe rojo próximo a la jerarquía:
Áspero y cruel, y se hará tanto temer,
sucederá a la sagrada monarquía.

LVIII Entre los dos monarcas alejados,
cuando el sol por Selín claro perdido:
Gran similitud entre dos indignados,
que a las islas y Siena la libertad devuelta.

LIX Dama en furor por rabia de adulterio,
iniciará conjuras innumerables contra su príncipe:
Pero en breve será atajado el vituperio,
que diecisiete serán enviados al martirio.

LX El príncipe fuera de su territorio céltico
será traicionado, decepcionado por intérprete:
Ruán, Rochelle por los de Armónica,
en el puerto de Balue engañados por clérigos y monjes.

LXI El gran tapiz enrollado no enseñará,
más que a medias la mayor parte de la historia:
Arrojado lejos del reino áspero aparecerá,
que en el hecho bélico cada uno llegará a creerlo.

LXII Demasiado tarde los dos las flores estarán perdidas,
contra la ley serpiente no querrá actuar:
De las fuerzas aliadas por galope confundidas,
Savona, Albenga, por monje gran martirio.

LXIII La dama sólo habitará en el reino,
el único siendo el primero en el lecho del dolor:
Será atormentada durante siete años por el dolor,
luego, larga vida en el reino por gran felicidad.

LXIV On ne tiendra pache aucune arresté,
      Tous recevans iront par tromperie,
      De paix & tresve, terre & mer protesté,
      Par Barcelone classe prins d'industrie.

LXV Gris & bureau demie ouverte guerre,
      De nuict seront assaillis & pillez,
      Le bureau prins passera par la serre,
      Son temple ouvert, deux au plastre grillez.

LXVI Au fondement de la nouvelle secte,
      Seront les os du grand Romain troüivez,
      Sepulchre en marbre apparoistra couverte,
      Terre trembler en Auril, mal enfoüez.

LXVII Au grand Empire parviendra tout un autre
      Bonté distant plus de felicité:
      Regi par un issu non loing du peautre,
      Corruer regnes grande infelicité.

LXVIII Lors que soldats fureur seditieuse,
      Contre leur chef seront de nuict fer luire:
      Ennemy d'Albe soit par main furieuse,
      Lors vexer Rome, & principaux seduire.

LXIX La pitié grande sera sans loing tarder,
      Ceux qui donnoient seront contraints de prendre:
      Nuds, affamez de froid, soif, soy bander,
      Les monts passer commettant grand esclandre.

LXX Au chef du monde le grand Chyren sera,
      Plus outre apres aymé, craint, redouté:
      Son bruit & lors les cieux surpassera,
      Et du seul tiltre victeur fort contenté.

LXIV No se mantendrá tratado de paz alguno,
todos los interesados obrarán con engaños:
De paz y tregua, tierra y mar protestado,
por Barcelona flota tomada con habilidad.

LXV Gris y despacho semiabierta guerra,
de noche serán asaltados y pillados:
Despacho tomado será pasado con furia,
su templo abierto, dos asados en la parrilla.

LXVI En el fundamento de la nueva secta,
se hallarán los huesos del gran romano:
aparecerá cubierto sepulcro de mármol,
tierra temblar en Auril, mal enterrados.

LXVII Al gran imperio le sucederá otro muy diferente,
bondad alejada más de la felicidad:
Regido por uno surgido no lejos de la plebe,
corromper reinos y gran infelicidad.

LXVIII Cuando soldados con furor sedicioso,
hicieron brillar (el hierro) de noche contra su jefe:
Enemigo de Alba sea por furiosa mano,
entonces vejar Roma, y seducir a los principales.

LXIX La piedad será grande sin tardar mucho,
los que daban serán obligados a tomar:
Desnudos, muertos de frío, sed, malheridos,
los montes pasar causando gran escándalo.

LXX El gran Chyrén será el jefe del mundo,
ningún otro más amado, temido, respetado:
Su renombre y alabanzas los cielos sobrepasarán,
y del solo título de vencedor estará muy contento.

LXXI   Quand on viendra le grand Roy parenter
Avant qu'il ait du tout l'âme renduë:
Celuy qui moins le vendrá lamenter,
Par Lyons, d'Aigles, croix, couronne venduë.

LXXII   Par fureur fainte d'esmotion divine,
Sera la femme du grand fort violee:
Iuges voulans dammer telle doctrine,
Victime au peuple ignorant immolee.

LXXIII   En cité grande un moyne & artisan,
Pres de la porte logez & aux murailles,
Contre Modene secret, cave disant,
Trahis faire sous couleur d'espousaiues.

LXXIV   La dechassee au regne tournera,
Ses ennemis trouvez des coniurez:
Plus que iammais son temps triomphera,
Trois et septante à mort trop asseurez.

LXXV   Le grand pilot par Roy sera mandé,
Laisser la classe pour plus haut lieu attaindre:
Sept ans apres sera contrebandé,
Barbare armee viendra Venise craindre.

LXXVI   La cité antique d'antenoree forge,
Plus ne pouvant le tyran supporter:
Le manche fainct au temple couper gorge,
Les siens le peuple à mort viendra bouter.

LXXVII   Par la victoire du deceu fraudulente,
Deux classes une, la revolte Germaine,
Le chef meurtry & son fils dans la tente,
Florence, Imole pourchassez dans Roṁaine.

LXXI Cuando se llegue a emparentar al rey,
antes de que tenga el alma rendida del todo:
Aquel que le vendrá menos a lamentarse,
por leones, de águilas, cruz, corona vendida.

LXXII Por furor fingido de emoción divina,
será violada la mujer del gran fuerte:
Jueces queriendo condenar esa doctrina,
víctima inmolada al pueblo ignorante.

LXXIII En gran ciudad un monje y artesano,
cerca de la puerta alojado y en las murallas:
Contra Módena secreto, cauto al hablar,
hacer traicionar su color de esponsales.

LXXIV La deshechada al reino volverá,
sus enemigos hallados de los conjurados:
Más que nunca su tiempo triunfará,
tres y setenta a muerte demasiado asegurados.

LXXV El gran piloto será mandado por el rey,
dejar la armada para ocupar un puesto más alto:
Siete años después será contraatacado,
Bárbara armada vendrá Venecia a temer.

LXXVI La ciudad antigua de antenorada forja,
no pudiendo ya más al tirano soportar:
El mango disimulado al templo cortar garganta,
los suyos el pueblo a muerte vendrá a condenar.

LXXVII Por la victoria del burlado fraudulento,
de dos ejércitos uno, la revuelta Germania:
El jefe asesinado y su hijo en la tienda,
Florencia, Imola perseguidas en Romaña.

LXXVIII   Crier victoire du grand Selin croissant,
Par les Romains sera l'Aigle clamé:
Ticcin, Milan & Gennes y consent,
Puis par eux mesmes Basil grand reclamé.

LXXIX   Pres de Tesin les habitans de Loyre,
Garonne & Saone, Seine, Tain & Gironde:
Outre les monts dresseront promontoire,
Conflit donné, Pau granci, submergé onde.

LXXX   De Fét le regne parviendra à ceux d'Europe.
Feu leur cité, & lame trenchera:
Le grand d'Asie terre & mer à grand troupe,
Que bleux, pers, croix, à mort de chassera.

LXXXI   Pleurs, cris & plaints, hurlements, effrayeur,
Coeur, inhumain, cruel, noir & transy:
Leman, les Isles, de Gennes les maieurs,
Sang espancher, frofaim, à nul mercy.

LXXXII   Par les deserts de lieu libre & farouche,
Viendra errer nepveu du grand Pontife:
Assomé à sept avecques lourde souche,
Par ceux qu'apres occuperont le Cyphe.

LXXXIII   Celuy qu'aura tant d'honneur & caresses
A son entree de la Gaule Belgique,
Un temps apres fera tant de rudesses,
Et sera contre à la fleur tant bellique.

LXXXIV   Celuy qu'en Sparthe Claude ne peut régner,
Il fera tant par voye seductive:
Oue du court, long, le fera araigner,
Que contre Roy fera sa perspective.

LXXVIII Cantar victoria del gran Selín creciente,
por los romanos será el águila aclamada:
Ticino, Milán y Génova lo consienten,
después por ellos mismos Basil gran reclamado.

LXXIX Cerca de Tesín los habitantes del Loyra,
Garona y Saona, Sena, Tain, Gironda:
Más allá de las montañas erigirán un promontorio,
conflicto dado, protegido Pau, sumergida ola.

LXXX Desde Fez el reino llegará a los de Europa,
fuego su ciudad y espada cortará:
El grande de Asia tierra y mar con gran mesnada,
que azules, persas, cruz, a muerte conducirá.

LXXXI Llantos, gritos y lamentos, alaridos, espanto,
corazón inhumano, cruel, negro y despavorido:
Leman, las islas de Génova las mayores,
sangre derramada, frío, hambre, gracias a nadie.

LXXXII Por los desiertos del lugar libre y salvaje,
llegará a errar sobrino del gran Pontífice:
Descalabrado por siete obispos con pesado tronco,
por los que después ocuparán Cyle.

LXXXIII El que tendrá tanto honor y caricias,
en el momento de su entrada en la Galia belga:
Posteriormente cometerá tantas rudezas,
y estará contra la flor tan bélica.

LXXXIV El que en Esparta Claudio no puede reinar,
hará tanto por la vía de la seducción:
Que da un corto, largo, lo hará arañar,
que contra el rey elaborará sus perspectivas.

LXXXV   La grand'cité de Tharse par Gaulois
Sera destruite, captifs tous à Turban:
Secours par mer du grand Portugalois,
Premier d'esté le iour du sacre Urban.

LXXXVI   Le grand Prelat un iour apres son songe
Interpreté au rebours de son sens,
De la Gascongne luy surviendra un monge
Qui fera eslire le grand Prelat de Sens.

LXXXVII   L'Election faicte dans Francfort,
N'aura nul lieu, Milan s'opposera:
Le sien plus proche semblera si grand fort,
Qu'autre le Rhin és mareschs cassera.

LXXXVIII   Un regne grand demoura desolé,
Aupres de l'Hebro se seront assemblees:
Monts Pyrenees le rendront consolé,
Lors que dans May seront terres tremblees.

LXXXIX   Entre deux cymbes pieds & mains attachez,
De miel face oingt, & de laict substanté:
Guespes & mouches fitine amour fachez,
Poccilateurs faucer, Cyphe tenté.

XC   L'honnissement puant abominable
Apres le faict sera felicité:
Grand excusé, pour n'estre favorable,
Qu'à paix Neptune ne sera incité.

XCI   Du conducteur de la guerre navale,
Rouge effrené, severe, horrible grippe,
Captif eschappé de l'aisné dans la baste:
Quand il naistra du grand un fils Agrippe.

LXXXV   La gran ciudad de Tarsia por los galos
         será destruida, cautivos todos en Turbante:
         Ayuda por el mar del gran Portugalés,
         primero de verano, el día de San Urbano.

LXXXVI   El gran prelado un día después de su sueño,
         interpretado en contra de su sentido:
         De Gascuña le llegará un monje,
         que hará elegir al gran prelado de Sens.

LXXXVII La elección hecha en Frankfurt
         no tendrá lugar, Milán se opondrá:
         Su más cercano parecerá tan fuerte,
         que más allá del Rhin a los moros expulsará.

LXXXVIII Un gran reino quedará arrasado,
         cerca del Ebro se harán asambleas:
         Los montes Pirineos le darán consuelo,
         cuando en mayo hayan temblado las tierras.

LXXXIX   Entre dos cepos pies y manos atadas,
         de miel el rostro untado y con leche sostenido:
         Avispas y moscas fétidas, amor disgustado,
         previsiones falseadas, Cyfe tentada.

XC   El abominable apestante deshonor,
         después del hecho será felicitado:
         El gran excusado, para no ser favorable,
         que a una paz Neptuno no será incitado.

XCI   Del conductor de la guerra naval,
         rojo desenfrenado, severo, horrible aversión:
         Cautivo del mayor escapado en la basta;
         cuando nacerá del grande un hijo Agripa.

XCII Prince de beauté tant venuste,
   Au chef menee, le second faict trahy:
   La cité au glaive de poudre face aduste,
   Par trop grand meurtre le chef du Roy hay.

XCIII Prelat avare d'ambition trompé
   Rien ne sera que trop viendra cuider:
   Ses messagers, & luy bien attrapé,
   Tout au rebours voir qui le bois fendroit.

XCIV Un Roy iré sera aux sedifragne
   Quand interdicts seront harnois de guerre:
   La poison taincte au succre par le fragues
   Par eaux meurtris, morts disant serre serre.

XCV Par destracteur calomnié à puis nay,
   Quand seront faicts enormes & martiaux:
   La moindre part dubieuse à l'aisnay,
   Et tost au regne seront faicts partiaux.

XCVI Grande cité à soldats abandonnee,
   Onc n'y eut mortel tumult si proche:
   O quelle hideuse mortalité s'approche,
   Fors une offense n'y sera pardonnee.

XCVII Cinq & quarante degrez ciel bruslera,
   Feu approcher de la grand'cité neuve,
   Instant grand flamme esparse sautera
   Quand on voudra des Normans faire preuve.

XCVIII Ruyné aux Volsques de peur si fort terribles,
   Leur grand cité taincte, faict pestilent:
   Piller Sol, Lune, & violer leurs temples:
   Et les deux fleuves rougir de sang coulant.

XCII   Príncipe de belleza tan venerada,
ante el jefe conducido, el segundo hecha traición:
La ciudad con la espada de polvo faz adusta,
por un muy gran asesinato el jefe por el rey odiado.

XCIII   Prelado avaro por la ambición engañado,
nada será demasiado para que no llegue a pedir:
Sus mensajeros, y él bien atrapado,
al revés ver quién el tronco cortaría.

XCIV   El rey airado estará contra los perjuros,
cuando estén prohibidos los arneses de la guerra:
El veneno teñido al azúcar por las fresas,
por las aguas magullado, muertos diciendo «hiere, hiere».

XCV   Por detractor calumniado el después nacido,
cuando serán hechos enormes y marciales:
La mínima parte al mayor dudosa,
y pronto del reino se harán partes.

XCVI   Gran ciudad a los soldados abandonada,
nunca mortal viera tumulto tan inminente:
¡Oh, qué horrible mortandad se aproxima!
Ninguna ofensa será perdonada.

XCVII   Cinco y cuarenta grados el cielo arderá,
fuego aproximar a la nueva gran ciudad.
Instantáneamente dispersa la gran llama asaltará dispersa.
cuando se querrá de los normandos hacer una prueba.

XCVIII   Arruinada en los Vosgos por miedo tan terrible,
su gran ciudad manchada, hecha pestilente:
Caquear Sol, Luna, y violar templos,
y los dos ríos enrojecer por la sangre que corre.

XCIX L'ennemy docte se tournera confus,
      Grand camp malade, & de faict par embusches:
      Monts Pyrenées & Poenus luy seront faicts refus,
      Proche du fleuve decouvrant antiques oruches.

C Fille de l'Aure, asyle du mal sain,
      Où iusqu'au ciel se void l'amphitheatre:
      Prodige veu, ton mal est fort prochain,
      Seras captive, et des fois plus de quatre.

CENTURIE VII

I L'arc du tresor par Achilles deceu,
      Aux procrez sceu la quadrangulaire:
      Au faict Royal le comment sera sceu,
      Corps veu pendu au veu du populaire.

II Par Mars ouvert Arles le donra guerre
      De nuict seront les soldats estonnez:
      Noir, blanc à l'Inde dissimulez en terre,
      Sous la fainte ombre traistres verez & sonnez.

III Apres la France la victoire navale,
      Les Barchimons, Saillimons, les Phocens,
      Lierre d'or, l'enclume derré dedans la balle,
      Ceux de Ptolon au fraud seront consens.

IV Le Duc de Langres assiegé dedans Dolle,
      Accompagné d'Autun & Lyonois:
      Geneve, Ausbourg, ioinct ceux de Mirandole,
      Passer les monts contre les Anconnois.

XCIX El enemigo docto se volverá confuso,
gran campo enfermo y de hecho por emboscadas:
Montes Pirineos y Poeno le serán efectuadas negativas,
cerca del río descubriendo antiguas bases.

C Hija de la Aurora, asilo del malsano,
donde hasta el cielo se ve el anfiteatro:
Prodigio visto, tu mal está muy cercano,
será cautiva, y a veces más de cuatro.

CENTURIA VII

I El arco del tesoro por Aquiles engañado,
a los procesados comunicada la cuadrangular:
El cómo del hecho real será sabido,
cuerpo visto colgado según voluntad popular.

II Por Marte abierto Arles le dará la guerra
de noche serán los soldados sorprendidos:
Negro, blanco de la India disimulado en tierra,
bajo la fingida sombra veréis y escucharéis a los traidores.

III Después de Francia, la victoria naval,
los Barquinonenses, Salinones, los Focenos:
Hiedra de oro, el yunque con la bala fundida dentro,
los de Tolón estarán de acuerdo con el engaño.

IV El duque de Langres asediado en Dolle,
acompañado de Autun y lioneses:
Ginebra, Habsburgo, aliados con los de Mirandola,
atravesar los montes contra los anconetanos.

V Vin sur la table en sera respandu,
    Le tiers n'aura celle qu'il pretendoit:
    Deux fois du noir de Parme descendu,
    Perouse à Pize fera ce qu'il cuidoit.

VI Naples, Palerme & toute la Sicile,
    Par main barbare sera inhabitee,
    Corsicque, Salerne & de Sardeigne l'Isle,
    Faim, peste, guerre, fin de maux intentee.

VII Sur le combat des grands chevaux legers,
    On criera le grand croissant confond:
    De nuict tuer monts, habits de bergers,
    Abismes rouges dans le fossé profond.

VIII Flora, fuis, fuis le plus proche Romain,
    Au Fesulan sera conflict donné:
    Sang espandu, les plus grands rins à main,
    Temple ne sexe ne sera pardonné.

IX Dame à l'absence de son grand capitaine,
    Sera priee d'amor du Viceroy,
    Fainte promesse & malheureuse estreine,
    Entre les mains du grand Prince Barois.

X Par le grand prince limitrophe du Mans,
    Preux & vaillant chef du grand exercite:
    Par mer & terre de Gallots & Normans,
    Caspre passer Barcelonne pillé Isle.

XI L'enfant Royal contemnera la mere,
    Oeil, pieds blessez, rude inobeissant,
    Nouvelle à dame estrange & bien amere,
    Seront tuez des siens plus de cinq cens.

V Vino sobre la mesa será derramado,
el tercero no tendrá lo que prentendía:
Dos veces el negro de Parma descendido,
Perusa a Pisa hará lo que anhelaba.

VI Nápoles, Palermo y toda Sicilia,
por mano bárbara serán inhabitables,
Córcega, Salerno y de Cerdeña la isla,
hambre, peste, guerra, fin de los males intentada.

VII En el combate de los caballos ligeros,
se gritará el gran creciente confundido:
De noche matar en las montañas refugios de pastores,
abismos rojos en el foso profundo.

VIII Flora, huye, huye más cercano el romano,
en Fesulán habrá conflicto:
Sangre esparcida, los más grandes capturados con la mano,
ni templo ni sexo serán perdonados.

IX La dama en ausencia de su gran capitán
será suplicada de amor por el virrey,
falsa promesa y desgraciado presente,
entre las manos del gran príncipe Barés.

X Por el gran príncipe vecino de Mans,
bravo y valiente jefe del gran ejército:
Por mar y tierra de galos y normandos,
pasar más allá de Barcelona e isla saqueada.

XI El infante real despreciará a la madre,
ojo, pies heridos, rudo desobediente:
Nuevas a la dama extraña y bien amargas,
serán muertos de los suyos más de quinientos.

XII   Le grand puisnay fera fin de la guerre.
      Aux dieux assemble les excusez:
      Cahors, Moissac iront loing de la serre,
      Refus Lestore, les Angenois rasez.

XIII De la cité marine & tributaire
      La teste raze prendra la satrapie:
      Chasser sordide qui puis sera contraire,
      Par quatorze ans tiendra la tyrannie.

XIV   Faux exposer viendra topographie,
      Seront les cruches des monuments ouvertes:
      Pulluler secte, saincte philosophie,
      Pour blanches, noire & pour antiques vertes.

XV   Devant cité de l'Insubre contree,
      Sept sera le siege devant mis:
      Le tresgrand Roy y fera son entree,
      Cité plus libre hors de ses ennemis.

XVI   Entree profonde par la grande Royne faicte
      Rendra le lieu puissant inaccessible:
      L'armee des trois Lyons sera deffaite,
      Faisant dedans cas hideux & terrible.

XVII Le Prince rare de pitié & clemence
      Viendra changer par mort grand cognoissance:
      Par grand repos le regne travaillé,
      Lors que le grand tost sera estrillé.

XVIII Les assiegez couloureront leurs paches,
      Sept iours apres feront cruelle issuë,
      Dans repoulsez, feu sang. Sept mis à l'hache
      Dame captive qu'avoit la paix tissuë.

XII El gran segundón pondrá fin a la guerra,
a los dioses reunidos los excusados:
Cahors, Moissac irán lejos de la sierra,
rechazado Lestore, los Angenois destruidos.

XIII De la ciudad marina y tributaria,
la testa rasa tomará la satrapía:
Expulsar sórdido que después será contrario,
por catorce años tendrá la tiranía.

XIV Falsa exposición se convertirá en topografía,
serán abiertos los féretros en los templos:
pulular de sectas, santa filosofía,
por blancas, negra y por antiguas verdes.

XV Ante la ciudad de la comarca de Insubria,
siete durará el asedio iniciado delante:
El muy grande rey hará en ella su entrada,
ciudad más libre fuera de sus enemigos.

XVI Entrada profunda por la gran reina hecha,
convertirá el lugar en poderoso e inaccesible:
El ejército de los tres leones será deshecho,
provocando dentro un caos horroroso y terrible.

XVII El príncipe raro de piedad y clemencia,
vendrá a cambiar por muerte gran conocimiento:
Por gran reposo el reino trabajado,
cuando el grande será castigado pronto.

XVIII Los sitiados camuflarán sus armas,
siete días después harán cruel salida:
Mientras rechazados, fuego y sangre, siete muertos
                                    [con el hacha,
dama cautiva que habrá tejido la paz.

XIX Le fort Nicene ne sera combatu,
   Vaincu sera par rutilant metal,
   Son faict sera un long temps debatu,
   Aux citadins estrange espouvantal.

XX Ambassadeurs de la Toscane langue,
   Avril & May Alpes & mer passee,
   Celuy de veau exposera l'harangue,
   Vie Gauloise ne venant effacer.

XXI Par pestilente inimitié Volsicque,
   Dissimulee chassera le tyran,
   Au pont de Sorgues se fera la traffique,
   De mettre à mort luy & son adherant.

XXII Les citoyens de Mesopotamie
   Irez encontre amis de Terraconne,
   Ieux, rits, banquets, toute gent endormie
   Vicaire au Rosne, prins cité, ceux de d'Ausone.

XXIII Le Royal sceptre sera contrainct de prendre
   Ce que ses predecesseurs avoyent engagé,
   Puis que l'anneau on fera mal entendre,
   Lors qu'on viendra le palais saccager.

XXIV L'ensevely sortira du tombeau,
   Fera de chaines lier le fort du pont,
   Empoisonné avec oeufs de Barbeau,
   Grand de Lorraine par le Marquis du Pont.

XXV Par guerre longue tout, l'exercice expuiser,
   Que pour soldats ne trouveront pecune,
   Lieu d'or, d'argent, cuir on viendra cuser,
   Gaulois aerain, signe croissant de Lune.

XIX El fuerte Niceno no será combatido,
vencido será por rutilante metal:
Su hecho será por largo tiempo debatido,
para los ciudadanos extraño espantajo.

XX Embajadores de la Toscana lengua,
abril y mayo, Alpes y mar pasados:
Aquél de becerro expondrá la arenga,
vida gálica no viniendo a eclipsar.

XXI Por pestilente enemistad Vólsica,
disimulada expulsará el tirano:
En el puente de Sorgues se hará el tráfico,
de llevar a la muerte a él y a su secuaz.

XXII Los ciudadanos de Mesopotamia
irán al encuentro de amigos de Tarragona:
Juegos, ritos, banquetes, toda la gente adormilada,
vicario en el Ródano, capturada ciudad, aquellos de Ausonia.

XXIII El centro real se verá obligado a tomar,
lo que sus predecesores habían pretendido:
Después de que el anillo se hará oír mal,
cuando se venga a saquear el palacio.

XXIV El sepultado saldrá de la tumba,
hará con cadenas atar el fuerte al mar:
Envenenado con huevos de Barbio,
grande de Lorena para el marqués du Pont.

XXV Por tan larga guerra el tesoro gastado,
que para los soldados no habrá peculio:
En lugar de oro y plata, cuero se llegará a acuñar,
bronce galo, símbolo creciente de la Luna.

XXVI   Fustes & galeres autour de sept navires,
Sera livree une mortelle guerre,
Chef de Madrid recevra coup de vires,
Deux eschapees, & cinq menees à terre.

XXVII   Au cainct de Vast la grand cavalerie,
Proche à Ferrage empeschee au bagage,
Prompt à Turin feront tel voleire,
Que dans le fort raviront leur hostage.

XXVIII   Le capitaine conduira grande proye
Sur la montaigne des ennemis plus proche:
Environné, par feu fera telle voye
Tous eschappez, or trente mis en broche.

XXIX   Le grand Duc d'Albe se viendra rebeller,
A ses grands peres fera le tradiment:
Le grand de Guise le viendra debeller,
Captif mené & dressé monument.

XXX   Le sac s'approche, feu, grand sang espandu,
Po, grand fleuves, aux bouviers l'entreprinse
De Gennes, Nice apres long attendu,
Foussan, Turin, à Sauillan la prinse.

XXXI   De Languedoc, & Guienne plus de dix
Mille voudront les Alpes repasser:
Grands Allobroges marcher contre Brundis,
Aquin & Bresse les viendront recasser.

XXXII   Du mont Royal naistra d'une casane,
Qui cave, & compte viendra tyranniser,
Dresser copie de la marche Millane,
Fauence, Florence d'or & gens espuiser.

XXVI   Fustas y galeras en torno a siete navíos,
será librada una guerra mortal:
El jefe de Madrid recibirá golpe de varones,
dos escapados y cinco llevados a tierra.

XXVII   Al lado de Vasto la gran caballería,
cerca de Ferrara impedida por el bagaje:
Pronto en Turín harán tal robo,
que en el fuerte raptarán sus rehenes.

XXVIII   El capitán dirigirá gran rapiña,
sobre la montaña de los enemigos más cercana:
Rodeado por fuego hará tal vía,
todos fugados, ahora bien treinta llevados al asador.

XXIX   El gran duque de Alba llegará a rebelarse,
a sus antepasados les hará traición:
El grande de Guisa llegará a vencerle,
cautivo llevado y erigido monumento.

XXX   El saqueo se acerca, fuego, mucha sangre derramada,
Po, grandes ríos, de los boyeros de la empresa,
de Génova, Niza después de larga espera.
Fossar, Turín, de Savillán presa.

XXXI   De Languedoc, y Guyena más de diez,
mil querrán los Alpes atravesar de nuevo:
Grandes Alóbroges ir contra Brundis,
Aquin y Bresse volverán a ser recuperadas.

XXXII   Del monte real nacerá de una prosapia,
quien cava, y cuenta vendrá a tiranizar.
Erigir copias de la marcha Millane,
Favencia, Florencia, de oro y gentes agotar.

XXXIII Par fraude regne, forces expolier,
La classe obsesse, passages à l'espie,
Deux saincts amis se viendront t'allier,
Esveiller hayne de longtemps assoupie.

XXXIV En grand regret sera là gent Gauloise,
Coeur vain, leger croira temerité:
Pain sel, ne vin, eau, venin ne cervoise,
Plus grand captif, faim, froid, necessité.

XXXV La grande pesche viendra plaindre, plorer,
D'avoir esleu, trompez seront en l'aage:
Guiere avec eux ne voudra demourer,
Deceu sera par ceux de son langage.

XXXVI Dieu, le ciel, tout le divin verbe à l'onde,
Porté par rouges sept razes à Bizance,
Contre les oingts trois cens de Trebisconde
Deux loix mettront, & horreur, puis credence.

XXXVII Dix envoyez, chef de nef mettre à mort,
D'un adverty, en classe guerre ouverte,
Confusion chef, l'un se picque & mord,
Leryn, stecades nefs, cap dedans la nerte.

XXXVIII L'aisné Royal sur coursier voltigeant,
Picquer viendra, si rudement courir,
Gueulle, lipee, pied dans l'estrein pleignant
Traîné, tiré, horriblement mourir.

XXXIX Le conducteur de l'armee Françoise,
Cuidant perdre le principal phalange,
Par sus pavé de l'avaigne & d'ardoise,
Soy parfondra par Gennes gent estrange.

XXXIII Por fraude reina, fuerzas expoliar,
la flota obsesionada, pasajes a la espía,
dos santos amigos vendrán a aliársele,
despertar odio durante largo tiempo adormecido.

XXXIV El gran pesar estará allá la gente gala,
corazón vano, ligero creerá temeridad:
Pan, sal, no vino, agua, veneno ni cerveza,
más grande cautivo, hambre, frío, necesidad.

XXXV La gran lonja se lamentará, llorará,
de haber elegido, equivocados estarán en la edad:
Caudillo con ellos no querrá residir,
defraudado será por los de su lengua.

XXXVI Dios, el cielo, todo el verbo divino en onda,
llevado por siete rojos ruinas a Bizancio,
contra los ungidos trescientos de Trebisonda,
dos leyes impondrán, y horror, después creencia.

XXXVII Diez enviados, jefe de nave condenar a muerte,
por uno advertido, en el ejército guerra abierta:
Confusión, jefe, uno se pincha y muerde,
Leryn, varadas naves, jefe dentro de la nerte.

XXXVIII El primogénito real sobre corcel caracoleando,
zaherido vendrá, de tan duro correr:
Boca, labio, pie en el estribo lamentando,
arrastrado, tirado, horriblemente morir.

XXXIX El conductor del ejército francés
evitando de perder la principal falange:
Por encima del pavimento de roca y pizarra,
afondará por Génova gente extranjera.

XL Dedans tonneaux hors, oingts d'huile & greffe,
Seront vingt un devant le port fermez:
Au second guet par mort feront proüesse,
Gaignez les portes, & du guet assommez.

XLI Les os del pieds & des mains enserrez,
Par bruit maison Long temps inhabitee,
Seront par songes concavant deterrez,
Maison salubre & sans bruit habitee.

XLII Deux de poisson saisis nouveaux venus,
Dans la cuisine du grand Prince verser,
Fera par Praytus Bellorophon mourir,
Prins qui cuidoit de mort l'aisné vexer.

CENTURIE VIII

I Pau, nay, Loron plus feu qu'à san sera,
Laude nager, fuir grand aux surrez:
Les agassas entree refusera,
Pampon, Durance les tiendra enserrez.

II Condon & aux & autor de Mirande
Ie voy du ciel feu qui les environne:
Sol Mars conioint au Lyon, puis Marmande
Foudre, grand gresle, mur tombe dans Garonne.

III Au fort chateau de Vigilanne & Resviers
Sera serré le puisnay de Nancy:
Dedans Turin seront ards les premiers
Lors que de dueil Lyon sera transy.

XL Dentro de toneles por fuera untados de aceite y grasa,
será veintiuno ante el puerto cerrado:
En la segunda ronda harán proeza,
ganadas las muertas, y los de la ronda matados.

XLI Los huesos de los pies y de las manos apretados,
por ruido casa largo tiempo deshabitada:
Estarán por sueños cavando desenterrados,
casa salubre y sin ruido habitada.

XLII Dos de los peces capturados por los recién llegados,
en la cocina del gran príncipe entregar:
Por el desagüe los dos al hecho conocidos,
preso quien trata al primogénito vejar.

CENTURIA VIII

I Pau, nacido, Loron más a fuego que a sangre será,
laude nadar, huir el grande de los perseguidores:
Los acosará e ingreso rechazará,
Pampón, Duranza los tendrá encerrados.

II Condon y Aux y alrededor de Miranda,
yo veo del cielo fuego que los rodea:
Sol, Marte unido despúes Marmanda,
rayo, gran pedrisco, muro cae en Garona.

III En el castillo fuerte de Vigilanne y Resviers
será encerrado el recién nacido en Nancy:
Dentro de Turín serán quemados los primeros
cuando de duelo Lyon estará transido.

IV Deans Monech le Coq sera receu,
    Le Cardinal de France apparoistra
    Par legation Romain sera deceu
    Foiblesse à l'Aigle, & force au Coq naistra.

 V Apparoistra temple luisant orné,
    La lampe & cierge à Borne & Bretueil.
    Pour la Lucerne le canton destorné,
    Quand on verra le grand Coq au cercueil.

VI Clarté fulgure à Lyon apparante
    Luysant, print Malte, subit sera estainte:
    Sardon, Mauris traitera decevante,
    Geneve à Londres à Coq trahison fainte.

VII Verveil, Milan donra intelligence
     Dedans Tycin sera faite la playe.
     Courir par Seine eau, sang, feu par Florence,
     Unique choix d'hault en bas faisant maye.

VIII Pres de Linterne, dans de tonnes fermez,
      Chiuaz fera pour l'Aigle la menee,
      L'esleu cassé luy ses gens enfermez,
      Dedans Tutin rapt espouse emmenee.

IX Pendant que l'Aigle & le Coq à Savone
    Seront unis, Mer, Levant & Ongrie,
    L'armee à Naples, Palerme, Marque d'Ancone,
    Rome, Venise par Barbe horrible crie.

 X Puanteur grande sortira de Lausanne,
    Qu'on ne sçaura l'origine du fait:
    Lon mettra hors toute le gent loingtaine,
    Feu veu au ciel, peuple estranger desfait.

IV   En el interior de Monech el Gallo será recibido,
el cardenal de Francia aparecerá
Por la legación romana será engañado,
debilidad del Águila, y fuerza del Gallo nacerá.

V   Aparecerá templo relucientemente
la lámpara y el cirio en Borne y Bretueil.
Por Lucerna el cantón desviado,
cuando se verá el gran Gallo en el féretro.

VI   Claridad fulgurante en Lyon aparece
brillante, Malta ocupada, súbitamente será apagada:
Sardos, moriscos, tratará engañando,
Ginebra con Londres al Gallo traición fingida.

VII   Verceil, Milán dará inteligencia.
En el interior de Tycin será hecha la herida:
Correr por Senaagua, sangre, fuego por Florencia,
una elección de arriba hacia abajo haciendo buen tiempo.

VIII   Cerca de Linterna, en toneles cerrados,
Chivaz hará para el Águila la intriga:
El elegido, quebrantado él, sus gentes encerradas.
Dentro de Turín rapto esposa conducida.

IX   Mientras el Águila y el Gallo en Savona
estarán unidos, mar, Levante y Hungría:
El ejército en Nápoles, Palermo, Marca de Ancona,
Roma, Venecia por Barba horrible grita.

X   Pestilencia grande surgirá en Lausana,
que no se sabrá el origen del acontecimiento:
Se arrojará fuera a toda la gente lejana,
fuego divisado en el cielo, pueblo extranjero deshecho.

XI   Peuple infiny paroistra à Vicence
Sans force, feu brusler la basilique:
Pres de Lunage desfait grand de Valence,
Lors que Venise par morte prendra pique.

XII   Apparoistra aupres de Buffalore
L'haut & procere entré dedans Milan,
L'abbé de Foix avec ceux de Sainct Morre
Feront la forbe habillez en vilan.

XIII   Le croisé frere par amour effrenee
Fera par Praytus Bellorophon mourir,
Classe à mil ans la femme forcenee
Beu le breuvage, tous deux apres perir.

XIV   Le grand credit d'or & d'argent l'abondance
Fera aveugler par libide l'honneur
Sera cogneu d'adultère l'offence,
Qui parviendra à son grand deshonneur.

XV   Vers Aquilon grands efforts par hommasse
Presque l'Europe & l'univers vexer,
Les deux eclyses mettra en telle chasse,
Et aux Pannons vie & mort renforcer.

XVI   Au lieu que Hieron feit sa nef fabriquer
Si grand deluge sera & si subite,
Qu'on n'aura lieu ne terres s'ataquer,
L'onde monter Fesulan Olympique.

XVII   Les bien aisez subit seront desmis,
Par les trois freres le monde mis en trouble:
Cité marine saisiront ennemis,
Faim, feu, sang, peste, & de tous maux le double.

XI   Pueblo infinito aparecerá en Vicense
sin fuerza, fuego quemar la basílica:
Cerca de Lunage derrotado grande Valence,
cuando Venecia por muerte tome arma.

XII   Aparecerá después de Buffalore
el alto prócer entrado en Milán,
el abad de Foix con los de San Morre,
harán bribonadas con hábitos de villano.

XIII   El cruzado hermano por amor desenfrenado
hará por Preto a Bellorofón morir,
tropas de mil años la mujer furiosa
bebe el brebaje, ambos morir después.

XIV   El gran crédito de oro y plata en abundancia,
cegará por codicia al honor,
será conducida de adulterio la ofensa,
que conducirá a su gran deshonor.

XV   Hacia Aquilón grandes esfuerzos de masas humanas,
casi Europa y el Universo vejar,
a las dos iglesias pondrá en tal aprieto,
y a los Panonios vida y muerte reforzar.

XVI   En el lugar donde Hierón hizo su nave fabricar
tan gran diluvio habrá y tan súbito,
que no habrá lugar ni tierras en las que cobijarse.
la ola alcanzará Fesulano Olímpico.

XVII   Los bien acomodados súbitamente serán desposeídos,
por los tres hermanos el mundo puesto en turbación:
Ciudad marina cogerán los enemigos,
hambre, fuego, sangre, peste y todos los males el doble.

XVIII De Flore issue de sa mort sera cause,
Un temps devant par ieusne & vieille bueyre:
Par les trois lys luy feront telle pause,
Par son fruit fauve comme chair crue mueyre.

XIX A soustenir la grand cappe troublee,
Pour l'esclaircir les rouges marcheront,
De mort famille sera presque accablee,
Les rouges rouges le rouge assommeront.

XX Le faux message par election fainte
Courir par urben rompue pache arreste,
Voix acheptees, de sang chapelle tainte,
Et à un autre l'empire contraicte.

XXI Au port de Agde trois fustes entreront
Portant l'infect, noy foy, & pestilence,
Passant le pont mil milles embleront,
Et le pont rompre à tierce resistance.

XXII Gorsan, Narbonne, par le sel advertir,
Tucham, la grace Parpignan trahie,
La ville rouge n'y voudra consentir,
Par haute vol drap gris vie faillie.

XXIII Lettres trouvees de la Royne les coffres,
Point de subcrit sans aucun nom d'auteur:
Par la police seront cachez les offres,
Qu'on ne sçaura qui sera la'mateur.

XXIV Le lieutenant à l'entree de l'huys
Assomera le grand de Parpignan,
En se cuidant sauver à Montpertuis,
Sera deceu bastard de Losignan.

XVIII De Flora salido de su muerte será causa,
un tiempo antes por joven y vieja confusión:
Por los tres lises le harán tal pausa,
por su fruto silvestre como carne cruda y madura.

XIX Al sostener la gran capa enturbiada,
para aclararla los rojos irán:
De muerte familiar será casi oprimida,
los rojos rojos al rojo descalabrarán.

XX El falso mensaje por elección fingida,
correr por urbe destrozada esperanza perdida:
Voces aceptadas, de sangre capilla teñida,
y a otro el imperio entregado.

XXI En el puerto de Adge tres fustas entrarán,
levantando la infección, no fe, y pestilencia:
Pasando el puente mil millares temblarán,
y el puente romper hasta la tercera resistencia.

XXII Gorsan, Narbona, por la sal advertir,
Tuchan, la gracia Perpiñán traicionada,
la ciudad roja no querrá consentir,
por gran robo paño gris vida quebrada.

XXIII Cartas halladas en los cofres de la reina,
nada de firma y sin ningún nombre de autor:
Por la Policía serán ocultados los presentes,
de forma que no se sabrá quien sea el amante.

XXIV El teniente de la entrada del portal
aniquilará al grande de Perpiñán,
tratando de salvarse en Monpertuis,
será engañado el bastardo de Losignan.

XXV   Coeur de l'amant ouvert d'amour fertive
Dans le ruisseau fera ravir la Dame:
Le demy mal contrefera lassive,
Le pere à deux privera corps de l'ame.

XXVI   De Caton es trouvez en Barcelonne,
Mys descouvers lieu, terrovers & luyne,
Le grand qui tient ne tient voudra Pamplonne,
Par l'abbage de Monferrat bryne.

XXVII   La voye auxelle l'un sur l'autre fornix
Du muy deser hors mis brave et genest,
L'escript d'Empereur de Phenix
Uru à celuy ce qu'a nul autre n'est.

XXVIII   Les simulacres d'or & d'argent enflez,
Qu'apres le rapt au feu furent iettez,
Au descouvert estaincts tous & troublez,
Au marbre escript, perscript interiettez.

XXIX   Au quart pillier l'on sacre à Saturne,
Par tremblant terre & deluge fendu:
Soubs l'edifice Saturnin trouvee urne,
D'or Capion ravy & puis rendu.

XXX   Dedans Tholoze non loing de Beluzer,
Faisant un puys long, palais d'espectacle,
Thresor trouvé, un chacun ira vexer,
Et en deux locz tout & pres de l'usacle.

XXXI   Premier grand fruict le Prince de Persquiere,
Mais puis viendra bien & cruel malin,
Dedans Venise perdra sa gloire fiere,
Et mis à mal par plus ioyce Celin.

XXV Corazón del amante abierto de amor ferviente
en el arroyo encantará a la dama:
El medio mal falseará cansada,
el padre a los dos privará cuerpos del alma.

XXVI De Catón es encontrado en Barcelona,
puesto en lugar abierto, pedregoso y alejado,
el grande que tiene y no tiene querrá Pamplona,
por la abadía de Montserrat brumas.

XXVII La vía en la cual uno sobre otro fornican
puesto fuera del más desierto bravo y con agallas,
el escrito del emperador de Fénix
Uru a quien lo que para ningún otro es.

XXVIII Los simulacros de oro y plata inflad,
que después del rapto al fuego fueron arrojados,
al descubierto extinguidos todo y enturbiados,
en el mármol esculpido, lo prescrito interponed.

XXIX En la cuarta columna donde se venera a Saturno,
por temblante tierra y diluvio interrumpido:
Bajo el edificio Saturnino hallada urna,
de oro Capión dichoso y luego rendido.

XXX En el interior de Toulouse no lejos de Beluzer,
haciendo un pozo lejos, palacio del espectáculo,
tesoro encontrado, cada uno irá a vejar,
y en dos lugares todo y no lejos del templo.

XXXI Primer gran fruto del príncipe de Persquiere,
pero luego vendrá un grande y cruel maligno,
en Venecia perderá su gloria orgullosa,
y degradado por el más alegre Celino.

XXXII   Garde toy Roy Gaulois de ton nepveu,
       Qui fera tant que ton unique fils
       Sera meurtry à Venus faisant voeu,
       Accompagné de nuict que trois & six.

XXXIII   Le grand naistra de Veronne & Vincence,
       Qui portera un surnom bien indigne:
       Qui à Venise voudra faire vengeance,
       Luy mesme prins homme du guet & signe.

XXXIV   Apres victoire du Lyon au Lyon
       Sus la montagne de Ivra Secatombe,
       Delves & brodes septiesme million,
       Lyon, Ulme à Mausol mort & tombe.

XXXV   Dedans l'entree de Garonne & Bayse,
       Et la forest non loing de damazan,
       Du marsaves gelees, puis gresle & bize,
       Dordonnois gelle par erreur de Mezan.

XXXVI   Sera commis conte oindre aduché
       De Saulne & sainct Aulbin & Bel l'oeuvre:
       Paver de marbre de toures loing espluche
       Non bleteran resister & chef d'oeuvre.

XXXVII   La forteresse aupres de la Tamise
       Cherra par lors, le Roy dedans serré,
       Aupres du pont sera veu en chemise
       Un devant mort, puis dans le fort barré.

XXXVIII   Le Roy de Bloys dans Avignon regner,
       Une autre fois le peuple emonopolle,
       Dedans le Rosne par mer fera baigner
       Iusques à cinq le dernier pres de Nolle.

XXXII   Guárdate rey galo de tu sobrino,
que hará tanto que tu único hijo,
será asesinado en Venus haciendo votos,
acompañado de noche por tres y seis.

XXXIII   El grande nacerá de Verona y Vicenze,
que llevará un apodo muy indigno:
Quien es Venecia querrá tener venganza,
el mismo considerado hombre de acecho y signo.

XXXIV   Después de la victoria de Lyon sobre Lyon
en la montaña de Jura hecatombe:
Delves y Brodes séptimo millón,
Lyon, Ulm en Mansol muerte y tumba.

XXXV   En la entrada del Garona y Bayse,
y el bosque no apartado de Damazán:
Marismas heladas, después de granizo y viento frío,
hielo en Dordonia por error de Mezán.

XXXVI   Será encargado ungir conde proclamado,
de Saulne y San Albino y Bel la obra:
Pavimentar de mármol desde torres otea,
No conseguirán resistir y obra maestra.

XXXVII   La fortaleza próxima al Támesis,
caerá por aquella época, el rey dentro encerrado,
junto al mar será visto en camisa,
uno delante muerto, después en el fuerte atrincherado.

XXXVIII   El rey de Blois en Aviñón reinar,
otra vez el pueblo en monopolio,
en el Ródano por el mar hará bañar
hasta cinco justo el último cerca de Nolle.

XXXIX Qu'aura esté par Prince Bizantin,
Sera tollu par Prince de Tholouse:
La foy de Foix par le chef Tholentin,
Luy faillira, ne refusant l'espouse.

XL Lesang du Iuste par Taurer la daurade,
Pour se venger contre les Saturnins,
Au nouveau lac plongeront la maynade,
Puis marcheront contre les Albanins.

XLI Esleu sera Renard ne sonnant mot,
Faisant le saint public vivant pain d'orge,
Syrannisera pres tant à un coq,
Mettant à pied des plus grands sur la gorge.

XLII Par avarice, par force & violence
Viendra vexer les siens chefs d'Orleans,
Pres sainct Memire assault & resistance,
Mort dans sa tante diront qu'il dort leans.

XLIII Par le decide de deux choses bastards,
Nepveu du sang occupera le regne,
Dedans lectoyre seront les coups de dards,
Nepveu par pleur pleira l'enseigne.

XLIV Le procree naturel d'Ogmion,
De sept à neuf du chemin destorner
A roy de longue & amy aumuy hom,
Doit à Navarre fort de Pau prosterner.

XLV La main escharpe & la iambe bandee,
Longs puis nay de Calais portera,
Au mot du guet la mort sera tardee,
Puis dans le temple à Pasques saignera.

XXXIX Quien habrá estado por príncipe bizantino,
será expulsado por príncipe de Toulouse:
La fe de Foix por el jefe Tolentino,
le fallará, no repudiando a la esposa.

XL La sangre del justo por Taurer la dorada,
para vengarse contra los saturninos,
en el nuevo lago sumergirán la mesnada,
después marcharán contra los albanos.

XLI Elegido será Renard sin sonar palabra alguna,
demostrando su santidad públicamente, viviendo de
[pan de cebada.
Tiranizará luego tanto como un gallo,
poniendo el pie sobre la garganta de los más grandes.

XLII Por avaricia, por fuerza y violencia,
llegará a vejar a los suyos jefes de Orleáns,
cerca de San Memir asalto y resistencia,
muerto en su tienda dirán que duerme en diván.

XLIII Por la decisión de dos cosas bastardas,
sobrino de sangre ocupará el reino,
en el lictorio serán los flechazos,
sobrino con llanto arriará la enseña.

XLIV El hijo natural de Ogmión,
de siete a nueve del camino desviar:
A rey de larga y amigable amistad para la gente,
debe Navarra fuerte de Pau prosternar.

XLV La mano escarpada y la pierna vendada,
largos después nacido de Calais llevará,
con la palabra de contraseña la muerte será retrasada,
después en el templo en Pascua sangrará.

XLVI Pol mensolee mcurra trois lieües du rosne,
    Fuis les deux prochains tarasc destrois:
    Car Mars fera le plus horrible trosne,
    De coq & d'aigle de Grance freres trois.

XLVII Lac Trasmenien portera tesmoignage,
    Des coniurez sarez dedans Perouse,
    Un despolle contrefera le sage,
    Tuant Tedesq le sterne & minuse.

XLVIII Saturne en Cancer, Iupiter avec Mars,
    Dedans Fevrier Caldondons salvaterre:
    Sault Castallon assailly de trois pars,
    Pres de Verbiesque conflit mortelle guerre.

XLIX Satur au beuf ioue en l'eau, Mars en fleiche,
    Six de Février mortalité donra,
    Ceux de Sardaigne à Bruge si grand breche
    Qu'à Ponteroso chef Barbarir mourra.

L La pestilente l'e'ntour de Capadille,
    Une autre faim pres de Sagon s'apreste:
    Le chevalier bastard de bon senille,
    Au grand de Thunes fera trancher la teste.

LI Le Bizantin faisant oblation,
    Apres avoir Cordube à soy reprinse:
    Son chemin long repos pamplation;
    Mer passant proy par la Golongna prinse.

LII Le Roy de Bloys dans Avignon regner,
    D'Amboize & seme viendra le long de Lyndre:
    Ongle à Poytiers sainctes aisles ruiner
    Devant Boni... (vers incomplet)

XLVI   Pablo Mensole morirá a tres leguas del Ródano,
huye las dos próximas tarascas destruidas:
Porque Marte hará el más horrible trono,
de gallo y de águila de Francia hermanos tres.

XLVII   Lago Trasimeno aportará el testimonio,
los conjurados se hallarán dentro de Perusa,
uno de ellos se fingirá juicioso,
matando al tedesco por el esternón y el rostro.

XLVIII   Saturno en Cáncer, Júpiter con Marte,
dentro de febrero Caldondon salva tierra:
Asalto a Castallón asediado por tres flancos,
cerca de Verbiesque conflicto mortal guerra.

XLIX   Saturno en buey juega en el agua, Marte en flecha,
seis de febrero, mortalidad traerá,
los de Cerdeña de Brujas tan grande brecha
que en Ponteroso jefe Barbarino morirá.

L   La pestilencia alrededor de Capadille,
otra hambre cerca de Sagón se prepara:
El caballero bastardo de buen anciano,
al grande de Túnez hará cortar la cabeza.

LI   El bizantino haciendo ofrenda,
después de haber reconquistado Córdoba:
Su camino largo reposo tomado,
mar atravesado proa por la colonia ocupada.

LII   El rey de Blois en Aviñón reinar,
de Amboise y senilla vendrá a lo largo del Lindre:
Uña en Potiers santas alas arruinar
delante Boni... (*verso incompleto en la versión original*)

LIII   Dedans Bologne voudra laver ses fautes,
Il ne pourra au temple du soleil,
Il volera faisant choses si haultes,
En hierarchie n'en fut oncq un pareil.

LIV   Soubs la couleur du traicte mariage,
Fait magnanime par grand Chyren Selin,
Quintin, Arras recouvrez au voiage
D'espagnols fait second banc macelin.

LV   Entre deux fleuves se verra enserré,
Tonneaux & caques unis à passer outre,
Huict ponts rompus chef a tant enserré,
Enfans parfaicts son iugulez en coultre.

LVI   La bande foible le terre occupera.
Ceux du hault lieu feront horribles cris,
Le gros troupeau d'estre coin troublera,
Toxnbe pres D. nebro descouvers les escris.

LVII   De soldat simple parviendra en empire,
De robe contre parviendra à la longue
Vaillant aux armes en eglise ou plus pyre,
Vexer les prestres comme l'eau fait l'esponge.

LVIII   Regne en querelle aux freres divisé,
Prendre les armes & le nom Britanique,
Tistre Anglican sera tard advisé,
Surprins de nuict mener à l'air Gallique.

LIX   Par deux fois hault, par deux fois mis à bas
L'orient aussi l'occident foiblira
O on adversaire apres plusieurs combats,
Par mer chassé au besoing faillira.

LIII   En Bolonia querrá expiar sus culpas,
no podrá en el templo del sol,
volará haciendo cosas tan altas,
en jerarquía no hubo uno a otro parecido.

LIV   Bajo el aspecto del tratado matrimonial,
hecho magnánimo por gran Chyrén Selín,
Quintín, Arrás recobrado en viaje,
de españoles hecha segunda gran matanza.

LV   Entre dos ríos se verá encerrado,
toneles y barriles unidos para pasar otra,
ocho puentes rotos en jefe en tanto encerrado,
niños perfectos son degollados con cuchillo.

LVI   La banda débil ocupará la tierra.
Los del alto lugar proferirán horribles gritos:
El gran rebaño de seres en una esquina turbará,
tumba cerca D. *nebro* descubiertos los escritos.

LVII   De soldado simple llegará al imperio,
de ropa corta llegará a la larga:
Valiente con las armas en la iglesia a los peor,
vejar a los sacerdotes como el agua hace con la esponja.

LVIII   Reino en querella a los hermanos ha dividido,
tomar las armas y el nombre británico,
título anglicano será tardíamente avisado,
sorprendido de noche guiar el aire gálico.

LIX   Por dos veces arriba, por dos veces puesto abajo.
El Oriente también el Occidente desfallecerá,
y cada adversario después de varios combates,
por mar expulsado por necesidad cederá.

LX   Premier en Gaule, premier en Romanie,
Par mer & terre aux Angloys & Paris
Merveilleux faits par celle grand mesnie
Violant terax perdra le Norlaris.

LXI   Iamais par le decouvrement du iour,
Ne parviendra au signe sceptrifere:
Que tous ses sieges ne soient en seiour,
Portant au coq don du Tao armifere.

LXII   Lors qu'on verra expiler le saint temple,
Plus grand du rosne leurs sacrez prophaner:
Par eux naistra pestilence si ample,
Roy fuit iniuste ne fera condamner.

LXIII   Quand l'adultere dlessé sans coup aura
Meurdry la femme & le fils par despit,
Femme assoumee l'enfant estranglera:
Huict captifs prins, s'estouffer sans respit.

LXIV   Dedans les Isles les enfans transporterez,
Les deux de sept seront en desespoir,
Ceux du terroüer en seront suppertez,
Nom, pelle prins des ligues fuy l'espoir.

LXV   Le vieux frusté du principal espoir,
Il parviendra au chef de son empire:
Vingt mois tiendra le regne à grand pouvoir,
Tiran, cruel en delaissant un pire.

LXVI   Quand l'escriture D.M. trouvee,
Et cave antique à lampe descouverte,
Loy, Roy & Prince Ulpian esprouvee,
Pavillon Royne & Duc sous la couverte.

LX Primero en Galia, primero en Romania,
por mar y tierra a los Anglos y París:
Maravillosos hechos esta gran mesnada,
violando tierras perderá el Norlaris.

LXI Jamás por el descubrimiento del día,
no llegará el signo cetrífero:
Que todas sus sedes no estén en permanencia,
llevando al gallo don del Tao armífero.

LXII Cuando se verá expoliar el santo templo,
el más grande del Ródano sus sagrados profanar:
Para ellos nacerá pestilencia tan amplia,
rey huido injusto no hará condenar.

LXIII Cuando el adúltero abandonado sin golpe habrá
magullado a la mujer y al hijo por despecho,
mujer abatida, al hijo estrangulará:
Ocho cautivos hechos, degollarse sin respiro.

LXIV Dentro de las islas dos niños serán conducidos,
los dos de siete estarán desesperados,
Aquellos del terruño serán soportados,
nombre, piel presos de las ligas huye la esperanza.

LXV El viejo frustrado en su principal esperanza,
llegará a ser jefe de su imperio:
Veinte meses tendrá el reino bajo su poder,
tirano, cruel dejando a uno peor.

LXVI Cuando la escritura D. M. encontrada,
y cueva antigua con lámpara descubierta,
ley, rey y príncipe Ulpiano probados,
pabellón reino y duque bajo la cubierta.

LXVII   Par. Car. Nersaf, è ruine grand discorde,
           Ne l'un ne l'autre n'aura election,
           Nersaf du peuple aura amour & concorde,
           Ferrare, Colonne grande protection.

LXVIII   Vieux Cardinal par la ieune deceu,
           Hors de sa charge se verra desarmé,
           Arles ne monstres, double soit aperceu,
           Et liqueduct & le Prince embausmé.

LXIX   Aupres de ieune le vieux ange baisser,
           Et le viendra surmonter à la fin:
           Six ans esgaux aux plus vieux rabaisser,
           De trois deux l'un huictiesme seraphin.

LXX   Il entrera vilain, meschant infame,
           Tyrannisant la Mesopotamie
           Tous amis fait d'adulterine dame,
           Terre horrible noir de phisonomie.

LXXI   Croistra le nombre si grand des astronomes,
           Chassez, bannis & livres censurez,
           L'an mil six cens sept par sacre glomes
           Que nul aux sacres ne seront asseurez.

LXXII   Cham Perusin ô l'enorme desfaite
           Et le conflit tout aupres de Ravenne,
           Passage sacré lors qu'on fera la feste,
           Vainqueur vaincu cheval manger l'avenne.

LXXIII   Soldat Barbare le grand Roy frappera,
           Iniustement non eslongné de mort,
           L'avare mere du falt cause sera
           Coniuratur & regne en grand remort.

LXVII   Par. Car. Nersaf, existe ruina gran discordia,
ni uno ni otro tendrán elección,
Nersaf del pueblo tendrá amor y concordia,
Fenara, Colonia gran protección.

LXVIII   Viejo cardenal por el joven decepcionado,
fuera de su cargo se verá desarmado,
Arlés no monstruos, doble sea apercibido,
y licueducto y el príncipe embalsamado.

LXIX   Cerca del joven el viejo ángel bajar,
y le vendrá a coronar al fin:
Seis años iguales al más viejo rebajar,
de tres dos uno octavo serafín.

LXX   Entrará villano, mezquino infame,
tiranizando Mesopotamia,
todos amigos hecho de adulterina dama,
tierra horrible negro de fisonomia.

LXXI   Crecerá tan grandemente el número de astrónomos,
expulsados, desterrados y libros censurados,
en el año mil seiscientos siete por sagradas bulas
que ninguno en el sagrado será asegurado.

LXXII   Cam Perusino, ¡oh, la enorme derrota!
Y el conflicto muy cerca de Rávena,
pasaje sagrado cuando se hará la fiesta,
vencedor vencido caballo comer avena.

LXXIII   Soldado bárbaro al gran rey herirá,
injustamente alejado de la muerte,
la avara madre del hecho causa será,
conjurador y reino en gran remordimiento.

LXXIV En terre neusve bien avant Roy entré,
Pendant subjets lui viendront fafire acueil,
Sa perfidie aura tel rencontré
Qu'aux citadins lieu de feste & recueil.

LXXV Le père & fils seront meurdris ensemble
Le persecteur dedans son pavillon
La mere à Tours du fils ventre aura enfle,
Cache verdure de fueilles papillon.

LXXVI Plus Macelin que roy en Angleterre
Lieu obscur nay par force aura l'empire:
Lasche sans foy sans loy saignera terre,
Son temps s'aproche si pres que ie souspire.

LXXVII L'antechrist trois bien tost annichilez,
Vingt & sept ans sang durera sa guerre,
Les heretiques morts, captifs exilez,
Sang, corps humain, eau rogie, gresler terre.

LXXVIII Un Braganas avec la langue torte
Viendra des dieux le sanctuaire,
Aux heretiques il ouvrira la porte
En suscitant l'eglise militaire.

LXXIX Qui par fer pere perdra nay de Nonnaire,
De Gorgon sur la sera sang perfetant
En terre estrange fera si tout de taire,
Qui bruslera luy mesme & son enfant.

LXXX Des innocens le sang de vefve & vierge,
Tant de maux faits par moyen se grand Roge,
Saints simulachres trempez en ardant cierge,
De frayeur crainte ne verra nul que boge.

LXXIV   En tierra nueva muchos antes de entrado el rey,
        mientras tanto súbditos le vendrán a dar acogida,
        su perfidia habrá encontrado a uno tal,
        que a los ciudadanos lugar de fiesta y recogimiento.

LXXV   El padre y el hijo serán asesinados juntos,
        el perseguidor dentro de su pabellón:
        La madre en Tours del hijo vientre tendrá hinchado,
        esconde verdura de hojas mariposa.

LXXVI   Más carnicero que rey en Inglaterra,
        Lugar oscuro nacido por fuerza tendrá el imperio:
        Cobarde sin fe y sin ley desangrará la tierra,
        su tiempo se acerca tanto que yo suspiro.

LXXVII El anticristo tres bien aniquilará,
        veintisiete años durará su guerra,
        los heréticos muertos, cautivos exiliados,
        sangre, cuerpos humanos, agua enrojecida, granizar tierra.

LXXVIII Un Braganas con la lengua torcida
        vendrá de los dioses al santuario,
        a los heréticos él abrirá la puerta,
        suscitando la iglesia militar.

LXXIX   Quien a hierro padre perderá nacido de nonagenario,
        de Gorgón sobre ella estará manante la sangre:
        En tierra extraña hará que todo calle,
        quien se quemará a sí mismo y a su hijo.

LXXX   De los inocentes la sangre de viuda y virgen,
        tanto malos hechos por medio del gran Rojo,
        santos simulacros templados en ardiente cirio,
        de pavor miedo no verá a ninguno que se mueva.

LXXXI   Le neuf empire en desolation,
Sera changé du pole aquilonaire,
De la Sicile viendra l'esmotion
Troubler l'emprise à Philip, tributaire.

LXXXII   Ronge long, sec faisant du bon valet,
A la parfin n'aura que son congie,
Poignant poyson, & lettres au collet
Sera saisi eschappé en dangie.

LXXXIII   Le plus grand voile hors du port de Zara,
Pres de Bisance fera son entreprise,
D'ennemy perte & l'amy ne sera
Le tiers à deux fera grand pille & prinse.

LXXXIV   Paterne orra de la Sicille crie,
Tous les aprests du goulphre de Trieste,
Qui s'entendra iusque à la Trinacrie,
De tant de voiles fuy, fuy l'orrible peste.

LXXXV   Entre Bayonne & à sainct Iean de Lux
Sera posé de Mars la promotoire
Aux Hanix d'Aquilon Nanar hostera lux,
Puis suffoqué au lict sans auditoire.

LXXXVI   Par Arniani Tholeser Ville Franque,
Bande infinie par le mont Adrian,
Passe riviere, Hutin par pont la planque
Bayonne entres tous Bichoro criant.

LXXXVII   Mort conspiree viendra en plein effect,
Charge donnee & voyage de mort
Esleu, crée, receu par siens deffait.
Sang d'innocence devant foy par remort.

LXXXI El nuevo imperio en desolación,
será cambiado del polo aquilonario,
de Sicilia vendrá la emoción,
enturbiar la empresa de Felipe, tributario.

LXXXII Roedura larga, seco haciendo del buen criado,
al final no tendrá más que su despido,
mortal veneno, y cartas en el cuello,
será cogido escapado en peligro.

LXXXIII La más gran vela fuera del puerto de Zara,
cerca de Bizancio hará su empresa,
del enemigo pérdida y el amigo no estará,
el tercero de dos hará gran pillaje y presa.

LXXXIV Se escucharán los gritos de la Sicilia paterna,
todos los preparativos del abismo de Trieste,
que se oirá hasta en la Trinacria,
de tantas velas huye, huye la horrible peste.

LXXXV Entre Bayona y San Juan de Luz,
será puesto de Marte el promontorio,
a los de Hanix de Aquilón, Nanar quitará luz,
después sofocado en la cama sin auditorio.

LXXXVI Por Hernani, Tolosa, Villa Franca,
banda infinita por el monte Adrián,
cruza río, Hutin por puente el escondrijo,
Bayona entre todos Bichoro gritando.

LXXXVII Muerte conspirada llegará a pleno efecto,
carga entregada y viaje de muerte,
Electa, creada, recibida por los suyos abatida.
Sangre de inocencia ante la fe por remordimiento.

LXXXVIII   Dans la Sardaigne un noble Roy viendra,
                Qui ne tiendra que trois ans le Royaume,
                Plusieurs couleurs avec soy conioindra,
                Luy mesme apres soin sommeil marrit scome.

LXXXIX   Pour no tomber entre mains de son oncle,
                Qui ses enfans par regner trucidez,
                Orant au peuple mettant pied sur Peloncle
                Mort et traisné entre chevaux bardez.

XC   Quand les croisez un trouvé de sens trouble,
                En lieu du sacre verra un boeuf cornu,
                Par vierge porc son lieu lors sera comble,
                Par Roy plus ordre ne sera sostenu.

XCI   Frymy les champs des Rodanes entrees
                Ou les croysez seront presque unis,
                Les deux brassieres en pisees rencontrees
                Et un grand nombre par deluge punis.

XCII   Loing hors du regne mis en hazard voyage
                Grand ost duyra pour soy l'occupera,
                Le Roy tiendra les siens captif ostage
                A son retour tout pays pillera.

XCIII   Sept mois sans plus obtiendra prelature
                Par son decez grand scisme fera naistre:
                Sept mois tiendra un autre la preture,
                Pres de Venise paix union renaistre.

XCIV   Devant le lac où plus cher fut getté
                De sept mois, & son ost desconfit
                Seront Hyspans par Albannois gastez,
                Par delay parte en donnant le conflict.

LXXXVIII A Cerdeña llegará un noble rey,
que sólo tendrá el reino durante tres años,
muchos colores consigo aliará,
el mismo después cuidado habiendo unido al enemigo.

LXXXIX Para no caer en las manos de su tío,
quien a sus hijos mató para reinar,
rogando al pueblo, poniendo el pie sobre Pelúnculo
muerto y arrastrado entre caballos engarillados.

XC Cuando uno de los cruzados se encontró con el sentido
[turbado.
En lugar sagrado verá un buey cornudo,
por virgen cerdo su lugar será entonces colmado,
por rey ninguna orden más será sostenida.

XCI Se estremecen los campos de las entradas del Ródano,
donde los cruzados serán casi unidos,
los dos tirantes de arcilla encontrados,
y un gran número por diluvio castigados.

XCII Lejos fuera del reino situado en azaroso viaje,
gran hueste para sí lo ocupará,
el rey tendrá a un rehén cautivo de los suyos,
y a su vuelta todo el país saqueará.

XCIII Siete meses y no más obtendrá la prelatura,
por su muerte gran cisma hará nacer:
Siete meses tendrá otro la pretura,
cerca de Venecia paz unión renacer.

XCVI Ante el lago donde el más querido fue echado
de siete meses, y su huésped derrotado,
serán los hispanos por los albaneses vencidos,
por delación parte dando el conflicto.

XCV Le seducteur sera mis à la fosse,
Et estaché iusques à quelque temps,
Le clerc uny le chef avec sa crosse
Pycante droite attaira les contens.

XCVI La Synagogue sterile sans nul fruit,
Sera receuë & entre les infideles
De Babylon la fille du porsuit
Misere & triste lui trenchera les aisles.

XCVII Aux fins du Var changer lo Pom potans,
Pres du rivage les trois beaux enfans naistre,
Ruyne au peuple par aage competans
Regne au pays changer plus voir croistre.

XCVIII Des gens d'Eglise sang sera espanché,
Comme de l'eau en si grande abondance
Et d'un long temps ne sera restanché
Ve ve au clerc ruyne & doleance.

XCIX Par la puissance des trois Rois temporels,
En autre lieu sera mis le sainct siege:
Où la substance de l'esprit corporel,
Sera remis & receu pour vray siege.

C Pour l'abondance de l'arme respandue
De hault en bas par le bas au plus hault
Trop grande foy par ieu vie perdue,
De soif mourir par habondant deffault.

XCV   El seductor será puesto en la fosa,
y atado durante algun tiempo,
el clero unido el jefe con su cruz,
Picante diestra acogerá a los contentos.

XCVI   La sinagoga estéril sin ningún fruto,
será recibida y entre los infieles
de Babilonia la hija del perseguido,
mísera y triste le cortará las alas.

XCVII   En los confines del Var cambiar el Pompoans,
cerca de la orilla los tres bellos niños nacer,
ruina al pueblo por edad competente.
Reino en el país cambiar al verlo crecido.

XCVIII   Sangre de gentes de la Iglesia será derramada,
como agua en tan grande abundancia
y por largo tiempo no será restañada.
Se verá en el clero ruina y dolor.

XCIX   Por la potencia de los reyes temporales,
en otro lugar será situada la Santa Sede:
Donde la sustancia del espíritu corporal,
será puesta y recibida por verdadera sede.

C   Por la abundancia del arma esparcida
de arriba abajo por lo bajo a lo más alto:
Muy grande fe por juego perdida,
de sed morir por abundante imperfección.

CENTURIE IX

I Dans la maison du traducteur de Bourc
Seront les lettres trouvees sur la table,
Borgne, roux, blanc, chenu tiendra de cours,
Qui changera au nouveau Connestable.

II Du hault du mont Aventin voix ouye,
Vuydez cuidez de tous les deux costez,
Du sang des rouges sera l'ire assomie,
D'Arimin Prato, Columna debotez.

III La magna vaqua à Ravenne grand trouble,
Conduicts par quinze enserrez à Fornase:
A Rome naistra deux monstres à teste double
Sang, feu, deluge, le plus grand à l'espace.

IV L'an ensuyvant descouverts par deluge,
Deux chefs asleuz, le premier ne tiendra
De fuyr ombre à l'un d'eux le refuge,
Saccagee case qui premier maintiendra.

V Tiers doibt du pied au premier semblera
A un nouveau Monarque de bas haut,
Qui Pyse & Luques Tyran occupera
Du precent corriger le deffaut.

VI Par la Guyenne infinité d'Anglois
Occuperont par nom d'Anglaquitaine,
Du Lanquedoc Ispalme Bourdeloys,
Qu'ils nommeront apres Barboxitaine.

VII Qui ouvrira le monument trouvé,
Et ne viendra le serrer promptement,
Mal luy viendra, & ne pourra prouvé,
Si mieux doil estre Roy Breton ou Normand.

CENTURIA IX

I   En la casa del traductor de Bourc
serán encontradas cartas sobre la mesa,
tuerto, pelirrojo, blanco, canoso contendrá el curso,
quien cambiará el nuevo condestable.

II   De lo alto del monte Aventino voz oída,
¡fuera!, ¡marchaos de los dos lados!
De la sangre de los ojos será la ira saciada,
de Rimini Prato, columna socavada.

III   La magna vaca en Rávena gran turbación,
conducidos por quince encerrados en Fornase:
En Roma nacerán dos monstruos con doble cabeza,
sangre, fuego, diluvio, los más grandes en el espacio.

IV   Al año siguiente descubiertos por diluvio,
dos jefes elegidos, el primero no aguantará,
de huir sombra para uno de los dos el refugio,
saquear choza quien primero se mantendrá.

V   Tercer dedo del pie al primero parecerá
a un nuevo monarca de abajo arriba,
quien Pisa y Lucca Tirano ocupará
del precedente corregir el defecto.

VI   Por la Guyena infinidad de ingleses
ocuparán por nombre Angloaquitania,
de Languedoc Ispalme bordeleses,
que ellos llamarán Barboxitania.

VII   Quien abra el monumento encontrado,
y no venga a guardarlo prontamente,
mal le llegará, y no podrá probar
si mejor debe ser rey bretón o normando.

VIII Puisnay Roy fait son pere mettra à mort,
Apres conflict de mort tres inhonneste:
Escrit trouvé, soupçon donra remort,
Quand loup chassé pose sur la couchette.

IX Quand lampe ardente de feu inextinguible
Sera trouvé au temple des Vestales,
Enfant trouvé feu, eau passant par crible:
Périr eau Nymes, Tholose cheoir les halles.

X Moyne moynesse d'enfant mort exposé,
Mourir par ourse, & ravy par verrier,
Par Fois & Pamyes le camp sera posé
Contre Tholoze Carcas dresser fourier.

XI Le iuste à tort à mort l'on viendra mettre
Publiquement, & du milieu estaint:
Si grande peste en ce lieu viendra naistre,
Que les iugeans fuyr seront contraints.

XII Le tant d'argent de Diane et Mercure,
Les simulachres au lac seront trouvez:
Le figulier cherchant argille neuve
Luy et les siens d'or seront abbreuvez.

XIII Les exilez autour de la Soulongne
Conduicts de nuict pour marcher à Lauxois,
Deux de Modenne truculent de Bologne,
Mis descouvers par feu de Burançois.

XIV Mis en planure chauderon d'infecteurs,
Vin, miel & huyle, & bastis sur fourneaux,
Seront plongez, sans mal dit mal facteurs
Sept. fum. estaint au canon des borneaux.

VIII Después de coronado rey a su padre condenará a muerte,
tras conflicto muerte muy deshonesta:
Escrito en contra, sospecha dará remordimiento,
cuando lobo expulsado se ponga a dormir.

IX Cuando lámpara ardiente de fuego inextinguible
será encontrado en el templo de las Vestales,
niño hallado fuego, agua pasando por criba:
Nimes, parecer en agua, Toulouse transtornar mercados.

X Monje y monja de niño muerto expuesto,
morir por osa, y raptado por porquerizo,
por Foix y Pamies al campo será puesto
contra Toulouse Carcasona levantar trincheras.

XI Al justo se le condenará injustamente a muerte
públicamente, y del medio ejecutado:
Tan grande peste en este lugar llegará a nacer,
que los jueces se verán obligados a huir.

XII Tan gran tesoro de plata de Diana y Mercurio,
los simulacros en el lago serán hallados:
El alfarero buscando arcilla nueva
él y los suyos de oro serán colmados.

XIII Los exiliados alrededor de Solonia
conducidos de noche para ir a Lauxois,
dos de Módena truculento de Bolonia,
puesto al descubierto por fuego de Burançois.

XIV Puesto en llanura caldero de infectores,
vino, miel y aceite, y batidos sobre hornillos,
serán sumergidos, sin maldecir malhechores
sep. fum. extinguido por el cañón de las fronteras.

XV Pres de Parpan les rouges detenus,
Ceux du milieu parfondres menez loing:
Trois mis en pieces, & cinq mal soustenus,
Pour le Seigneur & Prelat de Bourgoing.

XVI De castel Franco sortira l'assemblee,
L'ambassadeur non plaisant sera scisme:
Ceux de Ribiere seront en la meslee,
Et au grand goulfre desnieront l'entree.

XVII Le tiers premier pis que ne fit Neron,
Vuidez vaillant que sang humain respandre:
R'edifier fera le forneron,
Siecle d'or mort, nouveau Roy grand esclandre.

XVIII Le lys Dauffois portera dans Nansi
Iusques en Flandres electeur de l'Empire,
Neufve obturee au grand Montmorency,
Hors lieux prouvez delivre à clere peine.

XIX Dans le milieu de la forest Mayenne,
Sol au Lyon la foudre tombera,
Le grand bastard yssu du grand du Maine
Ce iour Fougeres pointe en sang entrera.

XX De nuict viendra par la forest de Reines
Deux pars vaultore Herne la pierre blanche,
Le moine noir en gris dedans Varennes
Esleu cap, cause tempeste, feu sang tranche.

XXI Au temple hault de Bloys sacre Salonne,
Nuict pont de Loyre, Prelat, Roy pernicant,
Cuiseur victoire aux marest de la Sone
D'où prelature de blancs abormeant.

XV   Cerca de Parpán los rojos detenidos,
     los del medio fundidos llevados lejos,
     tres despedazados, y cinco mal sostenidos,
     por el señor y prelado de Borgoña.

XVI   Del castillo franco saldrá la asamblea,
      el embajador no grato hará cisma:
      Los de la ribera estarán en la refriega,
      y al gran abismo les negarán la entrada.

XVII   El tercero primero peor que hizo Nerón,
       será valiente sólo derramando sangre,
       reedificar hará el horno,
       siglo de oro muerto, nuevo rey gran escándalo.

XVIII   El lys Delfín llevará en Nancy
        hasta en Flandes elector del imperio,
        nueva celada al gran Montmorency,
        fuera de los lugares intentando libertar con clara pena.

XIX   En medio del bosque Mayena,
      sol en Leo el rayo caerá,
      el gran bastardo nacido del grande del Maine,
      aquel día Fougeres punta en sangre entrará.

XX   De noche vendrá por el bosque de Reinas
     dos partes virado Herne la piedra blanca,
     El monje negro en gris en el interior de Varennes,
     elegido cabecilla, causa tempestad, fuego, sangre, degüelle.

XXI   En el alto imperio de Blois, sagrado Salonne,
      noche puente del Loira, prelado, rey disoluto,
      deseoso de victoria en las marismas del Saona,
      desde donde prelatura de blancos ligando.

XXII   Roy & sa cour au lieu de langue halbe,
        Dedans le temple vis à vis du palais:
        Dans le iardin Duc de Mantor & l'Albe,
        Albe & Mantor poignard langue & palais.

XXIII   Puisnay ioüant au fresch dessous la tonne,
        Le hault du toict du milieu sur la teste,
        Le pere Roy au temple saint Solenne,
        Sacrifiant sacrera fum de feste.

XXIV   Sur le palais au rochier des fenestres
        Seront ravis les deux petits royaux,
        Passer aurelle Luthece, Denis cloistres,
        Nonnain, mallods avaller verts noyaux.

XXV   Passant les ponts, venir pres des rosiers,
        Tard arrivé plutost qu'il cuydera,
        Viendront les nouses Españols à Besiers,
        Qu'a icelle chasse emprinse cassera.

XXVI   Nice sortie sur nom des lettres aspres,
        La grande cappe fera present non sien:
        Proche de vultry aux murs de vertes capres
        Apres Plombin le vent à bon essien.

XXVII   De bois la garde, vent clos rond pont sera,
        Hault le receu frappera le Dauphin,
        Le vieux teccon bois unis passera,
        Passant plus outre du Duc le droit confin.

XXVIII   Voille Symacle port Massiolique,
        Dans Venise port marcher aux Pannons:
        Partir du goulfre & Synus Illyrique,
        Vast à Sicille, Ligurs coups de canons.

XXII   Rey y su corte en el lugar de la lengua blanca,
dentro del templo frente al palacio:
En el jardín duque de Mantua y el Alba,
Alba y Mantua puñal lengua y palacio.

XXIII   El segundón jugando al fresco bajo la glorieta,
lo alto del techo en medio de la testa,
el padre rey en el templo Sant Solonne,
sacrificando consagrará humo de fiesta.

XXIV   Sobre el palacio en las rocas las ventanas,
serán raptados los dos pequeños reales,
los llevarán a Lutecia, claustros de Denís,
monjas, les harán tragar nueces verdes.

XXV   Atravesando los puentes, llegar cerca de los rosales,
tarde arribando más bien que él cuidará,
vendrán los aliados españoles a Beziers,
que en esta caza la empresa fallará.

XXVI   Niza salida sobre nombre de las cartas ásperas,
la gran capa hará obsequio no suyo:
Cerca de Voltri en los muros de verdes alcaparras,
después de Plombín el viento en popa.

XXVII   Del bosque la guardia, viento cerrado redondo puente será,
alto el recibido herirá al Delfín,
el viejo tenaz bosques unidos atravesará,
pasando más allá del duque el derecho confín.

XXVIII   Vela Simacle puerto Masiólico.
En Venecia puerto marchar hacia los Panones:
Partir del golfo y Seno Irídico,
devastación en Sicilia, Lígures cañonazos.

XXIX   Lors que celuy qu'à nul ne donne lieu,
        Abandonner voudra lieu prins non prins:
        Feu nef par saignes, bitument à Charlieu,
        Seront Quintin Balez reprins.

XXX   Au port de Puola & de sainct Nicolas,
        Peril Nomiande au goulfre Phanatique,
        Cap. de Bisance rues crier helas,
        Secors de Gaddes & du grand philippique.

XXXI   Le tremblement de terre à Mortara,
        Cassich sainct George à demy perfrondrez:
        Paix assoupie, la guerre esveillera,
        Dans temple à Pasques abysmes enfondrez.

XXXII   De fin phorphire profond collon trouvee,
        Dessouz la laze escripts capitolin:
        Os poil retors Romain force prouvee,
        Clasee agiter au port de Methelin.

XXXIII   Hercules Roy de Rome & d'Annemarc,
        De Gaule trois Guion sernommé,
        Trembler l'Itale & l'onde de sainct Marc,
        Premier sur tous monarque renommé.

XXXIV   Le part soluz mary mitté,
        Retour conflict passera sur la thuille:
        Par cinq cens un trahyr sera tiltré,
        Narbon & Saulce par contaux avons d'huille.

XXXV   La Ferdinand blonde sera descorte,
        Quitter la fleur, suyure le Macedon:
        Au grand besoin defaillira sa routte,
        Et marchera contre le Myrmidon.

XXIX Cuando aquel a quien nadie da plaza,
abandonar querrá lugar tomado no tomado:
Fuego, nave por sangres, en Cherlieu embetunamiento,
serán Quintín y Balez vueltos a ocupar.

XXX En el puerto de Puola y San Nicolás,
peligro normando en el golfo Fanático,
cap. de Bizancio calles gritar «¡ay de mí!»,
socorro de Gales y del gran Filípico.

XXXI El temblor de tierra en Mortara,
Cassich San Jorge medio destruido:
Paz adormecida, la guerra despertará,
en el templo en Pascua abismos hundidos.

XXXII De fino porfirio profundo filón encontrado,
bajo la lastra escritos capitolinos:
Huesos pelo retorcidos romano fuerza probada,
flota agitar en el puerto de Metelín.

XXXIII Hércules, rey de Roma y de Dinamarca,
de Galia Guión muy cognominado,
Temblar Italia y la onda de San Marcos,
primero sobre todos monarca renombrado.

XXXIV El partido marido sólo será mitrado,
retorno conflicto pasará sobre el tejado.
Por quinientos un traidor será titulado,
Narbona y Saulce por condados tenemos fuerza.

XXXV Ferdinanda rubia estará en desacuerdo
deja la flor, sordidez el Macedonio:
En la gran necesidad desfallecerá su camino,
y marchará contra el Mirmidón.

XXXVI   Un grand Roy prins entre les mains d'un Ioyne,
Non loing de Pasque confusion coup cultre:
Perpet captifs temps que foudre en la huine,
Loro que trois freres se blesseront & murtre.

XXXVII   Pont & moulins en Decembre versez,
En si haut lieu montera la Garonne:
Murs, edifice, Tholose renversez,
Qu'on ne sçaura son lieu autant matronne.

XXXVIII   L'entree de Blaye par Rochelle & l'Anglois,
Passera outre le grand Aemathien,
Non loing d'Agen attendra le Gaulois,
Secours Narbonne deceu par entretien.

XXXIX   En Arbissel à Veront & Carcari,
De nuict conduicts par Savone attraper,
Le vif Gascon Turby, & la Scerry
Derrier mur vieux & neuf palais griper.

XL   Pres de Quintin dans la forest bourlis,
Dans l'Abbaye seront Flamans ranchés:
Les deux puisnais de coups my estourdis,
Suitte appressee & garde tous achés.

XLI   Le grand Chyren soy saisir d'Avignon,
De Rome lettres en miel plein d'amertumel,
Lettre ambassade partir de Chanignon,
Carpentreas pris par duc noir rouge plume.

XLII   De Barcelonne, de Gennes & Venise,
De la Sicile peste Monet unis:
Contre Barbare classe prendront la vise,
Barbar poulsé bien loing iusqu'à Thunis.

XXXVI   Un gran rey atrapado entre las manos de un Ioyne,
no lejos de Pascua confusión cuchillada:
Perpetuosa cautivos que rayó en el odio,
cuando tres hermanos se herirán y homicidio.

XXXVII   Puentes y molinos en diciembre destruidos,
y hasta un tan alto lugar subirá el Garona:
Muros, edificio, Toulouse derribados,
que nadie sabrá su lugar otro tanto la matrona.

XXXVIII   La entrada de Balye por Rochelle y el Inglés,
pasará más allá el gran Emaciano,
no lejos de Agen esperará el galo,
socorros Narbona engañado por conversación.

XXXIX   En Arbissel a Veront y Carcari,
de noche conducidos por Savona capturar,
el avispado gascón Tunrby, y la Scerry,
tras muro viejo y nuevo palacio afectar.

XL   Cerca de Quintín en el bosque espeso,
en la abadía estarán los flamencos atrincherados:
Los dos hermanos menores de golpes medio aturdidos,
en seguida apresados y guardias todos heridos.

XLI   El gran Chyren se apoderará de Aviñón,
de Roma cartas en miel lleno de amargura,
carta embajada salir de Chaniñón,
Carpentras tomado por duque negro roja y pluma.

XLII   Desde Barcelona, desde Génova y Venecia,
de la Sicilia peste Monet, unidos:
Contra bárbara armada tomarán el frente,
bárbaro arrojado muy lejos hasta Túnez.

XLIII   Proche à descendre l'armee Crucigere,
Sera guettee par les Ismaëlites,
De tous cotez batus par nef Ravier,
Prompt assaillis de dix galeres eslites.

XLIV   Migrés, migrés de Genesue trestous,
Saturne d'or en fer se changera,
Le contre Raypoz, exterminera tous,
Avant l'advent le ciel signes fera.

XLV   Ne sera soul iamais de demander,
Grand Mendosus obtiendra son empire
Loing de la cour fera contremander,
Pymond, Picard, Paris, Tyron le pire.

XLVI   Vuyder, fuyer de Tholose les rouges,
Du sacrifice faire piantion,
Le chef du mal dessous l'ombre des courges,
Mort estrangler carne omination.

XLVII   Les soubz signez d'indigne delivrance,
Et de la multe auront contre advis:
Change monarque mis en perille pence,
Serrez en cage se verront vis à vis.

XLVIII   La grand cité d'Occean maritime
Environnee de marets en christal:
Dens le solstice hyemal & la prime,
Sera tentee de vent espouvantal.

XLIX   Gand & Bruceles marcheront contre Anvers
Senat de Londres mettront à mort leur Roy,
Le sel & vin luy seront à l'envers,
Pour eux avoir le regne en desarroy.

XLIII   Próximo a liquidar el ejército crucífero,
será espiado por los ismaelitas,
de todos lados batido por nave Raviera,
pronto asaltados por diez galeras elegidas.

XLIV   Emigrad, emigrad de Ginebra todos,
Saturno de oro en hierro se cambiará,
contra el Raypoz, exterminará a todos,
antes del adviento el cielo señales hará.

XLV   Nunca estará harto de pedir,
gran Mendosus obtendrá su imperio,
lejos de la corte hará contramandar,
Piamonte, Picardia, París, Tyron el peor.

XLVI   Huid, huid de Toulouse los rojos,
del sacrificio hacer penitencia,
el jefe del mar a la sombra de las calabaceras,
muerto estrangular carne abominación.

XLVII   Los suscritos de indigna liberación,
y de la multa tendrán aviso contrario:
Cambio monarca puesto en serio peligro,
encerrado en aula se verán cara a cara.

XLVIII   La gran ciudad del océano marítimo,
rodeada de almenas de cristal:
En el solsticio invernal y la primavera,
será tentada de viento espantoso.

XLIX   Gante y Bruselas marcharán contra Amberes.
Senado de Londres condenarán a muerte a su rey,
la sal y el vino le serán negados,
para ellos tener el reino en desorden.

L Mandosus tost viendra, à son haut regne,
   Mettant arriere un peu les Norlaris:
   Le rouge blesme, le masle à l'interregne,
   Le ieune crainte & frayeur Barbaris.

LI Contre les rouges sectes se banderont,
    Feu, eau, fer, corde par paix se minera,
    Au point mourir ceux qui machineront,
    Fors un que monde sur tout ruynera.

LII La paix s'approche, d'un costé, & la guerre
     Oncques ne fut la poursuitte si grande,
     Plaindre homme, femme, sang innocent par terre,
     Et ce sera de France à toute bande.

LIII Le Neron ieune dans les trois cheminees
      Fera de paiges vifs pour azdoir ietter,
      Heureux qui loing sera de tels menees,
      Trois de son sang le feront mort guetter.

LIV Arrivera au port de Corsibonne,
     Pres de Ravenne qui pillera la dame,
     En mer profonde legar de la Ulisbonne
     Sous roc cachez raviront septante ames.

LV L'horrible guerre qu'en l'Occident s'appreste,
    L'an ensuivant viendra la pestilence
    Si fort horrible, que ieune, vieux ne beste,
    Sang, feu, Mercure, Mars, Iupiter en France.

LVI Camp pres de Noudam passera Goussan ville,
     Et à Malotes laissera son enseigne,
     Convertira en instant plus de mille,
     Cherchant les deux remettre en chaine & legne.

L   Mendosus pronto llegará a su alto reino,
dejando un poco atrás los Norlaris:
El rojo palidece, el varón en el interregno,
el joven temor y espanto en Barbaris.

LI   Contra los rojos sectas se alinearán,
fuego, agua, hierro, cuerda por paz se minará,
al punto morir los que maquinaron,
salvo uno que al mundo sobre todo arruinará.

LII   La paz se aproxima por un lado, y la guerra
nunca fue la persecución tan grande,
quejarse el hombre, mujer, sangre inocente por tierra,
y esto será por Francia a toda banda.

LIII   El joven Nerón en las tres chimeneas
hará pajes vivos para lanzar arder:
Feliz quien lejos estará de tales luchas,
tres de su sangre le hará de muerte acechar.

LIV   Llegará al puerto de Corsibona,
cerca de Rávena, que saqueará la dama,
en mar profundo legado de Lisboa,
bajo roca escondidos reptarán setenta almas.

LV   La horrible guerra que en Occidente se prepara,
al año siguiente vendrá la pestilencia
tan fuerte y horrible, que ni joven, ni viejo, ni bestia,
sangre, fuego, Mercurio, Marte, Júpiter en Francia.

LVI   Campo cerca de Noudam pasará Goussan ciudad,
y en Malotes dejará su enseña,
convertirá en un instante más de mil,
inventando volver a poner a los dos en cadena y argolla.

LVII Au lieu de Drux un Roy reposera,
Et cherchera loy changeant d'Anatheme,
Pendant le ciel si tresfort tonnera,
Portee neusve Roy tuera soy-mesme.

LVIII Au costé gauche à l'endroit de Vitry
Seront guettez les trois rouges de France,
Tous assommez rouge, noir non meurdry,
Par les Bretons remis en asseurance.

LIX A la Ferté prendra la Vidame
Nicole tenu rouge qu'avoit produit la vie,
La grand Loyle naistra que fera clame,
Donnant Mourgogne à Bretons par ennuie.

LX Conflict Barbar en la Cornete noire,
Sang espandu, trembler la Dalmatie,
Grand Ismael mettra son promontoire,
Ranes trembelr, secours Lusitanie.

LXI La pille faite à la coste marine,
Incita noua & parens amenez,
Plusieurs de Malte par le fait de Messine,
Estroit setrez seront mal guerdonnez.

LXII Au grand de Cheramon agora,
Seront croisez par ranc tous attachez,
Le portinav Opi, & Mandragora,
Raugon d'Octobre le tiers feront laschez.

LXIII Plainctes & pleurs, cris & grands hurlemens
Pres de Narbon à Bayonne & en Foix,
O quels horribles calamitez changemens,
Avant que Mars revolu quelques fois.

344

LVII En lugar de Drux un rey reposará,
y buscará ley cambiando de anatema,
mientras el cielo tronará tan fuertemente
nueva pérdida rey se matará a sí mismo.

LVIII Al lado izquierdo de la zona de Vitry
serán acechados los tres rojos de Francia,
todos los rojos matados a golpes, negro no asesinado,
por los bretones puesto a seguro.

LIX En la Ferté tomará la Vidame
Nicole teñido de rojo que había producido la vida,
la gran Loyla nacerá que tendrá renombre,
dando Borgoña a bretones por tedio.

LX Conflicto bárbaro en la cornisa negra,
sangre derramada, temblar la Dalmacia,
Gran Ismael pondrá su promontorio,
Ranes temblar, socorros Lusitania.

LXI La rapiña hecha en la costa marina,
incita nuevos ataques y padres llevados,
muchos de Malta por el hecho de Mesina,
estrechos encerrados estarán mal guardados.

LXII En la gran ágora de Cheramón,
estarán cruzados atados todos por filas,
el perstinaz Opi, y Mandrágora,
rojizo de octubre el tercero harán soltar.

LXIII Quejidos y lloros, gritos y grandes alaridos
cerca de Narbona en Bayona y en Foix,
¡oh, qué horribles y calamitosos cambios!
Antes de que marzo sea cumplido algunas veces.

LXIV L'Aemathion passera monts Pyrenees,
En Mars Narbon ne fera resistance,
Par mer & terre fera si grand menee,
Cap n'ayant terre seure pour demeurancé.

LXV Dedans le coing de Luna viendra rendre
Où sera prins & mis enterre estrange,
Les fruicts immeurs seront à grand esclandre,
Grand vitupere, à l'un grande loüange.

LXVI Paix, union sera & changement,
Estats, offices, bas haut, & hault bien bas,
Dresser voyage, le fruict premier tourment,
Guerre cesser, civil procez debats.

LXVII Du hault des monts à l'entour de Lizere
Port à la roche Valent cent assemblez
De Chasteauneuf Pierre late en donzere,
Contre le Crest Romans foy assemblez

LXVIII Du monte Aymar sera noble obscurcie,
Le mal viendra au ioinct de Saone & Rosne,
Dans bois cachez soldats iour de Lucie,
Qui ne fut onc un si horrible throsne.

LXIX Sur le mont de Bailly & la Bresle
Seront cachez de Grenoble les fiers,
Ontre Lyon, Vien, eulx si grand gresle,
Langoult en terre restra un tiers.

LXX Harnois trenchans dans les flambleaux cachez
Dedans Lyon le iour du Sacrement,
Ceux de Vienne seront trestous hachez
Par les cantons Latins, Mascon ne ment.

LXIV El Emaciano pasará los montes Pirineos,
en marzo, Narbona no hará resistencia,
por mar y tierra hará tan gran lucha,
jefe no teniendo tierra segura para permanencia.

LXV En el rincón de la Luna vendrá a posarse,
donde será apresado y llevado a tierra extraña,
los frutos inmaduros darán un gran escándalo,
gran vituperio, a uno gran alabanza.

LXVI Paz, unión será y cambio,
estados, ministerios, bajo alto y alto muy bajo.
Preparar viaje, el fruto primer tormento,
guerra cesar, procesos civiles debatidos.

LXVII Desde lo alto de los montes alrededor de Lizere,
puerto en roca Valent cien reunidos,
de Chateauneuf Pedro junto con doncella,
contra el Crest Romans hace asamblea.

LXVIII Desde el monte Aymar habrá noble oscurecimiento,
el mar llegará en la confluencia del Saona y Ródano,
en bosque escondidos soldados día de Lucía,
quien no estuvo nunca en un tan horrible trono.

LXIX Sobre el monte de Bailly y la Bresle,
estarán escondidos de Grenoble los fieros,
más allá de Lyon, Viena ellos tan gran pedrisco,
de las gotas en tierra permanecerá un tercio.

LXX Instrumentos cortantes en las antorchas escondidos
en Lyon el día del Sacramento,
los de Viena estarán todos muy pronto descuartizados
por los cantones latinos, Mascon no miente.

LXXI   Aux lieux sacrez animaux veu à trixe,
Avec celuy qui n'osera le iour,
A Carcassonne pour disgrace propice
Sera posé pour plus ample seiour.

LXXII   Encor seront les saincts temples pollus,
Et expillez par Senat Tholosain,
Saturne deux trois cicles revolus,
Dans Avril, May, gens de nouveau levain.

LXXIII   Dans Foix entrez Roy celulee Turban,
Et regnera moins evolu Saturne,
Roy Turban blanc Bizance coeur ban,
Sol, Mars, Mercure pres la hurne.

LXXIV   Dans la cité de Fertsod homicide,
Fait & fait multe beus arant ne macter,
Retour encore aux honneurs d'Artemide,
Et à Vulcan corps morts sepulturer.

LXXV   De l'Ambraxie & du pays de Thrace
Peuple par mer, mal & secours Gaulois,
Perpetuelle en Provence la Trace,
Avec vestiges de leur coustume & loix.

LXXVI   Avec le noir Rapax & sanguinaire,
Yssu du peaultre de l'inhumain Neron,
Emmy deux fleuves mani gauche militaire,
Sera meurtry par Ione chaulveron.

LXXVII   Le regne prins le Roy conviera,
La dame prinse à mort iurez à sort,
La cie à Royne fils on desniera,
Et la pellix au fort de la confort.

LXXI   En los lugares sagrados muchos animales son vistos,
con el que en día no se atreverá,
en Carcasona por desgracia propicia,
será puesta para una más amplia morada.

LXXII   Todavía serán los santos templos profanados,
y expoliados por Senado Tolosano,
Saturno dos tres ciclos cumplidos,
en abril, mayo, personas de nuevo germen.

LXXIII   En Foix entrado rey denominado Turban,
y reinará menos evolucionado Saturno,
rey Turban blanco Bizancio desterrado corazón,
Sol, Marte, Mercurio cerca de la urna.

LXXIV   En la ciudad de Fertsod homicidio,
hecho y no hecho muchos bueyes antes matarlos,
vuelta todavía a los honores de Artemida,
y en Vulcano cuerpos muertos sepultar.

LXXV   De Ambraxia y del país de Tracia,
pueblo por mar, mal y socorros galos,
perpetua en Provence Tracia,
con vestigios de sus costumbres y leyes.

LXXVI   Con el negro Rapax y sanguinario,
salido del hecho del inhumano Nerón,
entre dos ríos mano izquierda militar,
será asesinado por Ione el calvo.

LXXVII   El reino capturado el rey convidará,
la dama capturada a muerte jurados a su suerte,
la vida a hijo de reina se negará,
y la pelliza al fuerte del bienestar.

LXXVIII   La dame Grecque de beauté laydique,
Heureuse faicte des procs innumerable,
Hors translatee au regne Hispanique,
Captive prinse mourir mort miserable.

LXXIX   Le chef de classe par fraude statageme,
Fera timide sortir de leurs galleres,
Sortis meurtris chef renieux de cresme,
Puis par lembusche lui rendront les salere.

LXXX   Le Duc voudra les siens esterminer,
Envoyera les plus forts lieux estranges,
Par tyrannie Bize & Luc ruiner,
Puis les Barbares sans vin feront vendanges.

LXXXI   Le Roy rusé entendra ses embusches,
De trois quartiers ennemis assaillir.
Un nombre estrange larmes de coqueluches
Viendra Lemprin du traducteur saillir.

LXXXII   Par le deluge & pestilence forte,
La cité grande de long temps assiegee,
La sentinelle & garde de main morte,
Subite prins, mais de nul outragee.

LXXXIII   Sol vingt de Taurus si fort terre trembler,
Le grand theatre remply ruinera,
L'air ciel & terre obscurcir & troubler,
Lors l'infidelle Dieu & saincts voguera.

LXXXIV   Roy exposé parfaira l'hecatombe,
Apres avoir trouve son origine,
Torrent ouvrir de marbre & plomb la tombe,
D'un grand Romain d'enseigne Medusine.

LXXVIII   La dama griega de belleza encantadora,
          feliz revestida de virtudes innumerables,
          fuera trasladada del reino hispánico,
          cautiva tomada morir de muerte miserable.

LXXIX   El jefe de la flota por fraudulenta estratagema,
        hará tímido salir de sus galeras,
        salidos muertos jefe renegado violentamente,
        después por la emboscada le devolveran las monedas.

LXXX   El duque querrá exterminar a los suyos,
       enviar a los más fuertes a lugares extraños,
       por tiranía Bize y Luc arruinar,
       después los bárbaros sin vino harán vendimias.

LXXXI   El rey astuto comprenderá sus artimañas,
        de tres lados, diferentes enemigos atacar,
        un número extraño lágrimas de espasmos,
        vendrá Liemprin del traductor atacar.

LXXXII   Por el diluvio y pestilencia fuerte,
         la ciudad grande por largo tiempo asediada,
         el centinela y la guardia a mano muertos
         súbitamente capturada, pero en absoluto ultrajada.

LXXXIII   Sol veinte de Tauro tan fuerte la tierra temblar,
          el gran teatro atestado se arruinará,
          el aire cielo y tierra oscurecer y enturbiar,
          entonces Dios y sus santos al infiel arrollará.

LXXXIV   Rey expuesto rematará la hecatombe,
         después de haber encontrado su origen,
         torrente abrir mármol y plomo la tumba,
         de un gran romano de enseña Medusina.

LXXXV   Passer Guienne, Languedoc & la Rosne,
              D'Agen tenans de Marmande & la Roole,
              D'ouvrir par foy parroy, Phocen tiendra son trosne,
              Conflict aupres sainct Pol de Manseole.

LXXXVI   Du bourg Lareyne parviendront droit à Chartres,
              Et feront pres du pont Anthoni pause,
              Sept pour la paix cauteleux comme Martres
              Feront entree l'armee à Paris clause.

LXXXVII   Par la forest du Touphon essartee,
              Par hermitage sera posé le temple,
              Le Duc d'Estempes par sa ruse inventee,
              Du mont Lehori prelat donra exemple.

LXXXVIII   Calais, Arras, secours à Theroanne,
              Paix & semblant simulera l'escoute,
               Soulde d'Alobrox descendra par Roane,
              Destornay peuple qui defera la routte.

LXXXIX   Sept ans sera Philip fortune prespere,
              Rabaissera des Arabes l'effort,
               Puis son mydi perplex rebors affaire,
              Ieune ognyon abysmera son fort.

XC   Un capitaine de la grand Germanie
            Se viendra rendre par simulé secours
            Au Roy des Roys ayde de Pannonie,
            Que sa révolte fera de sang grand cours.

XCI   L'horrible peste Perynte & Nicopolle,
           Le Cherfonnez tiendra & Marceloyne,
           La Thessalie vastera l'Amphipolle,
           Ma incogneu, & le refus d'Anthoine.

LXXXV   Atraviesa Guienne, Languedoc y el Ródano,
de Agen los amos de Marmanda y la Roole,
de abrir por fuego pared, Foceo tendrá su trono,
conflicto próximo a San Pol de Manseole.

LXXXVI   Del burgo Lareyne llegarán directamente a Chartres,
y harán cerca del puente Antonio parada,
siete para la paz cautelosa como Martres,
harán entrada militar en París clausurado.

LXXXVII   Por el bosque de Toufon desbrozada,
por la ermita será puesto el templo,
el duque de Estempes por su ardid inventado,
del monte Lehori prelado dará ejemplo.

LXXXVIII   Calais, Arras, socorros a Theoranne,
paz y apariencia simulará la escucha,
tropa de Alóbroges descenderá por Ruán.

LXXXIX   Siete años tendrá Felipe fortuna próspera,
rechazará de los árabes el esfuerzo,
después su perplejidad en mediodía asunto complicado,
joven ogmión hundirá su fuerza.

XC   Un capitán de la gran Germania
vendrá a rendirse por simulado socorro:
al rey de los reyes ayuda de Pannoia,
que su revuelta hará de sangre gran curso.

XCI   La horrible peste Perinto y Nicópolis,
el Queroneso resistirá y Marcelonia,
Tesalia devastará Anfípolis,
mal desconocido, y el rechazo de Antonio.

XCII   Le Roy voudra en cité neufve entrer,
       Par ennemis expugner l'on viendra:
       Captif libere sauls dire & perpetrer,
       Roy dehors estre, loin d'ennemis tiendra.

XCIII Les ennemis du fort bien esloignez,
       Par chariots conduict le bastion,
       Par sur les murs de Bourges esgrongunz,
       Quand Hercules batira l'Haemathion.

XCIV   Foibles galeres seront unies ensemble,
       Ennemis faux le plus fort en rempart:
       Faible assaillies Vratislave tremble,
       Lubecq & Maysne tiendront barbare part.

XCV   Le nouveau faict conduira l'exercice,
       Proche apamé iusqu'au'aupres du rivage,
       Tendant secours de Milannoille eslite,
       Duc yeux privé à Milan fer de cage.

XCVI   Dans cité entrer exercit desniee,
       Duc entrera par persuasion,
       Aux foibles portes clam armee amenee,
       Mettront feu, mort, de sang effusion.

XCVII De mer copie en trois pars divisee,
       A la seconde les vivres failleront,
       Desesperez cherchant champs Helisees,
       Premíers en breche entrez victoire auront.

XCVIII Les affligez par faute d'un seul taint,
       Contremenant à partie opposite,
       Aux Lygonnois mandera que contraint
       Seront de rendre le grand chef de Molite.

XCII El rey querrá en ciudad nueva entrar,
por enemigos se le llegará a expugnar:
Cautivo liberado falso decir y perpetrar,
rey fuera estar, lejos de enemigos se sostendrá.

XCIII Los enemigos del fuerte muy alejados,
mediante carromatos conducido el bastión,
por sobre los muros de Bourges hechos pedazos,
cuando Hércules derrote al Emación.

XCIV Débiles galeras serán unidas juntas,
enemigos falsos el más fuerte en fortificación:
Débiles asaltos, Bratislavia temblar,
Lubec y Misia tendrán bárbara parte.

XCV El nuevo hecho conducirá el ejército,
próximo abatido hasta cerca de la orilla,
aguardando socorros de la Milanesa élite,
duque falto de ojos en Milán hierro de jaula.

XCVI En ciudad entrar ejército rechazado,
duque entrará por persuasión,
a los débiles portones clamores ejército llevado,
prenderán fuego, muerte, de sangre efusión.

XCVII De mar tropas en tres partes divididas,
a la segunda víveres le faltarán,
desesperados buscando Campos Elíseos,
primeros por brecha entrados victoria alcanzarán.

XCVIII Los agligidos por falta de un solo envite,
contraguiando a la parte opuesta,
a los ligones mandará que obligados
tendrán que rendirse al gran jefe de Molita.

XCIX Vent Aquilon fera partir le siege,
        Par murs getter cendres, chauls, & poussiere:
        Par pluyes apres, qu'il leur fera bien piege,
        Dernier secours encontre leur frontiere.

  C Navalle pugne nuit sera superee,
        Le feu, aux naves à l'Occident ruine
        Rubriche neusve, la grand nef coloree,
        Ire à vaincu, & victoire en bruine.

CENTURIE X

  I A l'ennemy, l'ennemy foy promise,
        Ne se tiendra, les captifs retenus:
        Prins, preme mort, & le reste en chemise,
        Damné le reste pour estre soustenus.

  II Voille gallere voil de nef cachera,
        La grande classe viendra sortir la moindre,
        Dix naves proches le tourneront pousser,
        Grande vaincue unies à soy ioindre.

  III En apres cinq troupeau ne mettra hors,
        Un fuytif pour Penelon laschera,
        Faux murmurer, secours venir par lors,
        Le chef le siege lors abandonnera.

  IV Sus la minuict condueteur de l'armee,
        Se sauvera subit esvanouy,
        Sept ans apres la fame mon blasmee
        A son retour ne dira oncq ouy.

XCIX Viento Aquilón hará partir la sede,
por muros lanzar cenizas, cal y polvo:
Por lluvias después, que les causará bastante perjuicio,
último socorro encuentra en su frontera.

C Naval pugna noche será superada,
el fuego, a las naves en Occidente ruina:
Rúbrica nueva, la gran nave colorada,
irá al vencido, y victoria en brumas.

CENTURIA X

I Al enemigo, el enemigo sea prometido,
no se tendrá, los cautivos retenidos:
Capturados, apremia la muerte, y el resto en camisa,
condenado el resto para ser sostenidos.

II Vela galera vela de nave esconderá,
la gran flota llegará a hacer salir la pequeña,
diez naves cercanas la volverán a empujar,
grande vencida unidas a su alrededor unir.

III Y después no pondrá fuera cinco rebaños,
un fugitivo para Penelón dejará,
falso murmurar, socorro venir por entonces,
el jefe la sede entonces abandonará.

IV Hacia la medianoche conductor de la armada,
se salvará súbitamente desvanecido,
siete años después censurada,
a su vuelta no dirá más que sí.

   V Albi & Castres feront nouvelle ligue,
      Neuf Arriens Lisbon & Portugues,
      Carcas, Tholose consumeront leur brigue,
      Quand chef neuf monstre de Lauragues.

  VI Sardon Nemans si hault desborderont
      Qu'on cuidera Deucalion renaistre,
      Dans le colosse la pluspart fuyront,
      Vesta sepulchre feu estaint apparoistre.

 VII Le grand conflit qu'on appreste à Nancy,
      L'Aemathien dira tout ie soubmets,
      L'isle Britanne par vin, sel en solcy,
      Hem. mi. deux Phi. long temps ne tiendra Mets.

VIII Index & poulse parfondera le front
      De Senegalia la Comte à son fils propre,
      La Myrnamee par plusieurs de prin front
      Trois dans sept iours blesses mors.

  IX De Castillon figuieres iour de brune,
      De femme infame naistra souverain prince
      Surnom de chausses perhume luy posthume
      Onc Roy ne fut si pire en sa province.

   X Tasche de meurdre, enormes adulteres,
      Grand ennemy de tout le genre humain,
      Que sera pire qu'ayeuls, oncles, ne peres,
      En fer, feu, eau, sanguin & inhumain.

  XI Dessous Ionchere du dangereux passage,
      Fera passer le postume sa bande,
      Les monts Pyrens passer hors son bagage,
      De Parpignan courira Duc à Tende.

V   Albi y Castres crearán nueva liga,
nuevos arrianos Lisboa y portugueses,
Carcas, Toulouse consumirán su intriga,
cuando jefe nuevo monstruo de Lauragnes.

VI   Sardón Nemans tan alto desbordarán,
que se deseará Deucalión renacer,
en el coloso la mayoría huirán,
vesta sepulcro fuego extinto resurgir.

VII   El gran conflicto que se prepara en Nancy,
el Emaciano dirá «todo yo someto»,
la Isla Británica por vino, sal en abundancia,
hem. mi. dos Phi. por largo tiempo no ocupará Metz.

VIII   Índice vulgar fundirán la frente
de Senegalia el conde a su propio hijo
la Myrnamea por muchos señalada la frente,
tres en siete días heridos de muerte.

IX   De Castellón higueras de brumas,
de mujer infame nacerá soberano príncipe,
sobrenombre de calzado para sí mismo póstumo,
nunca hubo rey tan peor en su provincia.

X   Labor de muerte, enormes adulterios,
gran enemigo de todo el género humano,
que será peor que abuelos, tíos, ni padres,
en hierro, fuego, agua, sanguinario e inhumano.

XI   Bajo La Junquera del paso peligroso,
hará pasar el póstumo a su tropa,
los montes Pirineos pasar fuera su bagaje,
de Perpiñán correrá el duque a Tende.

XII Esleu en Pape, d'esleu sera mocqué,
Subit soudain esmeu prompt & timide,
Par trop bon doux à mourir provoqué,
Crainte estainte la nuict de sa mort guide.

XIII Souz la pasture d'animaux ruminant
Par eux conduicts au ventre helbipolique,
Soldats cachez, les armes bruit menant,
Non loin ternptez de cité Antipolique.

XIV Urnel Vaucile sans conseil de soy mesmes
Hardit timide, par crainte prins, vaincu,
Accompagné de plusieurs putains blesmes
A Barcellonne aux chartereux convaincu.

XV Pere duc vieux d'ans & de soif chargé,
Au iour extreme fils desniant l'esguiere
Dedans le puis vif mort viendra plongé,
Senat au fil la mort longue & legere.

XVI Heureux au regne de France, heureux de vie
Ignorant sang, mort, fureur & rapine,
Par non flateurs seras mis en envie,
Roy desrobé, trop de foye en cuisine.

XVII La Royne Ergaste voyant sa fille blesme,
Par un regret dans l'estomach enclos,
Crys lamentables seront lors d'Angolesme,
Et au germain mariage forclos.

XVIII Le rang Lorrain fera place à Vendosme,
Le haut mis bas, & le bas mis haut,
Le fils de Hamon sera esleu dans Rome,
Et les deux grands seront mis en defaut.

XII   Elegido Papa, de elegido será mofado,
súbita y repentinamente emocionado presto y tímido,
por demasiado bueno dulce a morir provocado,
temor extinguido la noche de su muerte guía.

XIII   Bajo los pastos de animales rumiantes,
por ellos conducidos al vientre herbipólico,
soldados escondidos, las armas haciendo ruido,
no lejos tentados de la ciudad Antopólica.

XIV   Urnel Vaucile sin consejo de sí mismo,
atrevido tímido, por miedo preso, vencido,
acompañado de muchas rameras pálidas,
en Barcelona a los cartujo convencido.

XV   Padre duque viejo en años y de sed cargado,
el último día hijo rechazado el vaso,
dentro del pozo vivo muerto será sumergido,
Senado al hijo la muerte larga y ligera.

XVI   Felices en el reino de Francia, felices de vida,
ignorando sangre, muerte, furor y rapiña,
por no aduladores será puesto en envidia,
rey ocultado, demasiado hígado en cocina.

XVII   La reina Ergaste viendo su hija pálida
por un pesar en el estómago cercado,
grito lamentables habrán entonces en Angulema,
y al germano matrimonio excluido.

XVIII   El rango lorenés cederá plaza a Vendome,
lo alto puesto abajo, y lo de abajo puesto alto,
el hijo de Hamón será elegido en Roma,
y los dos grandes habrán fracasado.

XIX   Iour que sera par Royne Salvee,
        Le iour apres le salut, la priere:
        Le compte falt raison & valbuee,
        Par avant humble oncques ne fut si fiere.

XX   Tous les amys qu'auront tenu party,
        Pour rude en lettres mis mort & saccagé,
        Biens oubilez par fixe grand neanty.
        Onc Romain peuple ne fut tant outragé.

XXI   Par le despit du Roy soustenant moindre,
        Sera meurdry luy presentant les bagues;
        Le pere au fils voulant noblesse poindre
        Fait, comme à Perse iadis feirent les Magues.

XXII   Pour ne vouloir consentir au divorce,
        Qui puis apres sera cognu indigne,
        Le Roy des Isles sera chassé par force,
        Mis à son lieu qui de roy n'aura signe.

XXIII   Au peuple ingrat faictes les remonstrances,
        Par lors l'armee se saisira d'Antibe.
        Dens l'arc Monech feront les doleances
        Et à Freius l'un l'autre prenda Ribe.

XXIV   La captif prince aux Italles vaincu,
        Passera Gennes par mer iusqu'à Marseille,
        Par grand effort des forens survaincu,
        Sauf coup de feu barril liqueur d'abeille.

XXV   Par Nebro ouvrir de Brisanne passage,
        Bien esloignez el rago fara muestra,
        Dans Pelligouxe sera commis l'o'utrage
        De la grand dame assise sur l'orchestra.

XIX Día que será saludado por reina,
el día después del saludo, la oración:
La cuenta hecha razón y balbuceada,
por antes humilde nunca fue tan fiera.

XX Todos los amigos que habrán tomado partido,
por rudo en cartas puesto muerto y saqueado,
bienes olvidados por fijo gran aniquilación,
nunca el pueblo romano fue tan ultrajado.

XXI Por el despecho del rey sosteniendo lo inferior,
será herido presentándole anillos;
el padre al hijo queriendo nobleza inspirar,
hace, como en Persia en su día hicieran los Magos.

XXII Para no querer consentir en el divorcio,
quien luego después será conocido indigno,
el rey de las islas será expulsado por la fuerza,
puesto en su lugar quien de rey no tendrá señal.

XXIII Al pueblo ingrato hechas las amonestaciones,
por aquel entonces el ejército se apoderará de Antíbes,
en el arco Mónaco harán las reclamaciones,
y en Freius uno y otro tomará Ribe.

XXIV El cautivo príncipe en las Italias vencido,
pasará Genova por mar hasta Marsella,
por gran esfuerzo de extraños sobrevencido,
salvo disparo barril de licor de abejas.

XXV Por Nebri abrir de Brisanne paso,
bien alejados la habladuría hará aparición,
en Pelligouse será cometido ultraje,
de la gran dama sentada sobre la orquesta.

XXVI   Le successeur vengera son beau frere,
Occuper regne souz umbre de vengeance,
Occis ostacle son sang mort vitupere,
Long temps Bretaigne tiendra avec la France.

XXVII   Par le cinquiesme & un grand Hercules
Viendront le temple ouvrir le main bellique,
Un Clement, Iule & Ascans recules,
Lespee, clef, aigle, n'eurent onc si grand picque.

XXVIII   Second & tiers qui font prime musique
Sera par Roy en honneur sublimee,
Par grasse & maigre presque demy eticque
Raport de Venus faulx rendra deprimee.

XXIX   De Pol Mansol dans caverne caprine
Caché & prins extrait hors par la barbe,
Captif mené comme beste mastine,
Par Begourdans amenee pres de Tarbe.

XXX   Nepveu & sang du saint nouveau venu,
Par le surnom soustient arcs & couvert
Seront chassez & mis à mort chassez nu,
En rouge & noir convertiront leur vert.

XXXI   Le sainct empire vienra en Germanie,
Ismaëlites trouveront lieux ouverts,
Anes voudront aussi la Carmanie,
Les soustenans de terre tous couverts.

XXXII   Le grand empire chacun en devoit estre,
Un sur les autres le viendra obtenir:
Mais peu de temps sera son regne & estre,
Deux ans aux naves se pourra soustenir.

XXVI El sucesor vengará a su cuñado,
ocupar reino bajo sombra de venganza,
destruido obstáculo su sangre muerte vitupera,
largo tiempo Bretaña estará con Francia.

XXVII Por el quinto y uno gran Hércules,
vendrán a abrir el templo con mano bélica,
un Clemente, Julio y Ascans retirados,
la espada, llave, águila, no tuvieron tan gran lucha.

XXVIII Segundo y tercero que hacen primera música,
será por rey en honor sublimado,
por grueso y flaco casi médica ética,
informe de Venus falso volverá deprimido.

XXIX De Pol Mansol en caverna capruna,
escondido y capturado sacado fuera por la barba,
cautivo llevado como bestia mastín,
por Begourdans llevado cerca de Tarbes.

XXX Sobrino y sangre del santo recién llegado,
por el sobrenombre sostienen arcos y cubierto,
serán expulsados y condenados a muerte arrojados desnudos,
en rojo y negro convertirán su verde.

XXXI El santo imperio llegará a Germania,
ismaelitas encontrarán lugares abiertos,
asnos querrán también la Carmania,
los sustentantes de tierra todos cubiertos.

XXXII El gran imperio cada año debía estar,
uno sobre otros llegará a obtenerlo:
Pero poco tiempo durará su reino y ser,
dos años a las naves se podrá aguantar.

XXXIII   La faction cruelle à robbe longue,
Viendra cachez souz les pointus poignards:
Saisir Florence le duc & lieu diphlongue,
Sa descouverte par immurs & flangnards.

XXXIV   Gaulois qu'empire par guerre occupera,
Par son beau frere mineur sera trahy,
Par tyrannie à l'Isle changeant pris.
Du fait le frere long temps sera hay.

XXXV   Puisnay Royal flagrand d'ardant libide,
Pour se iouyr de cousine germaine:
Habit de femme au temple d'Artemide:
Allant meurdry par incognu du Maine.

XXXVI   Apres le Roy du Soucq guerres parlant,
L'isles Harmotique le tiendra à mespris:
Quelques ans bons rongeant un & pillant,
Par tyrannie à l'Isle changeant pris.

XXXVII   L'assemblee grande pres du lac de Borget,
Se rallieront pres de Montmelian:
Marchans plus outre pensifs feront proget,
Chambry Moriane combat sainct Iulian.

XXXVIII   Amour alegre non loing pose le siege,
Au sainct Barbar seront les garnisons:
Ursins Hadrie pour Gaulois feront plaige,
Pour peur rendus de l'armee aux Grisons.

XXXIX   Premier fils vefue malheureux mariage,
Sans nuls enfans deux Isles en discord,
Avant dix huiet incompetant aage,
De l'autre pres plus bas sera l'accord.

XXXIII La facción cruel con vestido largo,
vendrá a esconder debajo de puntiagudos puñales:
Tomar Florencia el duque y lugar inflamado,
su descubrimiento por inmaduros y desleales.

XXXIV Galos que imperio por guerra ocupará,
por su cuñado menor será traicionado,
por caballo rudo volteando arrastrará,
de hecho el hermano por mucho tiempo será odiado.

XXXV Segundón del rey flagrante de ardiente líbido,
para el mismo gozar de su prima hermana:
Vestido de mujer en el templo de Artemisa,
viajero herido por desconocido del Maine.

XXXVI Después el rey del Soucq hablando de guerras,
las islas Harmóticas le tendrán en menosprecio:
Algunos buenos años royendo uno y robando,
por tiranía en la isla cambio tomado.

XXXVII La gran asamblea cerca del lado de Borget,
se reunirán cerca de Montmelian:
Yendo más allá los pensadores harán proyecto,
Chambery Moriane combate San Julián.

XXXVIII Amor alegre no lejos sitúa la sede,
para el santo Bárbaro serán las guarniciones:
Ursinos Hadria para galos harán trampa,
por miedo rendidos de la armada a los Grisones.

XXXIX Primer hijo de la viuda desgraciado matrimonio,
sin ningún hijo dos islas en discordia,
antes de dieciocho incompetente edad,
del otro cerca más bajo será el acuerdo.

XL   La ieune nay au regne Britannique,
         Qu'aura le pere mourant recommandé,
         Iceluy mort Lonole donra topique,
         Et à son fils le regne demandé.

XLI   En la frontiere de Caussade & Charlus,
         Non guieres loing du fond de la vallee,
         De ville Franche musique à son de luths,
         Environnez combouls & grand mittee.

XLII   Le regne humain d'Anglique geniture,
         Fera son regne paix union tenir:
         Captive guerre demy de sa closture,
         Long temps la paix leur fera maintenir.

XLIII   Le trop bon temps trop de bonté royalle,
         Fais & deffais prompt subit negligence:
         Legiers croira faux d'espouse loyalle,
         Luy mis à mort par sa benevolence.

XLIV   Par lors qu'un Roy sera contre les siens,
         Natif de Bloye subiuguera Ligures,
         Mammel, Cordube & les Dalmatiens,
         De sept puis l'ombre à Roy estrennes & le mures.

XLV   L'ombre du regne de Navarre non vray,
         Fera la vie de desort illegitime:
         La veu promis incertain de Cambray,
         Roy Orleans donra mur legitime.

XLVI   Vie sort mort de l'or vilaine indigne,
         Sera de Saxe non nouveau electeur:
         De Brunsvic mandra d'amour signe,
         Faux le rendant au peuple seducteur.

XL La joven nacida en el reino británico,
que habrá recomendado al padre agonizante,
aquel muerto Lonole dará tópico,
y a su hijo el reino demandado.

XLI En la frontera de Caussade y Charlus,
no demasiado lejos del fondo del valle,
de villa Franca música a son de laúdes,
rodeados Combouls y la gran embajada.

XLII El reino humano de Anglica progenie,
hará su reino paz y unión tener:
Cautiva guerra mitad de su clausura,
largo tiempo la paz les hará mantener.

XLIII El demasiado buen tiempo demasiada bondad real,
hace y deshace pronto súbita negligencia:
Ligero creerá lo falso de esposa leal,
le condena a muerte por su benevolencia.

XLIV Por entonces que un rey estará contra los suyos,
nativo de Blois subyugará Ligures,
Menmel, Córdoba y los dalmacianos,
de siete después la sombra al rey dádivas y lemures.

XLV La sombra del reino de Navarra, no verdadero,
hará la vida en trono ilegítimo:
El deseo prometido incierto de Cambrai,
rey Orleáns dará muro legítimo.

XLVI Vida sale muerte del oro villana indigna,
de Sajonia será no nuevo elector;
de Brunswick mandará de amor signo,
volviendo falso al pueblo seductor.

XLVII   De Bourze valle à la Dame Guyrlande,
L'on mettra sus par la trahison faicte
Le grand prelat de Leon par Formande,
Faux pellerins & ravisseur deffaicte.

XLVIII   Du plus profond de l'Espaigne enseigne,
Sortant du bout & des fins de l'Europe,
Troubles passant aupres du pont de Laigne,
Sera deffaicte par bande sa grand troupe.

XLIX   Iardin du monde aupres de cité neufve,
Dans le chemin des montagnes cavees:
Sera saisi & plongé dans la cuve,
Beuvant par force caux soulphre envenimees.

L   La Meuse au iour terre de Luxembourg,
Decouvrira Saturne & trois en lurne:
Montaigne & pleine, valle, cité & bourg,
Lorrain deluge, trahison par grand hurne.

LI   Des lieux plas bas du pays de Lorraine,
Seront des basses Allemaignes unis:
Par ceux du siege Picards, Normans, du Maisne,
Et aux cantons se seront reünis.

LII   Au lieu où Laye & Scelde se marient,
Seront les nopces de long temps maniees:
Au lieu d'Anvers où la crappe charient,
Ieune vieillesse consorte intaminee.

LIII   Les trois pelices de long s'entrebatron,
La plus grand moindre demeurera à l'escounte:
Le grand Selin n'en sera plus patron,
Le nommera feu peltre blanche routte.

XLVII De Bourze a la dama Guyrlande,
se le situará en alto lugar por la traición hecha,
el gran prelado de León por Formande,
falsos peregrinos y raptor abatido.

XLVIII De lo más hondo de la enseña de España,
saliendo del final y de los confines de Europa,
tumultos ocurriendo junto al mar de Laigne,
será derrotada su gran tropa por banda.

XLIX Jardín del mundo junto a la ciudad nueva,
en el camino de montañas socavadas:
Será asido y sumergido en la cuba,
bebiendo por la fuerza aguas envenenadas con sulfuro.

L El Mosa al día tierra de Luxemburgo,
descubrirá Saturno y tres en la urna:
Montaña y llano, villa, ciudad y burgo,
Lorena diluvio, traición por gran urna.

LI De los lugares más bajos del país de Lorena,
serán unidas las bajas Alemanias:
Por los de la sede Picardos, normandos del Maine,
y en los cantones se habrán reunido.

LII En el lugar donde Laye y Escalda se casan,
serán las nupcias manejadas largo tiempo:
En el lugar de Amberes donde las aguas corren,
joven vejez consorte incontaminado.

LIII Los tres pellejeros de lejos se batirán,
la más grande menor quedará a la escucha:
El gran Selín no será más jefe,
lo nombrará fuego peltre blanca ruta.

LIV Nec en ce monde par concubine fertive,
      A deux hault mise par les tristes nouvelles,
      Entre ennemis sera prinse captive,
      Amenee à Malings & Bruxelles.

LV Les malheureuses nopces celebreront
      En grande ioye: mais la fin malheureuse,
      Mary & mere nore desdaigneront,
      Le Phibe mort, & nore plus piteuse.

LVI Prelat royal son baissant trop tiré,
      Grand flux de sang sortira par sa bouche,
      Le regne Anglicque par regne respiré,
      Long temps mort vifs en Tuns comme souche.

LVII Le sublevé ne cognoistra son sceptre,
      Les enfans ieunes des plus grands honnira:
      Oncques ne fut un plus ord cruel estre,
      Pour leurs espouses à mort noir bannira.

LVIII Au temps du dueil que le felin monarque
      Guerroyera la ieune Aemathien:
      Gaule bransler, perecliter la barque,
      Tenter Phossens au Ponant entretiene.

LIX Dedans Lyon vingt-cinq d'une halaine,
      Cinq citoyens Germains, Bressans, Latins;
      Par dessous noble conduiront longue traine,
      Et descouverts par abbois de mastins.

LX Ie pleure Nisse, Mannego, Pize, Gennes,
      Savonne, Sienne, Capue, Modene, Malte;
      Le dessus sang, & glaive par estrennes,
      Feu, trembler terre, eau, malheureuse nolte.

LIV Nacida en este mundo de fugaz concubina,
a dos en alto situada por las tristes noticias,
entre enemigos será tomada cautiva,
conducida a Malinas y Bruselas.

LV Las desgraciadas nupcias se celebrarán
en medio de gran alegría; pero el final desgraciado,
María madre y nuera, desdeñarán,
el Phibe muerto, y nuera más lastimada.

LVI Prelado real su salud disminuyendo demasiado,
gran flujo de sangre saldrá por su boca,
el reino Anglico por reino respirado,
largo tiempo muertos en Túnez como cepa.

LVII El sublevado no conocerá su cetro,
los hijos jóvenes de los mayores infamará:
Y nunca existió un ser más cruel,
para sus esposas a muerte negro desterrará.

LVIII En tiempo de duelo felino monarca,
guerreará contra la joven Emaciana:
Galia sacudir, hundir la barca,
tentas focenses en la conversación Poniente.

LIX En Lyon veinticinco de un hálito,
cinco ciudadanos germanos, brescianos, latinos:
a escondidas del noble conducirán larga ristra,
y descubiertos por ladridos de mastines.

LX Lloro por Niza, Manego, Pisa, Génova,
Savona, Siena, Capua, Módena, Malta;
por encima sangre, y espada como propina,
fuego, temblar tierra, agua, desgraciada señal.

LXI   Betta, Vienne, Emorre Sacarbance,
Voudront livrer aux Barbares Pannone:
De feu & sang en cité de Bisance,
Les coniurez descouverts par matrone.

LXII   Pres de Sorbin pour assaillir Ongrie,
L'heraut de Brudes les viendra advertir:
Chef Bisantin, Sallon de Sclavonie,
A loy d'Arabes les viendra convertir.

LXIII   Cydron, Raguse, la cité au sainct Hieron,
Revendira le mendicant secours:
Mort fils de Roy par mort de deux heron,
L'Arabe, Ongrie feront un mesme cours.

LXIV   Pleure Milan, pleure Lucques, Florance,
Que ton grand Duc sur le char montera,
Changer le siege prese de Venise s'advance,
Lors que Colonne à Rome changera.

LXV   O vaste Rome ta ruyne s'approche,
Non de tes murs, de ton sang & substance:
L'aspre par lettre fera si horrible coche,
Fer poinctu mis à tous iusques au manche.

LXVI   Le chef de Londres par regne l'Americh,
L'Isle d'Escosse t'empiera par gelee:
Roy Reb auront un si faux Antechrist,
Qui les mettra trestous dans la meslee.

LXVII   Le tremblement si fort au mois de May,
Saturne, Caper, Iupiter, Mercure au boeuf:
Venus, aussi Cancer, Mars en Nonnay.
Tombera gresle lors plus grosse qu'un oeuf.

LXI   Betta, Viena, Emorre Sacarbance,
querrán entregar a los bárbaros Pannonia:
De fuego y sangre en ciudad de Bizancio,
los conjurados descubiertos por matrona.

LXII   Cerca de Sorbín para atacar Hungría,
el heraldo de Brudes los vendrá a advertir:
Jefe bizantino, Sallón de Esclavonia,
a ley de árabes los vendrá convertir.

LXIII   Cydrón, Ragusa, la ciudad de San Hierón,
reivindicará el mendicante socorro:
Muerto hijo de rey por muerte de dos garzas,
Arabia, Hungría seguirán un mismo camino.

LXIV   Llora Milán, llora Luca, Florencia,
que tu gran duque sobre el carro montará,
cambiar la sede cerca de Venecia se avanza,
cuando Colonia a Roma cambiará.

LXV   ¡Oh, vasta Roma!, tu ruina se acerca,
no de tus muros, de tu sangre sustancia:
El áspero por cartas hará tan horrible mezquindad,
hierro puntiagudo hundido a todos hasta el mango.

LXVI   El jefe de Londres por reino América,
la isla de Escocia te perjudicará por helada:
Rey Reb tendrá un tan falso anticristo,
que les meterá a todos en la disputa.

LXVII   El temblor tan fuerte en el mes de mayo,
Saturno, Capricornio, Júpiter, Mercurio en buey:
Venus, también Cáncer, Marte en Nonnay,
caerá pedrisco entonces más grueso que un huevo.

LXVIII   L'armee de mer devant cité tiendra,
Puis partira sans faire longue allee:
Citoyens grande proye en terre prendra,
Retourner classe reprendre grande emblee.

LXIX   Le fer luysant de neuf vieux eslevé,
Seront si grands par Midy Aquilon:
De sa seur propre grandes alles levé,
Fuyant meurdry au buisson d'Ambellon.

LXX   L'oeil par obiect fera telle excroissance,
Tant & ardente que tombera la neige.
Champ arrousé viendra en decroissance,
Que le primat succombera à Rege.

LXXI   La terre & l'air geleront si grand eau,
Lors qu'on viendra pour ieudy venerer.
Ce qui sera iamais ne fut si beau,
Des quatre parts le viendront honorer.

LXXII   L'an mil neuf cens nonante neuf sept mois.
Du ciel viendra un grand Roy d'effrayeur:
Resusciter le grand Roy d'Angolmois,
Avant apres Mars regner par bon heur.

LXXIII   Le temps present avecques le passé,
Sera iugé par grand Iovialiste:
Le monde tard luy sera lassé,
Et desloyl par le clergé iuriste.

LXXIV   Au revolu du grand nombre septiesme,
Apparoistra au temps ieux d'Hecatombe,
Non esloigné du grand aage milliesme,
Que les entrez sortiront de leur tombe.

LXVIII La armada del mar ante la ciudad aguantará,
despúes partirá sin hacer un largo recorrido:
Ciudadanos gran presa en tierra tomarán,
volver flota proseguir con gran empuje.

LXIX El hierro luciendo de nuevo viejo ensalzado,
serán tan grandes por el Medio Aquilón:
De su propia hermana grandes alas alzadas,
huyendo magullado al bosquecillo de Ambelón.

LXX El ojo por objeto hará tal excrecencia,
tanta y ardiente que caerá la nieve.
Campo irrigado llegará su decadencia,
que el primado sucumbirá en Rege.

LXXI La tierra y el aire helarán tan gran agua,
cuando se vaya por jueves venerar.
Lo que nunca será ni fue tan bello,
de las cuatro partes le vendrán a honrar.

LXXII El año mil novecientos noventa y nueve siete meses,
del cielo arribará un gran rey de horror:
Resucitar el gran rey de Angolmois,
antes después Marte reinar por felicidad.

LXXIII El tiempo presente con el que fue pasado,
será juzgado por gran jovialista:
El mundo tarde le habrá cansado,
y desleal por la clerecía jurista.

LXXIV Con el cumplimiento de gran número séptimo,
aparecerán en el tiempo juegos de Hecatombe,
no alejados de la gran edad milésima,
que los entrados saldrán de sus tumbas.

LXXV Tant attendu ne reviendra iamais.
Dedans l'Europe, en Asie apparoistra,
Un de la ligue yssu du grand Hermes,
Et sur tous Roys des Orients croistra.

LXXVI Le grand Senat discernera la pompe,
A l'un qu'apres sera vaincu chassez,
Ses adherans seront à son de tromps.
Biens publiez, ennemis dechassez.

LXXVII Trente adherans de l'ordre des quirettes
Bannis, leurs biens donnez ses adversaires,
Tous leurs bienfaits seront pour demerites,
Classe espargie delivrez aux Corsaires.

LXXVIII Subite ioye en subite tristesse,
Sera à Rome aux graces embrassees,
Dueil, cris, pleurs, larm sang excellent liesse
Contraires bandes surprinses & troussees.

LXXIX Les vieux chemins seront tous embellis,
Lon passera à Menphis somentrees,
Se grand Mercure d'Hercules fleur de lys
Faisant trembler terre, mer & contrees.

LXXX Au regne grand du grand regne regnant,
Par force d'armes les grands portes d'airain
Fera ouvrir, le Roy & Duc ioignant,
Port demoly, nef à fons, our serain.

LXXXI Mis tresor temple citadins Hesperiques,
Dans iceluy retiré en secret lieu:
Le temple ouvrir le liens fameliques,
Reprens, ravis, proye horible au milieu.

LXXV El tan esperado no volverá jamás,
en el interior de Europa, en Asia aparecerá,
uno de la liga salido del gran Hermes,
y sobre todo los reyes de Oriente crecerá.

LXXVI El gran Senado concederá la pompa,
a uno que después de vencido será expulsado,
sus partidarios serán a son de trompetas.
Bienes publicados, enemigos desterrados.

LXXVII Treinta partidarios del orden de los quírites
desterrados, sus bienes entregados a sus adversarios,
todos sus beneficios serán para deméritos,
flota dispersa entregada a los corsarios.

LXXVIII Súbita alegría en súbita tristeza,
será en Roma por las gracias concedidas,
luto, gritos, lloros, lágrimas, sangre, excelente unión,
contrarias bandas sorprendidas y desarticuladas.

LXXIX Los viejos caminos serán todos embellecidos,
se pasará a Menfis advertencias:
El gran Mercurio de Hércules flor de lis,
haciendo temblar tierra, mar y regiones.

LXXX En el reino grande del gran reino reinante,
por la fuerza de las armas las grandes puertas de bronce
hará abrir, el rey y duque unidos,
Puerto demolido, nave en el fondo, día sereno.

LXXXI Puesto tesoro templo ciudadanos hespéricos,
en este lugar retirado en secreto:
El templo abrir las cadenas famélicas,
recobrado, arrebatado, presa horrible en el medio.

LXXXII   Cris, pleurs, larmes viendront avec couteaux,
Semblant fuir, donront dernier assault:
L'entour parques planter profonds plateaux,
Vifs repoussez & meurdris de prinsault.

LXXXIII   De batailler ne sera donné signe,
Du parc seront contraints de sortir hors:
De Gand l'entour sera cogneu l'ensigne,
Qui fera mettre de tous les siens à morts.

LXXXIV   Le naturelle à si hault non bas,
Le tard retour fera maris contens:
Le Recloing ne sera sans debats,
En employant & perdant tout son temps.

LXXXV   Le vieil tribun au point de la trehemide
Sera pressee, captif ne delivrer,
Le vueil non vueil, le mal parlant timide,
Par legitime à ses amis livrer.

LXXXVI   Comme un gryphon viendra le Roy d'Europe,
Accompagné de ceux d'Aquilon,
De rouges & blancs conduira grand troupe,
Et iront contre le Roy de Babylon.

LXXXVII   Grand Roy viendra prendre port pres de Nisse,
Le grand empire de la mort si en fera,
Aux Antipolles posera son genisse,
Par mer la Pille tout esvanouyra.

LXXXVIII   Pieds & Cheval à la seconde veille
Feront entree vastient tout par la mer:
Dedans le poil entrera de Marseille,
Pleurs, crys & sang, onc nul temps si amer.

LXXXII   Gritos, lloros, lágrimas vendrán con cuchillos,
pareciendo huir, darán el último asalto:
En los parques de los alrededores plantas profundos bancales,
vivos rechazados y maltrechos en el asalto.

LXXXIII   De combatir no se dará la señal,
del parque serán obligados a salir fuera:
De Gante en los alrededores será conocida la enseña,
que hará condenar a todos los suyos a muerte.

LXXXIV   Lo natural a tan alto no baja,
la vuelta tardía hará maridos contentos:
El Recloing no estará sin debates,
empleando y perdiendo todo su tiempo.

LXXXV   El viejo tribuno al borde de la angustia
será apresado, cautivo no liberar,
el viejo no viejo, el mal hablando tímido,
por legítimo a sus amigos entregado.

LXXXVI   Como un buitre vendrá el rey de Europa,
acompañado de los de Aquilón,
de rojos y blancos conducirá gran tropa,
e irán contra el rey de Babilonia.

LXXXVII   Gran rey vendrá a capturar puerto cercano a Niza,
el gran imperio de la muerte tanto lo hará,
en las Antípodas pondrá su novillo,
por mar la Pille todo se desvanecerá.

LXXXVIII   Pies y caballo en la segunda vigilia
harán su entrada devastando todo por el mar:
En el puerto de Marsella entrará,
lloros gritos, sangre, nunca ningún tiempo tan amargo.

LXXXIX   De brique en marbre seront les murs reduits,
           Sept & cinquante annees pacifiques:
           Ioye aux humains, renoué l'aqueduict,
           Santé, grands fruicts, ioye & temps malefique.

XC   Cent fois mourra le tyran inhumain,
           Mis à son lieu sçavant & debonnaire,
           Tout le Senat sera dessous sa main,
           Fasché sera par malin temeraire.

XCI   Clergé Romain l'an mil six cens & neuf,
           Au chef de l'an fera election:
           D'un gris & noir de la Compagne yssu,
           Qui onc ne fut si maling.

XCII   Devant le pere l'enfant sera tué,
           Le pere apres entre cardes de ionc,
           Genevois peuple sera esvertué,
           Gisant le chef au milieu comme un tronc.

XCIII   La barque neufve recevra les voyages,
           La & aupres transferont l'Empire:
           Beaucaire, Arles retiendront les hostages,
           Pres deux colonnes trouvees de Porphire.

XCIV   De Nismes, d'Arles, & Vienne contemner,
           N'obey tout à l'edict d'Hespericque:
           Aux labouriez pour le grand condamner,
           Six eschappez en habit seraphicque.

XCV   Dans les Espaignes viendra Roy tres puissant,
           Par mer & terre subiugant or Midy:
           Ce mal fera, rabaissant le croissant,
           Baisser les aisles à ceux du Vendredy.

LXXXIX De ladrillo en mármol serán los muros reducidos,
siete y cincuenta años pacíficos:
Alegría para los humanos, renovado el acueducto,
salud, grandes frutos, alegría y tiempos maléficos.

XC Cien veces morirá el tirano inhumano,
puesto en su lugar sabio y bonachón,
todo el Senado estará bajo su mano,
provocado será por temerario maligno.

XCI Clero romano el año mil seiscientos y nueve,
al jefe del año hará elección:
De un gris y negro de la Compañía salido,
que nunca nadie fue tan maligno.

XCII Ante el padre el hijo será matado,
el padre después entre cuerdas de junco,
genovés pueblo estará destrozado,
yaciendo el jefe en medio como un tronco.

XCIII La barca nueva recibirá los viajes,
allá y luego transferirán el imperio:
Beaucaire, Arlés retendrán a los rehenes,
cerca dos columnas halladas de Porfirio.

XCIV De Nimes, de Arlés y Viena contener,
no obedece todo al edicto de Hespérico:
A los labrados para el grande condenar,
seis escapados en hábito seráfico.

XCV A las Españas llegará rey muy poderoso,
por mar y tierra subyugando nuestro Midi:
Éste mal hará, rebajando el cuarto creciente,
bajar las alas a los del viernes.

XCVI Religion du nom des mers vaincra,
Contre la secte fils Adaluncatif,
Secte obstinee deploree craindra,
Des deux blessez par Aleph & Aleph.

XCVII Triremes pleines tout aage captifs,
Temps bon à mal, le doux pour amertume:
Proye à Barbares trop trost seront hastifs,
Cupide de voir plaindre au vent la plume.

XCVIII La splendeur claire à pucelle ioyeuse
Ne luyra plus, long temps, sera sans sel:
Avec marchans, ruffiens, loups odieuse,
Tous pesle mesle monstre universel.

XCIX La fin le loup, le lyon boeuf & l'asne,
Timide dama seront avec mastins:
Plus ne cherra à eux la douce manne,
Plus vigilance & custode aux mastins.

C Le grand Empire sera par Angleterre,
Le Pempotam des ans plus de trois cens:
Grandes copies passer par mer & terre,
Les Lusitains n'en seront pas contens.

XCVI   Religión de los mares vencerá,
contra la secta hijo Adaluncativo,
secta obstinada deplorada temerá,
de los dos heridos por Aleph y Aleph.

XCVII   Trirremes llenas de cautivos de toda edad,
tiempo de bueno a malo, lo dulce por amargura:
Botín para los bárbaros demasiado pronto tendrán dispuesto,
ávido de ver lamentarse al viento la pluma.

XCVIII   El esplendor claro de doncella alegre
no lucirá más, largo tiempo, estará sin sal:
Con mercaderes, rufianes, lobos odiosos,
todos casi mezclados monstruo universal.

XCIX   El fin del lobo, el león, buey y el asno,
tímida dama estarán con mastines:
Mas no caerá para ellos el dulce maná,
más vigilancia y custodia para los mastines.

C   El gran imperio será para Inglaterra.
el Pempotán de los años más trescientos:
Grandes tropas pasar por mar y tierra,
los lusitanos no estarán de ello contentos.

Otros profetas
y sus profecías

Capítulo Primero

¿QUIÉN FUE SAN JUAN?

Existe la creencia general de que el Apocalipsis relata los hechos que tendrán lugar al final de la Era Cristiana y, según las distintas interpretaciones que se dan del mismo, no parece que este fin sea nada halagüeño.

Es preciso hacer notar que la palabra Apocalipsis significa en griego algo así como «manifestación, revelación o profecía» sobre las cosas ocultas. Se atribuye a San Juan, apóstol de Jesús, de quien tan poco o nada se sabe, y fue escrito, al parecer, en la isla de Patmos, en el año 96, mientras San Juan se encontraba desterrado allí, y para su redacción se utilizó el griego popular y no el hebreo, aunque todo parece indicar que el estilo literario parabólico, propio de la época en Israel, apunta hacia el autor del cuarto Evangelio.

San Juan, por ser discípulo de Cristo y predicar su dotrina fue desterrado al Dodecaneso, donde se encuentra Patmos. Él mismo lo dice en el versículo 9: «Yo, Juan, vuestro hermano, y copartícipe vuestro en la tribulación, en el reino y en la paciencia de Jesucristo, estaba en la isla llamada Patmos, por causa de la palabra de Dios y el testimonio de Jesucristo.»

La Iglesia, desde sus primeros tiempos, ha reconocido al apóstol San Juan como el autor del Apocalipsis, pero ningún dato más aporta sobre la personalidad del autor, el cual se presta a confusiones y tergiversaciones, especialmente por haberse insinuado que se unió al Nuevo Testamento bastante tiempo después del período normal de vida de un hombre como San Juan.

O dicho de otro modo, que el Apocalipsis es de siglos posteriores y se agregó al Nuevo Testamento para «influir» a los fieles que corrían peligro de «desviacionismo».

La historia de la Biblia es muy compleja y se han dado tantas interpretaciones, retirándose libros como el de Enoch, considerado como apócrifo porque hacía revelaciones un tanto «suigéneris», que en la actualidad se ignora, incluso por los más reputados exégetas, dónde está la verdad. Y los Manuscritos del mar Muerto no nos han sacado de ninguna duda.

Sin embargo, todas esas cuestiones no nos afectan. El Apocalipsis está ahí, es una profecía, al parecer, y tiene su significado esotérico y místico, pero no nos revela de modo claro en qué momento se va a producir el desastre de la Humanidad, que es su tema principal. ¿O hay algo más? ¿Acaso un mensaje alquímico, como ha señalado más de un esoterista amigo de la cábala hermética?

A fuer de sinceros, esta hipótesis no nos extrañaría, porque la mística numeraria del Apocalipsis es abundante, y donde hay números, hay matemáticas, pitagorismo o neopitagorismo, y Apolonio de Tiana no debía estar muy distante en aquellos tiempos.

Vamos a ir con cierto orden, hasta donde nos sea posible, siguiendo las palabras del autor que, dicho sea de paso y debido a las interpretaciones de las sucesivas traducciones, pueden haber cambiado lo suyo, y basémonos en lo que tenemos más a mano.

El Apocalipsis dice: «Yo estaba en el espíritu en el día del Señor y oí detrás de mí una gran voz como de trompeta.» Aquí debemos interpretar que San Juan debía estar reflexionando o en éxtasis, inmerso en visiones místicas o ensoñaciones. Pero, si mucho nos apuran, admitamos que recibió «inspiración divina». Nuestros lectores saben que nosotros jamás hemos negado eso.

«11   que decía: Yo soy el Alfa y la Omega, el primero y el último. Escribe en un libro lo que ves, y envíalo a las siete iglesias que están en Asia: a Éfeso, Esmirna, Pérgamo, Tiatira, Sardis, Filadelfia y Laodicea.

»12   Y me volví para ver la voz que hablaba conmigo; y vuelto, vi siete candeleros de oro,

»13   y en medio de los siete candeleros, a uno semejante al Hijo del hombre, vestido de una ropa que llegaba hasta los pies, y ceñido por el pecho con un cinto de oro.

»14   Su cabeza y sus cabellos eran blancos como blanca lana, como nieve; sus ojos como llama de fuego.

»15   y sus pies semejantes al bronce bruñido, refulgente como en un horno; y su voz como estruendo de muchas aguas.

»16   Tenía en su diestra siete estrellas; de su boca salía una espada aguda de dos filos; y su rostro era como el sol cuando resplandece en su fuerza.

»17   Cuando le vi, caí como muerto a sus pies. Y él puso su diestra sobre mí, diciéndome: No temas; yo soy el primero y el último.»

Detengámonos unos instantes ante esta reiteración. ¿Qué significado cabe dar a esta afirmación de «yo soy el primero y el último»? ¿El principio y el fin que se traduce por el Alfa y la Omega, primera y última letras del alfabeto griego? ¿O acaso lo de conmigo empieza y acaba todo?

La aparición, visión o ilusión mental de San Juan algo o «alguien» que podía anticipar al asceta cuál sería el fin de la Humanidad. ¿O se refería sólo al pueblo de Israel?

«Soy el que vivo y estuvo muerto; que vivo por los siglos de los siglos y poseo las llaves de la muerte y del Hades (Infierno)», sigue diciendo la Aparición de San Juan, al ordenarle que escribiera lo que había visto.

Este es el punto álgido y difícil de la interpretación de la profecía de San Juan y donde hemos de detenernos para tratar de averiguar quien fue San Juan, al que identificamos como uno de los doce apóstoles, que fue iluminado por el Espíritu Santo después de la muerte y resurrección de Jesucristo.

¡Ay, qué tarea más ímproba y difícil! Se trata, sin lugar a dudas, de plantearse el problema con visión actual, cosa ya de por sí imposible. Se trata, asimismo, de desvincular el sentido histórico del puramente místico y religioso, que hasta los pasos de San Pablo, mucho más conocidos que los de San Juan, se hacen difíciles de seguir. Y el rigor histórico, tanto de Jesús como de sus apóstoles, se ha diluido entre esa enorme pléyade de escritores del cristianismo, mucho más exaltados por la fe que por la exactitud de los hechos.

Dios nos libre de rechazar cualquier escrito de los santos varones de la Iglesia, por considerarlo como dudoso, exaltado o inexacto. Nosotros no estamos aquí para poner en duda, ni criticar lo que hayan dicho o creído aquellos hombres cuyo objetivo era ensalzar la gloria de Dios y sus apóstoles. Pero, por esa misma razón, por la de que no somos nadie para enmendar nada, se nos puede permitir hacer unas preguntas, de las que no esperamos respuesta.

Por ejemplo, ¿aceptó la Iglesia primitiva la fidelidad del Apocalipsis porque conocía su significado o porque, sin conocer su significado, convenía a sus intereses mantener en la intranquilidad y la inseguridad a sus fieles? ¿Por qué no se incluyó en la Biblia *La Divina Comedia*, pongamos por caso, y otras obras que no hubiera costado mucho calificar como de «inspiración divina»?

¿Qué es lo que pretende con su obra el autor del Apocalipsis?

¿No es peregrino que, habiendo anunciado el propio Jesucristo la destrucción del Templo de Jerusalén, amén de otras conmociones que no serían más que el principio de los sufrimientos, no fuese bastante, y se encargase a San Juan la redacción del Apocalipsis? ¿Es que Daniel, Elías, Ezequiel y muchos más profetas —pues en aquellos tiempos habían más videntes y adivinadores que mendigos— no habían dicho ya bastante?

¿Qué entendían aquellos «visionarios» al decir reiteradamente que «el fin de todo está próximo»?

Permítannos que, sin ánimo de ofender ninguna creencia, ni tratar de ridiculizar a los verdaderos creyentes, a los que respetamos más que a nosotros mismos, tratemos de hacer una parábola de estilo arcaico, cuyo significado, si no lo capta el lector, estamos dispuestos a revelarle particularmente. Nuestra parábola dice así:

«Ocurrió que saliendo tres hombres a pasear al campo, y siendo uno de ellos cojo de la pierna izquierda, por lo que había de sostenerse con ayuda de un bastón, filosofaban sobre los misterios de este mundo y del concepto de amistad de los hombres, quienes, con frecuencia, desoyen los buenos consejos de los amigos sinceros para escuchar la voz de los que nos inducen al mal y nos llevan por tortuosos caminos. Mas ocurrió que, de pronto, los tres hombres vieron aparecer un toro ante ellos, lo que les infundió gran pavor y espanto, poniendo el miedo alas en sus pies; no así en el cojo quien, no pudiendo correr como sus compañeros, cayó de rodillas e imploró a los otros: "No corráis, que es peor."»

Algún lector poco juicioso dirá: «¿Y a qué viene esto ahora?»

Volvamos, pues, a Palestina, a los tiempos bíblicos y echemos un vistazo a los condiciones en que vivía el pueblo, sometido a las legiones de Roma, o a los embates caldeos, o egipcios. No podemos decir que el pueblo de Israel fuese un pueblo feliz. Las desdichas y desventuras de Job son un claro exponente de las condiciones de vida de tales seres en aquellos tiempos. Si se era un santo varón, un hombre bueno, no se podía ser rico. Y para ser rico había que pasar de largo ante la miseria y la desdicha, haciendo caso omiso al dolor que reinaba por doquier. Comerciantes, sacerdotes y munícipes debían hacer oídos sordos al clamor de los desheredados, tratando de conservar lo que el azar, la suerte o el egoísmo les había hecho conquistar. Nadie se hace rico dando, y no es más generoso el que da lo que le sobra y no necesita, sino el que necesitando algo aún lo reparte con otros más necesitados.

Cristo predicó la justicia social, quiso imbuir a las gentes del sentido humano y caritativo. Pero esta misma doctrina la habían predicado otros antes que él, con mayor o menor éxito. Él fue el símbolo del cristianismo. Los otros no habían sido más que simples profetas, que no alcanzaron la gloria del sacrificio. No hay nada que impresione más al hombre que los mártires de una fe. Y cristo murió por aquella fe que aún subsiste entre los desheredados del mundo entero, vivan en Roma, en Río de la Plata o en Moscú. Tampoco importa el nombre con que los seguidores del protomártir bauticen la cruzada. Se pide justicia social, a cada cual lo suyo... ¡Y se piden seguidores para apoyar estas cruzadas sociopolíticas! Es después cuando, pasado el tiempo, para afianzarse más, para echar raíces, si es necesario se transforma en religión lo que con Moisés empezó como un Éxodo en busca de tierra de libertad, y con Cristo se pedía la liberación de los oprimidos, pan para el pueblo, una existencia digna y justicia ante los tribunales.

¿Y si no nos dan lo que pedimos?, podría preguntar alguien. ¡Entonces, tened paciencia que se os dará el cielo!

«No corráis, que es peor», clamaba el cojo. Y es que siempre, para sobrevivir, el hombre no es más que un animal de instintos primarios.

San Juan pudo recibir la orden de escribir el Apocalipsis. ¿Por qué? Era un instrumento coercitivo, puesto que anunciaba: «El final de todo está próximo.» Los pusilánimes, medrosos, los indecisos, los «por si acaso», debían ser influidos así. «¡Qué todo se acaba! ¡Qué esto no puede continuar! ¡Qué las vamos a pagar todas juntas!» No es que sea un modo correcto de hacer proselitismo, pero alguien ha dicho que el fin justifica los medios. Y sea por miedo o por convicción, la feligresía iba en aumento. El poder, amenazado por aquella «sublevación de masas», no tardaría en recurrir a métodos drásticos para impedir la extensión del cristianismo, que no era más que una revolución social de estilo internacional, porque el dominio de Roma se extendía por toda la cuenca del Mediterráneo. El método fue la pena de muerte, el circo, las persecuciones y el martirio. A esto, los nuevos redentores replicaron con las promesas celestes, la salvación eterna, bienaventuranzas todas ellas que si bien no servían contra las fieras del circo o las flechas y espadas de los centuriones, sí daban cierto consuelo en la hora final. La historia es así. El hombre continúa siendo prácticamente el mismo. Puestos en lucha o entre la espada y la pared, vale más morir de pie que vivir de rodillas.

¡Triste historia de la Humanidad!

Ni el Apocalipsis, ni la Crucifixión de Cristo, ni las promesas de una vida eterna, y mucho menos la condenación en los más horrendos recodos del Hades, han hecho que la Humanidad modifique siquiera un ápice de su ancestral y multimilenario mundo, puesto que cuando, al fin, se impuso el cristianismo, ¡cuántos inocentes no fueron arrojados a la hoguera de la purificación, por herejes, como antes, también por herejes, se había enviado al circo romano a los seguidores de Jesús de Nazaret!

¿No será que los que luchan, diciendo defender una causa u otra, lo hacen por sí mismos, para sobrevivir y salir del agobio y la miseria en que yacen, como ha hecho el hombre desde que el mundo es mundo, y todo eso de las causas justas, las ideas y doctrinas, no son más que excusas, más o menos encubiertas, para hacerse con seguidores y correligionarios?

No será, ¡lo es! Y también contra eso advierte el Apocalipsis.

San Juan, el hijo de Zebedeo y hermano de Santiago, se exacerbó con todos nosotros, y con los que han vivido durante los últimos dos mil años, al mencionarnos a los cuatro jinetes fatídicos, que constantemente hemos estado viendo, si no en nuestra casa, en la mansión del vecino. ¿Una advertencia, acaso? De ser así, poco resultado dio. Y si la Historia no es más que el prólogo del futuro, y todo cuanto ha ocurrido no es nada, comparado con lo que sobrevendrá, ¡entonces, venerable apóstol San Juan, te quedaste corto!

Sin ir muy lejos, en los campos de concentración nazis, los horrores allí
cometidos habrían apabullado al propio Atila. Los terremotos de Lisboa,
San Francisco, Managua, Agadir y muchos otros son testigos de sufrimientos humanos indescriptibles. Pero los bombardeos aéreos sobre Alemania,
y recíprocamente sobre Inglaterra, sin olvidar la espantosa hecatombe de
Hiroshima y Nagasaki, que nada tenían que ver con cataclismos geológicos
naturales, dicen claramente que San Juan fue un visionario de escasa talla.
A la Humanidad no se le puede influenciar amedrentándola con horrores
imaginables ni inimaginables siquiera. El hombre, individualmente, piensa que la muerte, por un lado, puede liberarle del sufrimiento de la vida, y
por otro, hacerle conocer, posiblemente, otras cosas que ignora. Aquí queda
ya poco por aprender en cuanto a bestialidades y sufrimientos.

Además, si se reiteran continuamente los sufrimientos, acabamos por
hacernos inmunes a ellos, llega un momento en que no los sentimos, nos
insensibilizamos. ¿Y no sabían esto los padres de la Iglesia primitiva?

No, es posible, casi lógico, que el Apocalipsis sea un mensaje esotérico y que alguien, por transmisión hereditaria, conozca la clave, lo
mismo que ocurre con las Profecías de Nostradamus y con el mensaje
en piedra de la Gran Pirámide de Keops.

No vamos a tratar de demostrarlo, porque sería inútil. Pero sí repasaremos algunos versículos, un tanto cabalísticos y esotéricos, y ustedes mismos, si no son Testigos de Jehová, sacarán sus propias conclusiones. Y hemos
dicho esto de los Testigos porque desde que, en 1884, el impresor Charles Russell, fundador de la *Watch Tower Bible Society*, tal vez con ánimo
de lograr grandes tirajes de sus publicaciones, tomando la Biblia desde un
punto de vista personal y muy al «pie de la letra», ya se han anunciado varios
«fines del mundo», y ninguno se ha cumplido. Claro que *errare humanum
est*, y lo que no ocurrió en 1914, bien puede suceder cualquier día. El caso
es no perder la esperanza y, con el tiempo y una caña...

También habrá observado el lector que nosotros *no queremos* que
venga un fin del mundo. Pero, si ha de venir, tampoco podremos hacer
nada por evitarlo. Lo más que podemos hacer, si llega, será ponernos a
rezar, pero hasta mucho nos tememos que eso no nos salga bien, porque se nos han olvidado los rezos que nos enseñaron en la infancia. O
sea que si nos cae una viga en la cabeza, nos la hunda y resulta que hay
infierno, ¡ay de nosotros!

Al menos nos quedará el consuelo de que jamás hemos tratado de
burlarnos de nadie. Eso es verdad. Y hasta sentimos simpatía por los

Testigos aludidos, que se consideran como elegidos, al menos en número de 144.000, para salvarse de la hecatombe apocalíptica.

Tampoco vamos a reproducir —¿no quedaría mejor transcribir?— todos los versículos de ese poema del horror atribuido a San Juan; sólo a comentar algunos de ellos, pasando por alto los mensajes a las siete iglesias, lo de la adoración celestial, y nos entretendremos someramente en la cuestión del rollo y el Cordero.

«Vi en la mano derecha del que estaba sentado en el trono un libro escrito por dentro y por fuera, sellado por siete sellos.»

«6 ...y en medio de los ancianos, estaba en pie un Cordero como inmolado —¿el signo de Aries?— que tenía siete cuernos, y siete ojos, los cuales son los siete espíritus de Dios enviados por toda la tierra.»

Observe el lector el simbolismo esotérico del Cordero sacrificado, con siete cuernos y siete ojos. El siete es el número mágico y cabalístico por excelencia. Siete son los brazos del candelabro, siete son los candeleros entre los que estaba el Hijo del Hombre, que tenía en la diestra siete estrellas. ¡Y siete son las iglesias de Oriente a las que San Juan debía escribir!

El número siete es básico en la posible clave esotérica del Apocalipsis. Pero continuemos:

Hemos omitido a los veinticuatro ancianos, vestidos con ropas blancas, y a los cuatro seres vivientes, llenos de ojos, delante y detrás.

«11 Y miré, y oí la voz de muchos ángeles alrededor del trono, y de los seres vivientes, y de los ancianos; y su número era millones de millones.»

Más que saber, intuimos el oscuro significado de todo esto, porque estamos convencidos de que el Apocalipsis puede ser cualquier cosa, menos un libro escrito al azar, sin un fin determinado. Esto es obvio. Y los números que vienen a continuación así lo confirman:

«Del primer sello salió un caballo blanco; su jinete tenía un arco; se le dio una corona y salió venciendo y para vencer.

»Del segundo sello salió un caballo rojo; su jinete poseía el poder de quitar la paz de la tierra; llevaba una espada y dejó que se matasen unos a otros.

»Del tercer sello salió un caballo negro; el que lo montaba tenía una balanza en la mano —¿el signo de Libra?

»Del cuarto sello salió un caballo amarillo al que montaba la Muerte.

»Del quinto sello salieron las almas de los que habían muerto por causa de la palabra de Dios.

»Del sexto sello salió un gran terremoto, el sol se volvió negro como tela de cilicio y la luna se volvió de color sangre; y las estrellas del cielo cayeron sobre la tierra, como la higuera deja caer sus higos cuando es sacudida por un fuerte viento. Y el cielo se desvaneció como un pergamino que se enrolla; y todo monte y toda isla se removió de su lugar...»

Ahora es cuando surge el ángel, de donde sale el sol, para salvar a los 144.000 sellados, a razón de 12.000 de cada una de las doce tribus de Israel, o sea las de Judá, Rubén, Gad, Aser, Neftalí, Manasés, Simeón, Leví, Isacar, Zabulón, José y Benjamín.

«Del séptimo sello surgieron siete ángeles, a los que se entregaron siete trompetas. Otro ángel apareció ante el altar, rociándolo de incienso. Luego de haberlo subido a presencia de Dios, envuelto en humo y las oraciones de los santos, lo llenó de fuego del altar y lo arrojó a la tierra, donde hubo truenos, voces, relámpagos y un terremoto.

Al sonido de la trompeta del primer ángel, llovió granizo y fuego, mezclado con sangre; el segundo hizo precipitarse al mar una gran montaña ardiendo; el tercero hizo caer del cielo una gran estrella, que ardía como una antorcha, y cuyo nombre era Ajenjo; al toque de la cuarta corneta, se hirió la tercera parte del sol, de la luna y de las estrellas. La quinta trompeta hizo caer otra estrella que produjo un profundo abismo, del que salieron cosas horrendas; de la sexta trompeta surgió la orden de desatar a los cuatro ángeles atados junto al río Éufrates, porque había llegado el momento de matar a la tercera parte de los hombres.

Del séptimo ángel sólo sabemos que, cuando comience a tocar la trompeta se consumará el misterio de Dios.

Capítulo II

EL APOCALIPSIS, SEGÚN SAN JUAN

Se pueden contar por millones los seres que, a través de la historia, han creído poder interpretar esta invocación sobrecogedora del Apocalipsis; y por millones, por tanto, se cuentan las interpretaciones que se han obtenido, lo cual no quiere decir que alguna sea la verdadera.

Hay quien ha creído ver carros de combate, aviones, barcos y divisiones de hombres, revueltos y confundidos todos, en medio del clamor de la lucha. Algo así como un día «D», hora «H», en Normandía, allá por los primeros días de junio de 1944. Testigos presenciales del desembarco aliado en Francia, durante la Segunda Guerra Mundial, han afirmado que aquello, se diga lo que se diga, era más impresionante que la lectura del Apocalipsis. Tal vez se haya exagerado, pero creemos que hay algo de verdad, porque una cosa es leer la Biblia y otra muy distinta es hacer la guerra.

Hay comentaristas, más modestos, que limitan esos desastres única y exclusivamente a la tierra de Israel. Y nos parece que son este grupo los que no andan del todo desencaminados. Veamos lo que nos dice Josane Charpentier a este respecto:

«Pero al son de la sexta trompeta llegan jinetes en número de doscientos millones... De la boca de los caballos salía fuego, humo y azufre "porque el poder de estos caballos ésta en su boca".»

Aquí sí que parece tratarse de cañones o de carros de combate.

¡Sinceramente, si esta interpretación es válida, habrá que sumarse todos los cañones, carros de combate y ametralladoras que se hayan podido emplear en todas las guerras, habidas y por haber, porque el número no parece de esta tierra! ¡Doscientos millones de caballos, o de tanques! ¡Cielo santo!

Más atención a lo referente a las fechas, puesto que aquí hay más de un estudioso, como Víctor Massé, en quien se ha documentado Josane Charpentier, que parece haber coincidido con nosotros. Veamos:

«Se dice —escribe Josane Charpentier— que los gentiles hollarán la Ciudad Santa durante cuarenta y dos meses, y hemos visto que estos cuarenta y dos meses corresponden a 1.260 días o años. Es precisamente lo que ha sucedido: la cuenta es exacta.

»Y está predicho igualmente que estos dos testigos "profetizarán, vestidos de sacos mil doscientos sesenta días". ¿Se trata de días normales? Lo cual equivaldría a tres años y medio. O bien —más probablemente— de días de años, lo cual nos llevaría en total a 2.250 años: el Gran Año. (O sea, los cuarenta y dos meses de los gentiles más los mil doscientos sesenta días durante los cuales los testigos han profetizado.) El texto nos dice que los dos testigos "van vestidos de saco"; es difícil explicar lo que esto puede significar, pero cabe suponer que, perseguidos y renunciando a los bienes de este mundo, los testigos recibieron la misión de profetizar y de proclamar el reinado de su Dios. Y puesto que nadie puede vivir 1.260 años, puede tratarse de una orden religiosa cuyos adeptos vestirían sayal.»

Peregrina deducción a la que nos conduce esta explicación, no por esotérica menos plausible, puesto que, más adelante, la mencionada autora prosigue:

«Y una mujer vestida de sol, y la luna debajo de sus pies y sobre su cabeza una corona de doce estrellas (esto podría ser muy bien un enigma alquímico), da a luz un hijo varón "destinado a regir a todas las gentes con vara de hierro". Ella huirá al desierto donde permanecerá "durante mil doscientos sesenta días".»

También la misma autora ha notado que las doce estrellas son el símbolo de las doce tribus de Israel o los doce signos del Zodíaco. En sus primeros tiempos, el cristianismo estaba demasiado influenciado por la mística astrológica, contra la que se luchó en épocas posteriores, pero que hasta el momento presente no se ha podido erradicar. ¿Tan acentuada está la religión de las estrellas en el alma del hombre? Mahoma dijo que si la montaña no iba a él, él iría a la montaña. Y aunque parezca un vulgar juego de palabras, los signos del Zodíaco se encuentran hasta en las más altas montañas. (Nos estamos refiriendo a Nazca, en el altiplano del Perú.) ¿Quién iba a subir allá arriba a borrar aquella huella gentil, si nadie conocía su existencia, y sólo ha podido ser visible en nuestra era de la aviación?

El que luego fue obispo de Ciudad de México, monseñor Diego de Landa, cuando llegó a la tierra de los «mayas», se encontró con un gran número de códices antiguos que, como no podía descifrar, ordenó fueran incinerados. Posiblemente fueran recetas culinarias o consejos de una madre a su hija casadera. Pero si en ellos estaba escrita una historia relacionada con los orígenes de los «mayas» o «toltecas», creemos que monseñor De Landa cometió un crimen imperdonable.

Mencionamos este hecho a raíz de lo que suponemos un atentado continuo de los fanáticos que no han dejado ni el recuerdo de las antiguas religiones druidas o célticas, afanados en hacer prevalecer lo que ellos consideraban como verdadero, fuese en nombre de Alá, de Jehová o de Zeus, que de todo ha habido en la historia.

Y si se trataba de borrar las huellas de los astrólogos de la Antigüedad, posibles detentadores del saber supremo, la historia ha sabido vengarse. Los sacerdotes egipcios que trataron de borrar las huellas de Amenhoteb, para que no quedase ni vestigio de él en la posteridad, también fueron burlados.

Pero disculpen la disgregación y prosigamos con el Apocalipsis.

Se nos habla también de una bestia que tenía diez cuernos, siete cabezas, diez diademas y un nombre de blasfemia, a la que le fue dada potestad durante... ¡cuarenta y dos meses, o sea 1.260 días!

El lector ya está advertido del esoterismo de los números. Nosotros nos hemos ocupado largamente de barajar estos números, sumando y multiplicando sietes, doces, cuatros, veinticuatros, etc., y, aunque no hemos descubierto secreto alguno, sí nos ha llamado la atención el número de la bestia:

«Quien tenga inteligencia —dice San Juan— calcule el número de la bestia, pues es un número humano. Y su número es seiscientos sesenta y seis.» (666) Los esotéricos saben que hay números humanos y números divinos o de Dios. Al menos, esto es lo que deducen del estudio del famoso sello de Salomón, que son dos triángulos entrelazados, uno con el vértice apuntando arriba (Dios) y otro apuntando abajo (la Tierra).

Naturalmente que, puestos a sacarle punta a las cosas, hasta en Stonehenge se ha creído ver un observatorio astrológico. ¿Y por qué no?

Platón expresó así su esotérica teoría sobre la Creación (¡Fíjense bien en los números!):

«Dios separó una parte del todo; luego tomó otra, doble que la anterior; a continuación una tercera parte, que era vez y media mayor que la segunda y triple de la primera; a continuación una cuarta, doble de la segunda; le siguió una quinta, que era triple de la tercera; la sexta parte era óctuple de la primera y, por fin, una séptima parte, que era veintisiete veces mayor que la primera.»

Antes de seguir adelante debemos hacer constar que la sabiduría y el conocimiento no está precisamente en pasar estas cifras por alto, sin darles importancia. Para saber hay que pensar, y del pensamiento *puede* salir la luz. La verdad no es de quien la encuentra por azar, sino de quien la busca con ahínco. Y los sabios de la antigüedad dejaron sus secretos al alcance de todos, pero de forma que sólo pudieran ser utilizados por los sabios, o sea, por los que sabrán hacer buen uso de ese saber. Repartir biblias entre analfabetos es tanto como querer enseñar a leer a un asno.

Sigamos con los números, donde muchos lectores habrán quedado «colgados» por Platón, con una serie de números que forman la siguiente correlación: 1, 2, 3, 4, 9, 8, 27. ¿Eh, qué indica esto? Se nos dice que es un «esoterismo aritmético», con un entrecruzamiento de las dos primeras progresiones geométricas. ¡Ah, vaya!

Son: 1, 2, 3, 4, 8 y 1, 3, 9, 27. Pero, ¿por qué se ha colocado el nueve antes que el ocho? Parece lógico pensar que el «entrecruzamiento» está relacionado con la Unión entre el Espíritu y la Materia (Dios y el Hombre). ¿O no es así?

Tomemos el Sello de Salomón, que es un hexágono (dos triángulos entrelazados). En la punta superior colocamos el 1, luego el 2, 3, 4, ¡el 9 y el 8!, como en la concepción esotérica de Platón, que sabía lo que estaba diciendo.

A los dioses les agradan los números impares, o sea el 1, el 3 y el 9, que señalan los vértices del triángulo del Cielo; los números 2, 4 y 8 corresponden al triángulo de los hombres. Y la suma de todos estos números, o sea 1, 2, 3, 4, 9 y 8 = 27.

Toda esta correlación de números, y muchas más que podríamos facilitar al lector si esto fuera un estudio de la numeraria mágica o astrológica, sólo indica que en la antigüedad se daba gran importancia a lo que llamamos ciencia pitagórica. ¡Notable y singular importancia! Tanta, que en los números de cosas, personas y fechas, está la clave que buscamos y no podemos hallar, en parte por lo intrincado de quienes sumaron o restaron ciertos números mágicos a las cantidades expresadas, y en parte porque, posteriormente, los traductores o intérpretes de las Sagradas Escrituras han modificado esas cifras deliberadamente, para sumirnos en mayor oscuridad y confusión.

Debe comprenderse que el conocimiento exacto de hechos proféticos entraña un terrible peligro. Si decimos a ustedes que en tal fecha se acabará el mundo, las consecuencias pueden ser imprevisibles, tanto por lo que ocurriría antes de llegar esa fecha, con sus catastróficas consecuencias, como por el fracaso y el desprestigio de nosotros mismos, si pasa el día señalado y no ocurre absolutamente nada.

Profetizar ya hemos dicho que no es fácil. Hagan la prueba. Usen la lógica, la futurología, el cálculo de probabilidades, la astrología o la cibernética, ¡lo que quieran!, y se darán cuenta de lo difícil que es la tarea. En cambio, decir que ocurrirá tal o cual cosa, sin precisar fechas ni concretar específicamente lo que va a ocurrir, eso lo haría cualquiera con un poco de imaginación, y no entraña riesgo alguno, salvo el que le crean o no.

Sin embargo, ¡ah, la temible excepción de la susodicha regla!, hay gentes que profetizan y se cumplen sus «visiones futuras». Tal es el caso de Jeanne Dixon, de quien ya hemos hablado anteriormente. En 1952, esta singular mujer predijo que un hombre de ojos azules saldría elegido Presidente de los Estados Unidos, pero que sería asesinado en 1963. Esta profecía se escribió y la corroboraron numerosos testigos.

Pues bien, el día 22 de noviembre de 1963, antes del Magnicidio de Dallas, Jeanne Dixon dijo a una amiga que aquel mismo día, algo le iba a ocurrir al Presidente Kennedy.

La noticia no tardó en propalarse, horas más tarde, por todo el mundo. Y no sólo la Dixon predijo la muerte del Presidente de los Estados Unidos, sino que dio también las iniciales del nombre de su asesino.

Por si esto no fuera suficiente, según nos cuenta la periodista Ruth Montgomery en su obra *Yo veo el futuro*, la señora Dixon predijo también las muertes de Dag Hammarskjöld, secretario general de las Naciones Unidas, y el suicidio de Marilyn Monroe.

Si estas facultades premonitorias pueden darse en una persona de nuestros días, y estamos convencidos de su exactitud, también podían darse en la Antigüedad, donde el psiquismo místico debía estar más acentuado. Y no hemos negado en ningún momento que San Juan pudiera haber recibido «inspiración divina», de lo que ya hemos hablado más detenidamente en otra obra nuestra, relacionada con los fenómenos paranormales.

Aceptando el supuesto de la autenticidad del mensaje apocalíptico, sólo nos falta indagar sobre su exactitud cronológica. Se ha producido ya, y se refiere a las últimas contiendas mundiales sufridas, y a las consecuencias derivadas de rebeliones, golpes de estado, cambios políticos, terrorismo y luchas raciales o, por el contrario, ¿todo lo sucedido no son más que escarceos preliminares, a modo de prólogo de la terrible hecatombe que aún está por llegar?

Esto, aunque haya sido preguntado de un modo harto retórico y sinuoso, es lo que nos preocupa. En otras palabras: ¿ha llegado ya el Apocalipsis y nos encontramos en el principio de la Era de Oro, o no ha llegado todavía y se aproxima con todo el horror y la angustia que nos describió San Juan?

Si hemos de ser sinceros, y el lector sabe muy bien que lo somos, diremos que, a nuestro juicio, el Acopalipsis no ha llegado aún. Pero... Los indicios creemos, son hartamente reveladores.

¿Indicios? ¿Qué indicios?, nos podrían preguntar. Y responderíamos: ¿no hemos revelado ya bastante a lo largo de esta obra, o acaso creen que hemos estado dedicados a divulgar acertijos? Empezamos a escribir con un propósito: el de recopilar todo cuanto teníamos a mano acerca del posible fin del mundo. Hemos desechado infinidad de datos que no nos parecían idóneos. Y, probablemente, nos habremos pasado por alto otros mucho datos que desconocemos. Pero con lo dicho y lo que nos falta por decir, nos parece más que suficiente para poder afirmar que algo se está acercando... ¡Algo espantoso, horrendo y caótico!

Las Pirámides de Gizeh, forzosamente, han de contener un mensaje. Edgar Cayce, Luis Hamon, «Doc» Anderson, Nicolás Roerich, y otros videntes, por mimetismo o simpatía, han predicho esas mismas catástrofes. San Malaquías, que no ha sido recusado por la Iglesia Católica, dijo que los Papas se acaban. Jeanne Dixon ha visto un cataclismo que, por otra parte, han visto también los geólogos, especialmente en la costa occidental del continente americano, como ya han revelado los trágicos terremotos de Managua y Guatemala. Los temblores de tierra seguirán, se harán mayores, y pueden hacer desaparecer ciudades como San Francisco y Los Ángeles, en Estados Unidos, con millones de habitantes.

¿Profecías sin fundamento? Tal vez. Pero existen muchos más indicios. Veamos lo que dice Hans Haas, el famoso investigador submarino.

—Nos encontramos en momentos realmente críticos. La fauna y la flora submarina está sufriendo una considerable transformación ecológica debido a la acción de los seres humanos. Y si se siguen cometiendo con el mar los mismos errores que se han cometido en la tierra, creo que estamos perdidos.

»Por ejemplo. Hemos comprobado que el fitoplacton absorbe germicidas y pesticidas, como el DDT, con lo que el ciclo de fotosíntesis se altera, puesto que son las algas marinas las que se cuidan de oxigenar las dos terceras partes de la atmósfera terrestre. Como consecuencia de ello, además del desequilibrio del oxígeno en la atmósfera, aumentará considerablemente el calor, lo que hará fundirse los casquetes polares y el nivel de las aguas oceánicas subirá entre 50 y 100 metros, lo que significa la inundación de casi todas las ciudades situadas en los litorales en un tiempo relativamente próximo.

»El hombre arroja al mar todo aquello que le estorba o que le perjudica, creyendo que los océanos son un pozo sin fondo en donde cabe toda la basura del globo. Y se equivoca, porque, tarde o temprano, el mar quedará saturado de desperdicios dañinos para la fauna marina y, de rechazo, perjudicial para nosotros mismos.»

Hay indicios también en el cielo. Aviones a reacción, supersónicos, comerciales y militares, contaminando gradualmente la atmósfera, cuyos chorros de bióxidos de carbono se hacen más enormes por momentos.

Otra forma de contaminación son las ingentes cantidades de petróleo que se está extrayendo de las bolsas subterráneas, en donde ha permanecido durante millones de años, si no haciendo otra cosa, sí sosteniendo el peso de parte de la corteza terrestre que ahora gravita en el vacío. ¿Se imaginan las enormes grutas que han quedado vacías bajo el subsuelo, al ser extraído el petróleo? ¿Qué se echa en su lugar, para «relleno»? ¿Agua marina, gas o nada?

Ese peligro geotécnico ya ha sido advertido por los geólogos. Pero sus voces han quedado ahogadas por el estruendo de las máquinas perforadoras y por el tintineo de las monedas de oro de las grandes compañías, cuyos dirigentes estiman que para vivir hay que correr el riesgo de morir, y no les falta razón. Pero porque hayan hombres capaces de jugarse la vida a cara y cruz, no quiere decir que todos hayamos de hacer lo mismo.

Telón. Mutis por el fondo y vayamos con otra cosa. Nada de remilgos. Creemos que suprimir la comedia sería arrojar el pacto del hambre a los actores. No importa que el escenario esté en ruinas, ni que la techumbre del patio de butacas amenace con desplomarse sobre los espectadores. Cuando se produzca el crimen detendremos a los culpables. Sonría, por favor. La rueda de la fortuna sigue girando.

«Otro ángel clamó con voz poderosa: ¡Cayó, cayó Babilonia la grande!»

Nosotros, hojeando la historia, hemos visto desmoronarse imperios muy grandes. El Apocalipsis, sin duda, se refería a la poderosa y omnipotente Roma del siglo I. Pero ha habido otras Romas, y todas han caído inexorablemente. Sólo hay que esperar. La historia está plagada de imperios que se han desmoronado, engullidos por su propio y excesivo crecimiento. Roma, Atenas, Cartago, Fenicia, Babilonia, Tebas, Asmara...

De los imperios modernos, si empezamos por el Imperio español de Carlos V, en donde no se ponía el sol, ya no queda nada. El Imperio británico está coleando. El Imperio Napoleónico fue una quimera, y Adolfo Hitler apenas un sueño de grandeza teutónica.

Del Imperio yanqui no podemos decir nada, salvo que su propia burocracia está consumiendo la mayor parte del presupuesto nacional, y que cada año son mayores los gastos que repercuten sobre las espaldas del trabajador, ¡y no del contribuyente, como se nos dice!, para que se mantengan las apariencias de nación grande y privilegiada. «¡Hay que aparentar, hijo mío! Un marqués debe hacer honor a su linaje. Si es preciso, no pagaremos al mayordomo, pero que la plata esté limpia.»

¿Y el imperio del proletariado?

Permítannos aquí que volvamos a la tangente profética, para no insistir en profecías políticas, que nos estremecen más que las apocalípticas.

«Ay, ay. La ciudad grande vestida de lino finísimo y púrpura y escarlata, y engalanada con oro, y piedras preciosas, y perlas... Pues en una sola hora fue devastada de tanta riqueza.»

Aquí, San Juan no se rompió mucho el coco para expresar el fin de los bienes temporales. ¿Qué es el oro, las piedras preciosas y las finas telas ante la muerte y la desolación? ¿De qué sirvieron sus riquezas fabulosas a los antiguos faraones de Egipto si, en su mayoría fueron expoliadas por los profanadores de tumbas, una de las profesiones más lucrativas del Antiguo Egipto?

La muerte nos iguala a todos. Ricos y pobres van a pudrirse bajo el polvo, a hermanarse en esa igualdad inapelable que locos y visionarios han pretendido imponer a la vida, como si la naturaleza fuera una de esas máquinas de inyectar plásticos que repiten la misma figura hasta la saciedad.

Los hombres jamás serán iguales. Y respecto a que sean hermanos los hijos de distinta madre... Bueno, nuestros hijos son hermanos y hay que ver cómo se agarran del pelo y se zarandean por la posesión momentánea y caprichosa de cualquier juguete que consideran propio. Y aunque sea ajeno es igual.

¿Y qué me dicen de la justicia? ¿Llegará alguna vez la justicia a dar la razón y satisfacer a las dos partes en litigio? ¿Se acabará algún día el precepto axiomático de que para dar la razón a uno hay que desposeer a otro? ¿Se quedarán tan tranquilas las madres cuando Salomón divida al hijo por la mitad?

No. Esos son los indicios que hemos mencionado reiteradamente. Jamás podrá el hombre actual cambiar su manera de ser y proceder. Para que ello sea posible, hay que cambiar la mentalidad humana, segar hasta la raíz el germen de tanta ilegalidad e incomprensión, y esa raíz se encuentra en los genes y cromosomas del hombre, y luego, si es posible, volver a empezar.

«Y me mostró un río de agua de vida, luciente como cristal, que salía del trono de Dios y del Cordero.»

Esta es la Era de Acuario, anunciada por el Profeta, Era de renovación, de cambio, de nuevos conceptos. Y algunos aseguran que ya hemos entrado en tal período.

¿Será verdad? ¿Qué habría de hacer, pues, para que se cumpliera la profecía? ¿Hacer borrón y cuenta nueva? ¿Destruir todo lo existente, establecer nuevos postulados educativos para nuestros hijos y nosotros quedar en segundo término, como «restos de serie en liquidación»?

Nadie acepta esas soluciones. ¡Vivir hasta el fin, cada vez mejor si cabe; y morir lo último! porque, inevitablemente, parece que hemos de acabar tarde o temprano. ¡Y esta no es, ni mucho menos, la solución idónea! De seguir así, seguiremos siempre igual y el mundo no cambiará jamás. En todo caso, irá cambiando para empeorar hasta que, inevitablemente, se realice la hecatombe... ¡Qué se realizará!

«¿Y qué nos importa, si llega dentro de mil años?»

¡Perfecto, inhumano 666! Pero, ¿y si llega mañana mismo y le toca a usted recoger a todos los muertos?

Capítulo III

PROFECÍAS CATASTRÓFICAS

Hesíodo (siglo VII a.C.), el poeta griego adicto a la antigua religión egipcia, como muchos filósofos y pensadores compatriotas y coetáneos suyos, en el libro *Los trabajos y los días*, nos habla de los grandes conocimientos que los sabios del delta del Nilo tenían acerca de las estrellas.

Sabemos que los calendarios más antiguos que se conocen datan de veinte siglos a.C., y muchos de ellos han sido hallados en las tapas interiores de los sarcófagos egipcios. De tales calendarios se han extraído indicaciones precisas sobre estrellas y constelaciones. El Zodíaco o eclíptica estaba dividido en 36 partes (12 × 3), de donde, según dicen, nació la astrología.

Ahora bien, ¿y si la astrología, o lo que nosotros entendemos por ello, fuese una ciencia de origen «divino», que hubiera ido degenerando paulatinamente, hasta llegar al horóscopo vulgar de nuestros periódicos y revistas?

Nosotros partimos de la premisa de que la astrología es una ciencia falsa, esotérica, cabalística y sin fundamento. Pero, ¿y si admitimos lo contrario?

Vamos a ir por partes y déjennos aportar unos cuantos datos, recogidos aquí y allá, al parecer inconexos, para poder luego ensamblarlos y estructurar nuestra tesis astrológica, que no es tan disparatada como parece a primera vista.

El biólogo alemán Erwin Santo —esto nos lo cuenta Philipp Vandenberg— vio en su microscopio unas células que, hasta entonces, eran totalmente desconocidas. Había introducido una solución nutritiva, que contenía pequeñísimas cantidades de litio, en una especie de bacteria, un organismo que no llegaba a ser célula por carecer del núcleo celular.

Las bacterias estuvieron sumergidas durante dieciséis horas en el caldo de nutrición, aun a temperatura elevada; transcurrido dicho tiempo se habían convertido en células claramente reconocibles, con su núcleo y plasma, semejantes a glóbulos blancos o leucocitos. Y lo más asombroso era que las células vivían.

¿De dónde había obtenido el doctor Erwin Santo aquella especie de bacteria? El autor mencionado no nos lo dice clara y directamente, sino que hace un circunloquio muy hábil, para luego decir textualmente:

«Lo cierto es que estos organismos tienen una resistencia inigualable. Se encuentran en tejidos que han sido cocidos, congelados o tratados químicamente. Se encuentran, incluso, en momias de cinco mil años.»

No se asombren. En el interior de un meteorito que sólo Dios sabe de dónde habrá llegado y cuántos millones de años o kilómetros habrá recorrido, se han encontrado gérmenes, virus y aminoácidos... ¡todavía con vida!

Decimos esto porque empieza a extenderse la creencia entre los biólogos, y más después de las investigaciones, en 1951, de la doctora soviética Lepechinskai, similares a las del doctor Erwin Santo, de que las células del cuerpo humano pueden reconstruirse.

Pero hay más. El profesor Elof Carlson, de la Universidad de California, ha dicho que es capaz de reconstruir una momia, o sea, revivir a un ser humano, «que no sólo tenga aspecto de descendiente de una momia del antiguo Egipto, sino que piense y sienta como tal» (*sic*).

Según Carlson, es preciso extraer genes del tejido momificado y reactivar los cristales de ácido nucleico necesarios para reorganizar el código genético, de un modo análogo a como Cuvier, por un diente, podía reconstruir todo un esqueleto animal.

Por supuesto, el doctor Elof Carlson no es capaz de realizar lo que dice, porque es prácticamente imposible, irrealizable y resultaría una labor ímproba, que sólo debe aceptarse en orden teórico. Y nos hemos olvidado, deliberadamente, del cerebro, acerca del cual Alexis Carrol dijo que, si le daban los medios, podía crear un cerebro similar al humano... ¡pero resultaría del tamaño de la ciudad de Nueva York!

Los biólogos, en su afán de buscarle los tres pies al gato, olvidan que el Hombre es algo más que un batiburrillo de células, y que hay todavía dentro de nosotros mismos mucho más por descubrir de lo que se ha descubierto, ¡que no es poco!

Pero, ¿qué relación puede existir entre los experimentos del doctor Erwin Santo y la doctora Lepechinskai y la astrología hermética? Aguarden un momento. Aún tenemos que explicar otros hechos, al parecer sin conexión; luego, una vez establecido el nexo, sacaremos nuestras propias deducciones. Leernos significa aceptar estos postulados.

¿Es astrología el estudio de la influencia que los astros ejercen sobre nosotros de rechazo, ya que está demostrado que el Sol afecta notablemente a la Tierra, y la Luna también?

«¡No!», exclamarán unos.

«¡Sí!», exclamarán otros.

Y todos tendrán razón.

En la Antigüedad —generalizamos aquí entre Egipto, Babilonia, Caldea, Tiahuánaco, Grecia, la probable Atlántida y la posible Mu— se adoraba al Sol por la incuestionable influencia que ejercía sobre los hombres. Ra o el Sol era, para muchos de aquellos pueblos, el dios supremo.

Sin ir muy lejos, se han encontrado textos cuneiformes en Caldea que mencionan el aumento y la disminución de luminosidad en el Sol, así como de haberse observado manchas aparecidas en la superficie del Astro Rey.

Habría de ser a mediados del siglo XIX cuando los astrónomos se dieron cuenta de que esta insólita actividad solar alcanza su punto culminante cada once años. Pero ¿a qué obedecen estas manchas solares? ¿Qué ocurre en la superficie solar?

Parece ser que las manchas oscuras del Sol son masas frías, con una temperatura bastante inferior al resto de la estructura exterior del astro. Allí ocurre casi como aquí en la Tierra. Existen corrientes, que no podemos llamar de aire, las cuales provocan cambios ambientales.

Se ha comprobado que la temperatura media del Sol es de 6.000 °C. Y que las manchas solares son «focos fríos», de 4.000 a 5.000 °C. También se trata de explicar esta oscilación en las variaciones del campo magnético que rodea al Sol, de modo semejante al campo magnético que envuelve la Tierra. A éste se llama geomagnetismo y a aquél se le conoce como heliomagnetismo.

De lo que ya no tenemos la menor duda es de que el heliomagnetismo y esas anomalías solares que llamamos manchas influyen extraordinariamente en los procesos telúricos, y que, cuando se producen alteraciones en el Sol, en la Tierra sufrimos catástrofes importantes.

Los científicos no saben con exactitud a qué obedecen estas coincidencias, pero la estadística ha constatado que en un período de máxima actividad en la esfera solar entró en actividad el volcán Krakatoa. En 1906, durante otra alteración en la superficie del Sol, se produjo el terremoto de San Francisco.

La única explicación que puede darse es que las oscilaciones del campo magnético del Sol se reflejan en el campo magnético de la Tierra, con una diferencia de cuatro días y medio.

Fue en 1964, por medio de radiosondeos efectuados con el satélite explorador «IPM-1», cuando los astrofísicos, doctores Norman F. Ness, de la NASA, y John M. Wilcox, de la Universidad de California, obtuvieron por vez primera los resultados exactos.

Las erupciones solares, estrechamente relacionadas con la actividad de las manchas solares, provocan un aumento de la emisión de rayos ultravioletas, que alcanzan la Tierra cuatro días y medio más tarde, por haber sido frenados por nuestro campo magnético.

El 8 de febrero de 1958, los radioastrónomos del Observatorio de Harward (Texas) captaron «rumores extraños» en el espacio. Los astrónomos de Sacramento-Peak (Nuevo México), al mismo tiempo, observaron una extraordinaria actividad de las manchas solares. Al día siguiente, en los cielos aparecieron auroras boreales, se interrumpieron las comunicaciones internacionales de radio, perdiéndose el contacto con más de un centenar de aviones que sobrevolaban el Atlántico, ¡y hasta el cable submarino que une Escocia con Terranova acumuló una tensión de dos mil voltios!

Es innegable, pues, la influencia magnética del Sol sobre la Tierra. Pero la Luna también ejerce una influencia nada desdeñable. Hoy se sabe que la blanca Selene influye en las mareas, hace que la corteza terrestre se eleve hasta 25 centímetros y que, a causa de esta elevación y depresión de la superficie terrestre, la distancia entre Europa y América oscila continuamente cosa de veinte metros.

Pero hay más influencias «extrañas». Veamos.

En los árboles se aprecia una irregularidad en los anillos internos cada once años.

Se debe sembrar en cuarto creciente y cosechar en cuarto menguante.

La madera debe talarse en cuarto menguante. Y esto no obedece a superstición, sino al conocimiento de que, en cuarto creciente, la savia sube por el tronco del árbol y el azúcar que lleva consigo atrae a los parásitos de la madera y hace que ésta se pudra.

Y, para terminar, vamos a examinar, de modo somero, la influencia que la luz solar ejerce sobre los organismos vivientes.

La biosfera terrestre está siendo bombardeada por la luz o los rayos solares de una forma que si la Tierra no tuviera una atmósfera protectora, sería mortal para nosotros.

Los rayos más notables son los llamados ultravioleta, que benefician las defensas del hombre, ayudan a la producción de la vitamina D y nos protegen de la tuberculosis de la piel y de los huesos. Por otra parte, los rayos ultravioleta combaten los cuerpos sulfhídrilos de la piel y estabilizan las vitaminas A, B_2, C, D y E, que nos son tan beneficiosas. Experimentos serios han demostrado que el aumento o la reducción de los rayos ultravioleta afecta al sistema nervioso vegetativo. Los rayos ultravioleta son considerablemente necesarios para equilibrar los procesos fisiológicos.

Por otra parte, la atmósfera nos sirve de pantalla protectora contra las radiaciones ultracósmicas, que sufren un debilitamiento considerable —como si atravesaran un muro de plomo de 90 centímetros de grueso—, y que si nos llegasen directamente, acabarían con la vida sobre el planeta. Los rayos cósmicos están compuestos de electrones, mesones, protones, neutrones y fotones. Los más importantes son los neutrones y los fotones, que pasan a través de la atmósfera, mientras que los otros se aglutinan y amalgaman en el campo magnético de la Tierra.

Los astrofísicos dividen estos rayos en radiación ultraprimaria y radiación secundaria. Los primarios son los que la atmósfera no falsea ni deforma; los secundarios, que llegan a penetrar en la tierra a gran profundidad, apenas si se parecen a los primarios.

Un ochenta por ciento de rayos ultraprimarios son protones con carga de energía. Los demás, no son más que partículas alfa. Pero la energía de los protones es de una magnitud inconmensurable y su potencia varía entre mil millones y varios trillones de electrovoltios.

Sin embargo, los astrofísicos no lo han dicho todo. Existen fenómenos todavía inexplicables, muchos más de los han podido explicarse hasta ahora, ¡y muchos más que se encontrarán a medida que avancen las investigaciones!, y esos fenómenos tan especulativos son los que nos atraen mayormente, por el misterio que los rodea.

Hemos hablado del campo magnético de la Tierra en varias ocasiones y nunca nos hemos entretenido a explicar exactamente lo que es y la influencia que ejerce sobre nosotros. Sabemos que una aguja imantada nos señala siempre hacia una región situada cerca del Polo Norte.

Suponemos que en torno al núcleo sólido de la Tierra existen capas líquidas, de materias incandescentes, llamadas «magma», que circulan por entre la corteza sólida. La ley de gravedad hace que estas capas tengan diferentes velocidades de rotación, lo cual crea corrientes eléctricas y campos magnéticos.

En la Luna se han descubierto campos magnéticos, llamados «mascons», que todavía son un enigma para la ciencia, pero que se creen como grandes masas de hierro magnético.

En realidad, ninguna de ambas teorías está plenamente demostrada. Pero la observación empírica de estos fenómenos ha demostrado hechos verdaderamente sorprendentes, como, por ejemplo, esta el hecho de que cuando los volcánes arrojan al aire partículas férricas, éstas se dirigen, invariablemente, hacia la dirección del campo magnético de la Tierra, tomando siempre la misma dirección.

Este fenómeno ha permitido deducir con toda exactitud cuál era el campo magnético de la tierra hace cientos y miles de años. Hoy se sabe con seguridad absoluta que hace 700.000 años el Polo Norte estaba donde ahora se encuentra el Polo Sur. Y sabemos, aunque cueste creerlo, que en 76 millones de años se han producido 171 inversiones polares, o, lo que es lo mismo, que, con relación a nuestra posición sobre la superficie del globo, en dicho tiempo, el Sol ha cambiado el lugar de su salida esas 171 veces durante esos 76 millones de años.

¿No fueron los sacerdotes egipcios de Saïs los que dijeron que en la Antigüedad el Sol salía por donde entonces se ponía?

Y después de expuesto todo lo que antecede, volvamos a nuestra relación astrológico-profética, para manifestar, una vez más, que todo cuanto la ciencia está descubriendo en nuestros días, ¡los astrólogos o sabios del pasado, ya debían haberlo olvidado, o eran conocimientos que yacían en las bibliotecas de los templos, para ser consultados por los iniciados en el momento que quisieran!

El hecho de que en épocas muy remotas se construyeran pirámides puede ser sólo un capricho de los faraones. Pero las más modernas investigaciones, como las efectuadas en la pirámide de Kefrén por los doctores Luis W. Álvarez, físico nuclear y Premio Nobel en 1968; Ad-med Kakhyr, especialista egipcio en pirámides; el doctor Fathi el Bedewi, de la Universidad Ain-Sham, de El Cairo, y el equipo del Laboratorio Radiológico Lawrence, de la Universidad de California, demuestran que «hay más energía entre el cielo y la tierra de la que la ciencia escolástica imagina» y que muchos de los fenómenos que nosotros no podemos comprender aún, no eran tales secretos para los sabios de la Antigüedad.

Fuese para «recoger las influencias astrales» o para facilitar el «viaje astral» del «ka» —alma— de los dignatarios egipcios, que ya hemos visto, por el doctor Erwin Santo, que hasta las bacterias de las momias pueden ser regeneradas, el caso es que la religión egipcia está plagada de «mitos» de reencarnación, como las religiones posteriores. Se puede volver a la vida y reencarnar el cuerpo que se poseyó, sea por momificación o por cryogenización (hibernación), mientras el alma o espíritu, ¡que nosotros llamamos psiquis!, se ha trasladado al limbo o a otra dimensión, donde no tiene cabida la carcasa o envoltura humana.

Y si los antiguos conocían estos secretos de «reencarnación» genética, estructuración molecular, radiaciones astrales y cósmicas, campos magnéticos —¡ya que influían sobre ellos a través de las pirámides!—, ¿cómo iban a desconocer los períodos llamados catastróficos, como los cambios solares, cada once años, las oscilaciones de la corteza terrestre, las mareas, los cambios climáticos, como las inundaciones del Nilo, de lo que dependía su agricultura y su desarrollo?

Puede que en épocas recientes, veinte o treinta siglos a.C., se hubiera perdido la fuente de estos conocimientos, desaparecida en la niebla del tiempo, y más si el lenguaje, tanto oral como escrito, había sufrido las transformaciones propias de los cambios naturales, porque el tiempo es enemigo de la historia. Pero los vestigios y restos arqueológicos que se hallan por doquier revelan claramente que los fundadores de Egipto llegaron al delta del Nilo con conocimientos muy superiores a los que se les quiere atribuir.

Y hombres capaces de conocer las influencias astrales sobre la Tierra debieron de dejar constancia *de lo que iba a suceder*. Esa visión o conocimiento de los hechos futuros, por el estudio analítico de las influencias cosmológicas, se llama ahora astrofísica, astronomía o como se quiera llamarlo. En los tiempos en que se había perdido el recuerdo de los conocimientos del pasado, se buceaba entre sortilegios y hechizos y se buscaba conocer el porvenir, se le llamaba astrología.

Y el término, desprestigiado por el uso, ha quedado como expresión de ignorancia, superstición, atraso y todo lo que se quiera, pero no es más que la palabra que vincula un remoto pasado, de grandes conocimientos, con el futuro, al que todavía no hemos llegado... ¡y que, posiblemente, no lleguemos a conocer jamás!

Escarbando entre las capas estratificadas de la historia hemos hallado restos fósiles que nos han hecho suponer sólo la antigüedad de la vida en la Tierra. Lo que no hallaremos jamás bajo las capas del suelo es el pensamiento de los hombres que han vivido durante siglos sobre este mundo. Eso hemos de deducirlo, imaginarlo, por el entorno en que vivieron aquellos hombres. Pero la imaginación nos puede hacer víctimas de engaños. Además, si encontrásemos la verdadera historia escrita, ni la entenderíamos, y si la entendemos, no seremos capaces de creerla.

¿Acaso creemos lo que quiere decirnos San Juan en el Apocalipsis?

Si los hombres de ciencia saben que nuestro planeta está sometido a la influencia de la Luna y el Sol, así como a la de los demás planetas del Sistema Solar, cuando se nos acercan o se distancian de nosotros, y saben que esta influencia nos afecta en lo referente al campo electromagnético y gravitacional, no es difícil barajar las posiciones relativas de los planetas y calcular en qué momento se va a producir una conjunción desfavorable, donde las fuerzas cósmicas «tiren» de nuestra débil corteza terrestre y se produzcan alteraciones geológicas.

Es más, los modernos «astrólogos» pueden predecir con suficiente antelación la llegada a nuestras proximidades de meteoros, cometas o cuerpos sidéreos que puedan poner en peligro nuestra existencia sobre el planeta.

Las leyendas aseguran que Mu-Ra predijo el cataclismo que hizo desaparecer la tierra de Mu. Cualquier profesor adscrito a la élite de un importante observatorio astronómico puede también predecir una catástrofe semejante, como Kohoutek predijo la llegada del cometa que lleva su nombre.

Y por citar a alguien tan conocido como Aristóteles, diremos como él: «Es cierto que tierras cubiertas en otro tiempo por las aguas del mar, se hallan hoy lejos de las aguas y las vemos unidas, formando continentes. Pero si observáis atentamente a vuestro alrededor, notaréis, también que varios puntos de la Tierra iluminados otrora por el Sol, se ocultan hoy bajo las aguas.»

Los geólogos conocen con el nombre de epirogénesis a las fuerzas capaces de alzar o hundir los continentes. Saben, sin embargo, que estas fuerzas se desarrollan en períodos tan largos que es imposible percibirlas.

Hay otra fuerza, de período mucho más corto que la anterior, llamada orogénesis, y que se relaciona con el fenómeno que ha creado los relieves montañosos. ¿Y quién es capaz de esperar sentado a ver cómo se forma una montaña?

En su obra *El Mar*, Egisto Roggero, por su parte, nos informa:

«Un continuo movimiento anima y, puede decirse, mantiene viva la superficie de nuestra Tierra; un movimiento no rápido ni catastrófico, sino incesante, sin pausa y general. Es lentísimo: se necesitan centenares de milenios para que alcance los efectos a los que se dirige, y sólo se podría apreciar su ritmo en miles de años. Y este continuo e incesante movimiento, este ritmo de vida geológica cuya finalidad desconocemos, se presenta principalmente con este hecho: mientras, de una parte, los continentes van sumergiéndose gradualmente bajo las aguas del mar, con la misma lentitud, pero con no menos regular continuidad, por otra parte, el fondo oceánico se levanta, emerge, para constituir nuevas tierras, para formar nuevos continentes. En otras palabras: una tierra se hunde por una parte dejándose cubrir por las aguas del mar, mientras que por otra se levanta, expulsando las aguas que la cubrían. Si pudiese, con la fantasía, reducir a pocas horas lo que es obra lentísima de milenios, se tendría este espectáculo: las altas cumbres de las montañas hundidas en el mar irían apareciendo en la superficie en forma de archipiélagos y de escollos, mientras que en otras playas se verían despuntar, cada vez más, las cumbres de los relieves submarinos para formar las islas. Y la obra continuaría: se verían levantarse cada vez más estas islas, reunirse, formar un todo, constituir una tierra única, adquirir cada vez mayor tamaño y convertirse en un continente.»

Esta es una hipotética, casi de ensoñación, labor geotectónica, lenta, paradisíaca, maravillosa. Pero existe otra, brusca, violenta, alucinante y dantesca, que puede producirse en pocos segundos, como, según dicen, se produjo en la isla de Santorín y en la erupción del volcán Krakatoa. Y hay más leyendas, como las que nos cuenta la caída de la segunda o tercera lunas, con el hundimiento de la Atlántida.

¿Es posible predecir una hecatombe brutal y súbita, como la caída de un gigantesco meteoro o saber en qué momento puede producirse un terremoto de catastróficas consecuencias?

Parece que existen respuestas más o menos correctas, lo que nos hace pensar que si, en el transcurso de poco menos de dos siglos, nuestras ciencias han alcanzado ya esas metas de perfeccionamiento, ¿qué no podían saber los antiguos, con siglos de paciente labor de investigación y con medios que, tal vez, heredaron de seres procedentes de las estrellas?

Capítulo IV

¿CONOCEMOS EL FUTURO?

La revista *Nature*, de Londres, ha informado recientemente de los éxitos que se han apuntado los investigadores chinos en la previsión de los terremotos. Dice que en 1974 formularon once previsiones públicas y que todas ellas fueron precedidas de terremotos.

El mayor éxito, sin embargo, se lo anotaron en la predicción, realizada seis meses antes, sobre el terremoto que tuvo lugar en la población de Haicheng, el 4 de febrero de 1975.

Los investigadores y técnicos chinos habían previsto el seísmo a varios años vista. No obstante, fue medio año antes del terremoto cuando se observó sobre el terreno una leve inclinación del suelo así como otras señales que hicieron presagiar lo peor.

Después, se iniciaron las ligeras sacudidas que hicieron cundir la alarma. Se decretó entonces la evacuación de la ciudad, especialmente la de aquellos lugares considerados como peligrosos, y la gente fue a pernoctar a la intemperie.

Seis horas después, el seísmo de gran intensidad arrasaba totalmente la población de Haicheng, sin haber causado ni una sola víctima.

¿Cómo pudieron saber los chinos que iba a producirse el terremoto? Indudablemente, recurrieron a métodos modernos de radiosondeo, estudiando las propiedades del subsuelo y las rocas, así como vigilando el nivel del agua de los pozos. Pero a todos estos datos unieron los observados en el comportamiento anormal de los animales.

Pero ¿es que los animales pueden intuir un terremoto?

Los chinos han asegurado que sí, aunque no conocen la respuesta exacta, puesto que no la conoce nadie. Al parecer, los animales perciben cambios en los campos eléctricos y magnéticos de las rocas, tal vez a causa de las tensiones que se producen, y que son demasiado leves para ser detectadas por los modernos instrumentos. También puede ocurrir que el instinto de los animales, más sensible que el nuestro por aquello de ser animales irracionales, pueda captar vibraciones ultrasónicas demasiado pequeñas para ser registradas por los sismógrafos. Y es que confiamos demasiado en nuestros instrumentos imperfectos, mientras que hemos abandonado totalmente los recursos que la naturaleza puso a nuestro alcance para defendernos en estas situaciones cruciales.

Bien es verdad que estas facultades «desconocidas» no se han perdido del todo. Al investigar la llamada aerofobia o aversión que sienten algunas personas a volar en avión, los técnicos de las grandes compañías aéreas han descubierto un hecho sorprendente: existen numerosos presentimientos que, posteriormente, se han visto confirmados por accidentes de aviación, según se ha comprobado por pasajeros que han devuelto o canjeado los billetes.

Este es el caso de Matthew Manning, un joven vidente británico, que en junio de 1975 profetizó un accidente aéreo que tuvo lugar cuatro días más tarde, en el aeropuerto Kennedy, de Nueva York, al estrellarse un «Boeing-747» contra un pilar y en donde murieron 122 personas. Y pese a que el «vidente» avisó con tiempo, la compañía estimó que no había fundamento alguno para impedir el vuelo. ¿Se le hará caso en la próxima ocasión y se evitarán muertes inútiles o se dejará que se realice la visión para constatar los poderes premonitorios del vidente?

¡Oh, todo esto es absurdo!

Hay otro ejemplo. El 10 de abril de 1973, un avión «charter» británico se estrelló contra un pico nevado, próximo a Basilea, 146 personas que iban a bordo, todas procedentes de la localidad inglesa de Axbridge, murieron en el acto. El club de Amas de Casa había organizado una excursión a Basilea, para ir de compras, y el vuelo terminó en tragedia.

La señora Mariam Warren, de Axbridge, también pensaba ir en la excursión, pero pocos días antes del viaje tuvo un sueño premonitorio de consecuencias catastróficas. «Vi que el avión se estrellaba sobre la nieve —explicó más tarde—. Todo era extrañamente real. Por todas partes habían cadáveres de amigas mías... Fue por esto que, a última hora, vendí mi pasaje a mitad de precio y no fui con ellas.»

La IATA (Asociación Internacional de Transporte Aéreo) ha declarado que la probabilidad de que se estrelle un avión es de una entre trescientas treinta mil. Y que de cada 25 aviones de los que algún pasajero se ha quedado en tierra a causa de un nefasto presentimiento, seis aparatos se estrellaron realmente. Pero nosotros no confiamos poco ni mucho en esta clase de estadísticas que sólo revelan la existencia de un hecho verídico y contra el que todas las compañías aéreas tienen que luchar, tratando de minimizar, de lo contrario mermarían sus ingresos.

No todos los aviones se estrellan. Es cierto que la proporción es de uno entre trescientos mil. Pero, invariablemente, cuando ocurre el accidente, no se salva ni el piloto.

El miedo a volar es innato en muchas personas, lo que afecta, indudablemente, a su psiquis. Y es entonces cuando el aviso o presentimiento resuena en la mente de la persona. Unos desoyen este aviso y, al producirse el accidente ya no pueden revelarlo. Por tanto, las estadísticas fallan; sólo incluyen a los pasajeros que no han tomado el avión, ¿Y los que lo han tomado, desoyendo los presentimientos?

De algún modo, nuestras mentes saben sobre el futuro más de lo que nosotros mismos creemos. Ocurre, sin embargo, que no consideramos que esos «conocimientos» sean auténticos. Y a quien se le ocurre exponerlos en voz alta, o no se le cree o se le tilda de loco o visionario.

En 1929, Nicolás Roerich, pintor futurista, escribió un libro titulado *El Corazón de Asia*, donde dice: «La espera de un Gran Avatar cerca del Puente de los Mundos existe en lo más profundo del corazón de las masas. El pueblo cree en el Caballo Blanco, en la espada fulgurante en forma de cometa y en la radiante llegada del Gran Caballero por encima de los cielos.»

Parece ser que Roerich hace alusión aquí a la tradición brahmánica del Avatar Kalki, que es el tema de muchos de sus cuadros, al igual que Gessar Khan, el héroe folclórico de los mongotibetanos. También Maitreya, el futuro buda, es tema principal en muchos de los cuadros de Roerich, el cual nos explica que los libros sagrados budas afirman la llegada de Maitreya después de una serie de guerras.

Otra obra pictórica, «La estrella del Héroe», muestra un cielo nocturno, en medio de estrellas centelleantes, y un cometa, en forma de espada, que surca los cielos.

Nicolás Roerich es un profeta cuyas videncias se han manifestado a través de la pintura. Se le dio el sobrenombre de Maestro de las Montañas por haber vivido mucho tiempo en el Himalaya, a donde fue en busca de inspiración.

Predijo que habrá una nueva era. Fue él quien escribió, a propósito de esto, diciendo: «Una gran época está en marcha. Muchas cosas lo prueban. El fuego cósmico se acerca de nuevo a la Tierra. Las estrellas atestiguan la nueva era. Pero se producirán numerosos cataclismos antes de esa era de prosperidad. Una vez más, la Humanidad será puesta a prueba para ver si el espíritu ha progresado suficientemente.»

Roerich estuvo en contacto con los sabios orientales que custodian los secretos del pasado. Así fue cómo el artista aprendió a conocer el flujo y reflujo del Tiempo. «La Humanidad se verá enfrentada a acontecimientos futuros de una grandeza cósmica.» Y en otra parte, hablando de Gessar Khan, el reformador prometido a Asia, añade: «Gessar Khan está provisto de las flechas del rayo y el arma predestinada estará pronto dispuesta para salir de la tierra sagrada y con ello lograr la salvación de la

Humanidad. El que sepa leer los caracteres sagrados comprenderá a qué nueva época de triunfo espiritual se refieren estos símbolos.»

Existe una leyenda muy antigua en el Tíbet que habla de la herencia dejada por los Antiguos Superiores, que se encuentra oculta en una gran caverna, sólo conocida de monjes adeptos y fieles. En esa gruta existen instrumentos, máquinas, armas y no sabemos cuántas cosas más, que serán puestas a disposición del Gran Reformador o Gran Maestro, cuando éste aparezca. Los que custodian el Gran Secreto saben muy bien quién será el Caballero del Corcel Blanco que cabalgará desde los cielos, y no se equivocarán al rendirle vasallaje, porque todo está escrito desde hace muchos siglos.

Roerich, que está muy bien informado de estas cuestiones, al comentar la obra realizada sobre el Avatar Kalki, el Mesías que debe aniquilar el *Kuli Yuga* o la Edad Negra, dice: «Primero, se desatará una guerra sin precedente entre todas las naciones. Luego, el hermano se levantará contra el hermano. Correrán ríos de sangre. Y las gentes dejarán de comprender unas o otras. Habrán olvidado el sentido de la palabra Maestro. Pero en ese instante preciso aparecerán los Maestros y en todos los rincones del mundo será oída la verdadera enseñanza.»

¿En qué momento se producirá esa aparición?, podemos inquirir nosotros. Y Roerich nos responde del mismo modo que lo hacen todos los profetas: recurriendo a expresiones astrológicas. ¡Diablos! ¿Por qué tanta astrología?

«Cuando el Sol, la Luna, Tishya y Júpiter estarán en casa, volverá la Edad Blanca.»

Aquí es donde Andrew Tomas, el autor de la *Barrera del Tiempo*, quien nos ha facilitado algunos datos sobre Roerich, interviene, tratando, al igual que hacemos nosotros, de hallar la interpretación, y dice:

«La alusión al Caballero Blanco sobre el que debe venir el Avatar Kalki podría ser interpretada, refiriéndose al calendario asiático, como siendo, por ejemplo, el año del "Caballo de Tierra", que fue el año 1978, y también el del "Caballo de Hierro", dada para el año 1990. Pero también ese corcel blanco puede indicar el hombre o un signo distintivo del futuro Gran Maestro.»

La señora Helena Roerich, esposa y colaboradora de Nicolás Roerich, autora de numerosos libros y artículos, conteniendo profecías sobre un próximo futuro, extiende lo expresado por su marido y afirma, de modo tajante: «Nuestro planeta está llegando a un estadio muy peligroso. Será, sin duda, su período más crítico. En los próximos decenios se producirán cataclismos parciales.»

Y esto lo decía la señora Roerich en 1934: «Los trastornos cósmicos serán el resultado del cambio de inclinación de la Tierra sobre su eje.»

¿Se refería a la guerra chino-japonesa, que estalló por aquellas fechas, a la sangrienta revolución española y a la Segunda Guerra Mundial, que se inició en 1939?

¿O a la serie de terremotos que han tenido lugar en diversas partes del mundo, a partir de 1935?

Veamos una lista sucinta de estos cataclismos:

1935, Quetta (India, hoy Pakistán), 41.000 víctimas.

1939, Chile, 30.000 víctimas.

1939, Erzinghan (Turquía), 32.000 víctimas.

1949, Ecuador, 6.500 víctimas.

1960, Agadir (Marruecos), 12.000 víctimas.

1960, Chile, 5.000 víctimas.

1962, Irán Noroccidental, 10.000 víctimas.

1963, Skopljie (Yugoslavia), 8.000 víctimas.

Más recientemente, en Managua (Nicaragua) ocurrió un devastador terremoto (diciembre de 1972), y el número de víctimas excedió de 50.000. Otro, en Guatemala, con 23.000 muertos y 77.000 heridos.

Estas cifras podrían aumentarse con las víctimas causadas por huracanes, tifones, inundaciones y otros numerosos siniestros, como roturas de presas, corrimientos de tierras, aludes de nieve o, sencillamente, añadiéndole las cifras de víctimas causadas por el tráfico automovilístico en todo el mundo. El tributo que la automoción paga en vidas humanas a lo que se ha dado en llamar como progreso es más de veinte veces superior a los daños causados por toda clase de cataclismos geológicos o naturales.

Hace unos años se publicó en la prensa un artículo, escrito por Alberto Díaz Rueda, donde se dice: «Veinticinco mil personas mueren cada día debido a enfermedades propagadas por el agua, por un agua que ha sido brutal y concienzudamente podada de su más importante condición: su potabilidad.»

¿No les parece espantoso? El agua potable es un elemento esencial para el organismo. No se concibe que, teniendo tantos recursos potabilizadores, depuradores, por no contar el recurso natural de la evaporación y la lluvia, que nos suministraría agua más que suficiente para todos los habitantes del globo, se mueran 25.000 seres humanos cada día, a estas alturas, por no disponer de agua en condiciones higiénicas.

Claro que ustedes dirán: «¡Eso no ocurre en Europa, sino en Asia, África o en el reino del Preste Juan! (Hay quien supone que el tan traído y llevado reino del Preste Juan pudiera haber estado en Etiopía, por lo que no se nos puede, ahora, tachar de irónicos.)»

¿No ocurre en Europa? En las aguas del Rhin se vierten cada día 50.000 toneladas de desperdicios, lo que está acabando prácticamente con toda la fauna piscícola. Y en el romántico río Sena se vierten cada día más de un millón de metros cúbicos de aguas residuales, lo que lo convierte en la mayor cloaca a cielo abierto de Europa.

Todas estas cifras que les enumeramos se vienen incrementando paulatinamente desde hace años y no se oyen más que palabras para evitar las nefastas consecuencias que se avecinan a plazo fijo. Palabras que se repiten una y otra vez entre los responsables de la conservación del Medio Ambiente, en las Naciones Unidas, en la prensa de todo el mundo, ¡pero que no se traducen en hechos!

Sinceramente, ¿a qué se espera? ¿A que se vuelvan realidad las profecías más antiguas? ¿A que nos falte hasta el aire para respirar, el agua para beber y el pan para comer, mientras que los políticos que podrían arreglar estas cuestiones se debaten en un caótico frenesí por la supervivencia de sus intransigentes partidos, olvidándose de lo esencial, que es el medio en que vivimos? ¿Para qué servirá el que gobierne tal o cual grupo, si, de seguir así las cosas, no existirá nadie a quien «favorecer» con tan «benignas y altruistas» leyes?

¡Nos estamos acercando al auténtico Reino de los Muertos!

El investigador sueco Sven Sventesson, jefe de un importante centro de estudios geológicos, publicó en 1962 un amplio informe que despertó amplio eco en todo el mundo, donde se pretendía demostrar que las explosiones nucleares provocan la intensificación de la actividad solar, con la creación de «ecos» que influyen tanto sobre el clima como sobre el equilibrio sismológico de la Tierra.

Repasando las pruebas nucleares efectuadas entre el 23 de septiembre y el 4 de noviembre de 1958 (21 explosiones, entre inglesas, americanas y soviéticas), así como entre el 1.º de enero y el 7 de febrero de 1959, observamos, tras el intervalo de tiempo necesario para la llegada de las influencias terrestres al Sol y la repercusión del «eco» sobre nuestro planeta, una serie de fenómenos «naturales» que se manifestaron con excepcional violencia.

La contestación del Sol habría de llegar en 1962, entre agosto y septiembre, con tifones, precipitaciones atmosféricas inusitadas, terremotos en México, inundaciones en Cataluña (España), Italia, California y Japón, así como el espantoso seísmo de Irán.

Por otra parte, los técnicos de la ONU, en un estudio realizado en 1969, predijeron una catástrofe inimaginable, que debía producirse antes de fin de siglo, en «alguna parte» de la costa occidental del continente americano. ¿California, México, Guatemala, Nicaragua?

Por un lado, sabemos que los terremotos avisan. Por otro lado, sabemos que avisan también los animales, según el informe de los sismólogos chinos y las noticias que llegaron, tanto de Managua como de Guatemala, poco antes de los seísmos, los animales mostraron una inquietud desusada y los perros ladraron sin causa aparente. Los videntes, en su mayoría, coincidían en que se produciría un apocalíptico cataclismo geológico entre los años 1988 y 2000 debido a la oscilación del eje terrestre.

También lo profetizó Edgar Cayce hace más de cincuenta años.

El vidente de las curaciones prodigiosas, que nació en Hopkinsville (Kentucky) en 1887, predijo que, entre los años 1958 y 1998 se produciría en nuestro planeta un cataclismo de devastadoras consecuencias, motivado por el continuo desplazamiento de los polos. Vaticinó erupciones volcánicas en el Atlántico y el Pacífico, así como emersión de nuevas tierras.

Edgar Cayce mencionó particularmente a las ciudades de San Francisco y Los Ángeles como las más amenazadas, en lo que coinciden también otros videntes, tal vez por basarse en las mismas pruebas que han aportado los técnicos de las Naciones Unidas, referidas a la gran falla geológica de la plataforma continental del océano Pacífico, conocida por los sismólogos con el nombre de San Andrés. Aunque, en honor a la verdad, el informe de la ONU no lo conocía Edgar Cayce al hacer sus predicciones, siempre en estado de trance hipnótico.

Añadió Cayce que las aguas de los grandes lagos irían a desembocar al Golfo de México, en lugar de hacerlo en el Atlántico. Dijo que surgirían tierras nuevas en el mar Caribe y que Nueva York también quedaría afectada por el cataclismo. Habrán convulsiones geológicas en los Polos, se agitará gran parte de Sudamérica y en el centro del océano Atlántico surgirá al exterior una gran extensión de tierra ahora cubierta por las aguas, en donde los arqueólogos encontrarán vestigios de una antigua civilización, así como un templo que ha permanecido bajo el agua varios milenios, y en cuyos archivos se encontrarán valiosos documentos históricos.

Vaticina asimismo el hundimiento del Japón, engullido por las aguas, pero insiste en que habrán numerosos signos precursores que avisarán con tiempo de la catástrofe. También, los gigantescos desplazamientos continentales producirán grandes cambios climáticos.

Edgar Cayce declaró que, a pesar de todo esto, la Humanidad no será aniquilada del todo. Sobrevivirá mucha gente y será así, después de las inmensas calamidades sufridas, cuando se alcanzarán la comprensión espiritual de todos los pueblos del mundo.

Dijo que Nueva York quedaría parcialmente en ruinas, después del cataclismo, pero aseguró que la ciudad de los rascacielos sería reconstruida. Así, la Humanidad habrá llegado a una época de gran desarrollo tecnológico, donde los viajes se harán a bordo de máquinas volantes en forma de cigarros.

En el Correo de la Unesco, el geólogo belga Haroun Tazieff escribió, en 1967: «He llegado a convencerme progresivamente de algo que los profanos, e incluso los geólogos y vulcanólogos en general, ignoran —y esto me sobrecoge de espanto—, a saber: la perspectiva de que en un futuro próximo se producirán catástrofes volcánicas sin precedentes.»

Suponemos que palabras tan autorizadas como las de Tazieff, dichas sin ánimo de dárselas de profeta, tendrán más peso que las de unos vulgares visionarios. Sin embargo, nos consta que todo cuanto se ha dicho sobre la cuestión, venga de prestigiosos investigadores o de simples parapsíquicos, ha caído en la indiferencia.

«¿Qué podemos hacer para impedirlo? ¿Acaso tiene el hombre poder contra la fatalidad?», se ha preguntado más de uno. Y, encogiéndose de hombros, se ha dicho: «Lo que haya de ser, será.»

Capítulo V

¡EL FIN DEL MUNDO!

Los lectores que nos han seguido hasta estas postrimerías de nuestra obra saben perfectamente que no hemos tratado en ningún modo de ser alarmistas, de aterrorizar, infundir espanto en nadie, y mucho menos influir en su ánimo para que acepte cuanto hemos expuesto, que no es otra cosa que la síntesis de cuanto han dicho y escrito otros a través de numerosas publicaciones. Nuestra labor ha sido de recopilación, de investigación literaria, hurgando aquí y allá, entre numerosas obras, y sabemos que se nos ha pasado muchísimo por alto. Tampoco era nuestra intención abarcarlo todo, especialmente porque todo es imposible de abarcar.

Sin embargo, nosotros, en esa labor de criba y selección, habríamos de formar, forzosamente, nuestra propia opinión. Y creemos que al lector fiel y asiduo le debemos, al menos, la satisfacción de darle esa explicación.

Así es como, valientemente, los hombres se suelen poner entre la espada y la pared; así es como, honradamente, uno ha de hacer frente a sus propias convicciones, y así es como, con toda sinceridad, se debe hablar con quien ha tenido la paciencia de escucharnos ininterrumpidamente durante estas casi trescientas páginas de prosa no siempre elegante y en ocasiones desatinada. Creemos que es deber nuestro expresar lo que sentimos y creemos, y queremos hacerlo.

Hay, no obstante, algunas objeciones que hacer. Es evidente que esta obra no se ha escrito a vuela pluma, como se dice tópicamente, sino que se ha meditado, tal vez no lo suficiente, pero sí lo necesario. Se han leído más textos de los que caben en diez libros como éste y se ha dejado en el tintero material para otras tantas obras. Esto nos hace suponer que sabemos sobre la cuestión mucho más de lo que hemos expuesto, aunque no tanto como quisiéramos.

Otra objeción es la de no saber con exactitud dónde está la verdad, ya que todos los autores que hemos mencionado, tanto a favor como en contra, se presuponen poseedores de la verdad y por ello han querido transmitirla a sus semejantes. Unos lo hicieron por afán de gloria, de notoriedad, por simple especulación, por pasatiempo o por estar convencidos de lo que hacían, aunque, en el fondo, siempre hay una razón que no se expone, pero que se vislumbra en el transfondo.

Así pues, nosotros no entramos ni salimos en la cuestión. No defendemos a místicos ni a escolásticos; nos importa muy poco, también, que existan seres imbuidos de la obsesiva idea del fin inminente del mundo y que hayan hecho de esta idea fija un cúmulo de pasión. No estamos ni a favor ni en contra de iglesias o religiones, donde podría haber más o menos interés en arrimar el hombro, para ayudar o para desayudar. Y, por supuesto, tampoco servimos a intereses políticos de este o aquel bando. Piénsese que no somos profetas, ni adivinos y que nadie nos ha dado emolumento alguno para que, en cierto modo, defendamos su causa. Aquí hemos ido con la verdad por delante y cuanto ha sido preciso mencionar a alguien, lo hemos hecho sin rodeos, apoyándonos en sus palabras, aunque hayamos incluido nuestro propio comentario, pues no en vano somos los que llevamos aquí la batuta.

Aclarado esto, pasemos a expresar la opinión que nos merece toda la cuestión de un próximo fin del mundo, y rogamos a los lectores impresionables que dejen aquí la lectura, porque, posiblemente, a alguien se le ericen los cabellos de terror.

Efectivamente, estamos convencidos de que en un futuro nuestra civilización desaparecerá, aunque no por ello se habrá acabado el mundo ni todos los seres habrán dejado de existir.

No vamos a entrar en las razones de esta conclusión, porque ya las hemos expuesto a lo largo de esta obra. Vamos a entrar en el porqué y el cómo se va a producir. No nos pidan tampoco que fijemos fechas exactas, porque no somos adivinos. Expondremos lo que, a nuestro juicio, y apoyados en la documentación obtenida, tanto piramidal como paranormal o lógica, basada en las probabilidades y el desarrollo de los acontecimientos, tal y como están planteados, *puede suceder*.

Insistimos en remarcar esto de *puede suceder*, porque si no ocurriera así y tuviéramos un final feliz, nos alegraríamos más que nadie, y si el final es mucho peor de lo que imaginamos, tampoco queremos que se nos pidan cuentas.

Y también cabe que nos hayamos equivocado todos y no suceda absolutamente nada, y nuestro planeta siga rodando como ha hecho siempre, entreteniéndose los hombres con sus pequeños o grandes problemas, y que pasen los siglos sin más alteraciones que las consideradas hasta ahora como normales. De ser así, que nadie nos acuse de embaucadores. No mentimos: exponemos lo que consideramos como probable. Y no es poco.

En primer lugar, el mayor peligro que acecha al hombre de nuestros días es el de la incomprensión, la injusticia social, el desequilibrio entre el poder económico y el poder social. Es decir, la eterna lucha entre pobres y ricos, ya establecida en tiempos de Jesús, en tiempos de los faraones y mucho tiempo antes. Piénsese que se trata de dos conceptos antagónicos tan antiguos como las luchas tribales o las guerras por la posesión de un territorio de caza. El hombre ha ambicionado lo que poseen los demás y en su ánimo ha estado el deseo de arrebatarlo. Por otra parte, el poseedor de la riqueza o el bienestar, está en la obligación de luchar por conservarlo.

Si la vida es lucha, como dijo Darwin, y el hombre es un animal combativo, su afán está en la pugna por la supervivencia. Ahora, más que nunca, el hombre no se somete al mandato del poderoso, quien le recompensa la sumisión con las migajas sobrantes de su mesa opulenta.

No se trata, pues, de rivalidades regionales, nacionales o continentales. Tampoco podemos admitir que la lucha establecida entre los hombres sea por un ideal, ya que éste no es más que el escudo tras el que se esconde la lucha de clases.

Pero es paradójico que una lucha tan antigua como la entablada entre el poderoso y el oprimido —llamamos a éste así por hacerlo de algún modo— no pueda tener jamás fin, como no puede tener fin el tiempo, o la materia, o el hombre mismo, si mucho nos apuran. Y esto es así porque no siempre son los mismos los poderosos, como tampoco son siempre los mismos los oprimidos.

La historia nos muestra claramente los enormes cambios sufridos por los pueblos, que es tanto como decir por los hombres. Roma sometió al mundo. Los vándalos sometieron a Roma, Adolf Hitler sometió a Europa, Europa sometió a Adolf Hitler. El esclavo se hizo señor y el señor se volvió esclavo.

La lucha consiste en conservar el mayor tiempo posible lo que se tiene y que, por supuesto, fue arrebatado antes, fuese a los árabes, a los indios americanos o a los aborígenes australianos. El hombre, al nacer, viene desnudo al mundo; cuando muere, lo hace vestido, o bien con harapos o bien envuelto en oro y pedrerías. El entierro de un hombre será según hayan sido sus conquistas.

Sin embargo, no deja de ser un entierro, un fin, el fin definitivo.

Los hombres empiezan a darse cuenta de la desigualdad entre ellos cuando son niños. El hijo del poderoso ve al hijo del obrero y siente una satisfacción íntima, porque posee todo lo que el otro no puede tener. El niño pobre, por el contrario, ve transcurrir su infancia en medio de frustraciones, deseos insatisfechos, ansias reprimidas.

Si el mundo fuera distinto, si todos poseyeran la misma riqueza y los mismos bienes, cosa imposible, porque no existen dos seres que hagan y piensen exactamente del mismo modo, veríamos que el ahorrador pronto poseería más riqueza que el despilfarrador. Todos conocemos la historia del padre que, al morir, repartió equitativamente su fortuna entre sus hijos. A todos les tocó exactamente igual, pero al año había quien no tenía ya ni un céntimo, mientras que otro aumentó su riqueza.

Otros hijos habían corrido distintas suertes. Hubo uno al que la fortuna le representó la desdicha; otro que halló la muerte y su dinero fue repartido entre forajidos, a unos de los cuales sirvió para emanciparse y a otros para llevar al patíbulo. Otro hermano logró con el dinero la única y mayor ambición de su vida: casarse con una mujer que no le amaba, pero que lo aceptó por su riqueza, y su vida se convirtió en un infierno, hasta terminar recurriendo al suicidio.

Esa es la condición humana. Sociólogos, filósofos y pensadores saben que dando al pobre lo que necesita para vivir se le hace el peor favor de su vida. De haber sido así el discurrir de la humanidad, por supuesto que hace siglos habría desaparecido el hombre de la faz de la Tierra. Necesitamos un estímulo, un aliciente, un motivo, sea el que sea, para vivir. Si nos levantamos todos los días con el alimento asegurado no haremos más que vegetar, del mismo modo que hacen las plantas, hasta que se cierre el ciclo de nuestras vidas y nos entierren, desnudos o vestidos, que para el caso sería igual.

El hombre ha encontrado siempre estímulos para vivir, como también, si ha querido, deprimido o no, enfermo o cuerdo, los ha encontrado para dejar de vivir.

El trabajo ha sido siempre el mayor estímulo. La obligación de hacer algo para poder comer todos los días ha sido la rueda maravillosa que ha hecho avanzar a la humanidad. Y por trabajo entendemos aquí el empuñar un arado o un fusil, manejar un torno o la regla de cálculo, levantar un muro y ceñir una vela al viento, sacar peces del mar o escribir un libro. Trabaja el que piensa, y también el que hace cestos, o tornillos, o dirige una empresa, o manda un regimiento... ¡Incluso trabaja —en contra de lo que se diga— el sacerdote que imparte la bendición a los fieles!

El trabajo está en la oscura mina, en el avión que surca el cielo, en el tajo, arrancando piedra a la tierra, para crear el hábitat humano; trabajo es lo que hace el artista, creando formas, estructurando, moldeando, pintando, para que otros se recreen con la belleza plástica de la obra.

Y trabaja el deportista, sea al volante de un raudo vehículo, poniendo en peligro su vida, o saltando una valla cada vez más alta, o dando, con esfuerzo y habilidad patadas a una pelota llena de aire.

¿Quién no trabaja? Incluso, como decía nuestro padre, que era un filósofo a su modo, trabaja el que no hace nada, el que pasa el día pensando el modo de no mover ni un dedo ni para comer.

¿Dónde está, pues, la causa del descontento del que hemos dado en llamar «oprimido»? ¿En la injusta retribución a su trabajo? ¿En la desigualdad de clases? ¿En quien quiere dar órdenes en ve de recibirlas? ¿En que se ha dejado guiar por cantos de falsas sirenas? ¿En que todos nos creemos reformadores y que si nos dejaran, o pidiéramos, esto sería distinto?

Esas causas que han abocado al hombre a la lucha —¡y piénsese que la lucha también es una especie de trabajo, y de los más arriesgados!— está en nuestras mentes, dentro de nosotros mismos y no la podemos comprender. Se han forjado allí por sugestión, por resentimientos, por desconcierto, por incomprensión, por frustraciones, por muchas causas, entre las que no podemos olvidar las más triviales y superfluas, como «por la de ser algo», cuando ya se es más de lo que uno mismo se cree.

Y todo esto que parece absurdo, ridículo, casi grotesco, ha llevado al hombre a enfrentarse en lucha a muerte con sus semejantes. Claro que en muchos casos se le ha inducido o se le ha obligado y solapadamente, porque existen seres dominantes, ambiciosos, insaciables, que aspiran a escalar las más altas cimas del poder y necesitan la base de sustentación humana que los apoye.

Pero si seguimos por ese camino, no tardaríamos mucho en vernos metidos en política y eso es, precisamente, lo que no estamos dispuestos a consentir. Digamos, pues, que el hombre lucha por vivir, no mejor, sino de modo distinto. Y que una vez en lucha, frecuentemente, no le importa ya matar o morir. Morir se muere una vez, en cambio, matar se puede hacer muchas veces. Y dicen los que lo han hecho que hasta se llega a experimentar un extraño y morboso placer, ¡como si el que mata se sintiera un pequeño dios, dueño de vidas ajenas!

Nosotros estamos convencidos de que la hipnosis o la sugestión, en sus más extrañas y recónditas acepciones, juega un papel preponderante en cuanto hemos expuesto. El hombre no es capaz de dominar sus propias pasiones; el hombre es como un juguete en manos de su propio destino; el hombre sabe que ingiriendo una droga se perjudica, pero piensa que, tal vez, sea mejor que otros y se salve. El hombre juega a la «ruleta rusa» por vanidad, por jactancia. El hombre no teme la muerte, porque ésta es tan natural como la propia vida.

Y hay más, ya para terminar con el hombre y su «ego»: el hombre luchará siempre aunque sea poseedor de todas las riquezas del universo, no necesite nada y sea poseedor de toda la sabiduría. Además, el hombre necesita vivir en la incógnita de su destino, no saber lo que ocurrirá mañana, vivir en la incertidumbre, sentirse preocupado por la inseguridad... ¡Necesita sentir miedo, aunque sea de fantasmas inexistentes!

El hombre es un animal pensante y hecho para ser como es.

Nuestro mundo también es un ser viviente. Nació allá, en el tiempo, cinco mil millones de años, engendrado por una explosión del astro paterno, o materno, que para el caso es lo mismo. Es un ser que tuvo un principio y, por lo tanto, ha de tener un fin.

Como mundo es parte esencial de todo cuanto contiene. Es un organismo biológico, ya que produce vida mineral, vegetal y animal, que forma parte de sí mismo. La tierra que pisamos está compuesta de organismos vivientes con distintos ciclos, todo cambia, todo se agita, todo se mueve, todo nace, todo muere. La vida, en nuestro mundo, es un hervidero ecológico, donde sucumben unos seres para que otros puedan vivir.

Hay gases, líquidos y sólidos. Y todo obedece a una ley universal y única, que no tiene principio y jamás tendrá fin. La vida es eterna. Si no lo fuera, el universo entero, con su dimensión infinita, no tendría razón de ser. Nacen mundos como nacen seres humanos o animales de todas las especies, por función biológica natural. Y cuando muere un mundo, se acabó, agotadas sus reservas, extinguida la vida lo que pobló, en otro rincón del cosmos se produce una explosión y la masa incandescente de un nuevo mundo empieza a rodar por el vacío, solidificándose, hasta que, pasados los millones de siglos, habrá otro planeta semejante o distinto al nuestro, pero que se habrá formado bajo las mismas leyes naturales de la Creación, continuada y eterna, y por las mismas causas.

El hombre podrá ir o no a esos otros mundos. Eso no importa. Puede haberse originado en un planeta ya extinguido y ha podido estar saltando de mundo en mundo más de cien mil millones de años. Tampoco importa. El hombre ha cambiado de aspecto durante todo el transcurso de su evolución, ha sufrido altibajos continuos, ha avanzado y retrocedido en su historia, sea ésta cualquiera que sea, y ha llegado a ser lo que ahora es, y esto es lo que nos interesa saber. Lo que somos en estos momentos, que no son mejores ni peores que otros momentos de su larga y misteriosa historia.

El hombre, y la mujer también, porque forma parte del mismo origen, y jamás se han separado el uno del otro, por temor a desaparecer, es un animal pensante, lo cual no quiere decir que los otros animales no lo sean. El hombre ha sabido muchas cosas, o eso creemos nosotros, y las ha olvidado. Algún día comprenderá, si es que vive para ello, que su mente ha estado dividida en dos partes: una consciente y otra inconsciente, y que el secreto de su vida, y de su historia, y de su origen, y de su propio destino y de todo cuanto se relaciona con él, está en esa mente que no ha podido descifrar aún, o si ha descifrado, sufrió un transtorno en algún período de su dilatada historia, algo así como un «shock» amnésico, y lo olvidó todo.

Eso no quiere decir que, tarde o temprano, nosotros creemos que más pronto de lo que muchos creen, recordará o bien desentrañará su propio misterio. Entonces, el hombre habrá de enfrentarse a un nuevo destino.

Para entonces, el hábito del hombre habrá ido cambiando, del mismo modo que cambia la existencia de ese mismo hombre, al transformarse de bebé en niño, y de niño en hombre. Habrá enfermado, habrá crecido, habrá tenido infecciones aquí y tumores allí, le habrá salido el vello y luego la barba; las erupciones cutáneas habrán dejado huellas en su piel. El mundo habrá envejecido. La orogenia habrá modificado su relieve. La selva se habrá vuelto desierto y los cauces de los ríos ya no serán como en otros tiempos.

Con esto no queremos decir que si el hombre se ha modificado físicamente, también lo habrá hecho el mundo en que vive, o viceversa. Han podido existir gigantes en otros tiempos, ¿por qué no?, como también pueden existir pigmeos. Han podido haber asimismo individuos muy sabios, seres de una larga y próspera civilización dedicada completamente al estudio y no a las guerras, y cuyos componentes hubieran descifrado secretos naturales que ahora nos están vetados a nosotros.

En el terreno de lo posible, ¡todo puede ser! Sin embargo, no queremos decir con ello que haya sido así, sino que ha podido ser así.

Y parece ser, por las muestras que nos rodean, que todo se acabó y que volvimos a empezar de cero. Pudo haber existido una próspera Atlántida, una opulenta Mu, una fabulosa Lemuria. Pudo, incluso, haber venido a nuestro planeta virgen una expedición de seres, poseedores de grandes conocimientos, adquiridos en sus mundos de origen, como Sirio, las Pléyades, o cualquier otro lugar del inmenso Universo, y, transcurridos los años, los siglos o los milenios, después de calamidades inenarrables, haberse convertido en lo que ahora somos. ¿Hay, acaso, quien pueda demostrar lo contrario?

De lo que sí estamos seguros y convencidos es que los hombres y el planeta que los alberga, por una causa u otra, han conocido desastres ininterrumpidamente. Ha ocurrido como con algunos individuos, que después de luchar con ahínco toda su vida para conseguir una posición destacada, se mueren sin haber disfrutado de lo que tanto anhelaron.

Y si esos cataclismos telúricos existieron, ¡porque todavía existen!, ¿por qué no han de repetirse?

Un cataclismo de consecuencias enormes es tan posible como un cataclismo de consecuencias reducidas. El factor que lo hace grande o pequeño depende sólo del valor del daño que causa. Por ejemplo, no tendrá las mismas consecuencias un terremoto en el desierto de Sáhara que en Manhattan. Una guerra que se inicie y acabe en el Sinaí, pongamos por caso, no será tan dramática como la entablada en Beirut, o en París o Roma.

Pero las guerras han existido y existirán siempre.

Existen, por otra parte, más posibilidades de que entre en erupción el Etna o el Vesubio, de que nos caiga encima un asteroide. Pero no hemos de rechazar como improbable esta última posibilidad. También es posible que, sea por la razón que sea, se desencadene una epidemia en el mundo y diezme a la humanidad. Esta posibilidad no es disparatada, porque sabemos que se han estado realizando ensayos bactereológicos de todo tipo, tanto en Oriente como en Occidente, y un error lo puede cometer el más sabio de todos los sabios.

Sabemos que los norteamericanos tuvieron que arrojar al mar muchos barriles de «gas nervioso», al que previamente habían envuelto en bloques de hormigón, para librarse de un «huésped molesto». Suponemos esos bloques sumergidos en el fondo del océano, pero ignoramos si hay fugas, como las hay en las experiencias atómicas, cuya radiactividad ha causado ya numerosas víctimas.

Las probabilidades de que una posible catástrofe sea de enormes magnitudes depende de muchos factores difíciles de enumerar. Puede haber, como se dice, un vuelco en el eje de la tierra: pueden licuarse los casquetes polares y subir las aguas hasta inundar las ciudades de los litorales; pueden haber cambios climatológicos, sobrevenir una prolongada sequía en los países más desarrollados y hasta pueden venir lluvias torrenciales que todo lo asolen. Esto no se puede predecir, pero se sabe que ya ha ocurrido otras veces.

El peor enemigo que tiene ahora el ser humano, y toda la Humanidad, es tan pequeño, que ha sido preciso un microscopio electrónico, capaz de aumentar el tamaño de las cosas hasta diez millones, para poder distinguirlo. Este insignificante enemigo es el átomo, ¡con lo que se demuestra a quien quiera aceptar los hechos irrefutables que no existe enemigo pequeño!

El átomo y su terrible poder destructivo se encontraba muy bien dentro de su insignificante pequeñez, sirviendo a la causa natural de la energía y la materia. El hombre, con su insaciable ansia de poder, lo sacó de donde ha estado siempre y ha querido jugar con él, sin darse cuenta de que era un fiero león dormido y que hubiera sido mejor no despertarlo. Ahora, el átomo, en manos de quienes pueden tener razón o estar equivocados, es capaz de desencadenar una hecatombe como saben muy bien los supervivientes de Hiroshima y Nagasaki. ¡El átomo, brutalmente manejado, puede destruir totalmente nuestro planeta y esparcir sus fragmentos por el cosmos, sin que haya posibilidad alguna de que alguien sobreviva!

Esto lo sabe todo el mundo. Y, sin embargo, la política internacional no hace todo lo necesario para desterrar totalmente ese espantoso peligro. Hay miedo. El prepotente millonario americano piensa que es preferible morir, aunque para ello sucumba toda la Humanidad, antes de volver a sus comienzos de vendedor de periódicos. El prepotente dignatario soviético, a su vez, piensa que es preferible morir, antes de volver a caer bajo la tiranía del Zar.

Sin embargo, nosotros estamos convencidos de que todo esto es falso, puesto que nada puede volver a lo que era antes. Un adagio popular dice que camarón que se duerme, se lo lleva la corriente. La vida está cambiando continuamente, y con ella cambia también el hombre. Sólo un imperdonable error llevaría a la Humanidad a una hecatombe atómica. Ni un bando ni otro desea que el cataclismo se produzca. Se perdería todo.

¡Pero la posibilidad del error humano existe, no olvidemos! ¡Y existen también reacciones imprevisibles!

Todo eso es lo que nos hace creer que el mundo, forzosamente, ha de entrar en una nueva Era. Existen corrientes intelectuales que, día a día, están adquiriendo mayor fuerza, y, poco a poco, esas nuevas ideas van acaparando el poder en todos los países del mundo. Son fuerzas vitales que ha creado la propia naturaleza humana, por el ineludible deseo de subsistir; son fuerzas que luchan para establecer un nuevo orden.

Y esas fuerzas, latentes ya, sólo esperan un líder que las haga universales y que, sin violencias, ni sangre, ni luchas fratricidas, de la noche a la mañana, establezcan el imperio de una ley Nueva.

Y ese será el fin de nuestro mundo actual.

Aunque, visto de otro modo, también puede llegar el cambio a la Nueva Era con el siniestro signo de la Muerte, la Sangre y el exterminio Apocalíptico... ¡Los dos caminos son factibles!

Capítulo VI

EL PANORAMA ACTUAL

A medida que avanzan los años, el temor popular hacia un desastre apocalíptico aumenta, exactamente como ocurrió en Europa al acercarse el fin del primer milenio. Nadie puede impedir que la mente piense, porque se han podido poner rejas al hombre, pero no a sus pensamientos.

Las profecías decían entonces que los mil años en que Satanás debía permanecer encadenado estaban a punto de finalizar, ya que si la cuenta era a partir del inicio del cristianismo, el desencadenamiento del mal llegaría a los mil, que era un símbolo fatídico. Y el miedo al diablo ha existido en el hombre mucho antes de la llegada de Cristo.

Precisamente, en esa predicción hay una segunda parte a la que se aferran muchos de los profetas de desastres. Se decía que Cristo exterminaría a la Bestia, ya que su doctrina era divulgada para librarnos del mal, y que, una vez vencida la Bestia, vendrían mil años de felicidad según la profecía de San Malaquías.

Michel de Nostradamus, en sus cuartetas, anunció el fin de la Iglesia. Otros videntes han predicho lo mismo. Tres Papas más y llegará Pedro el Romano, con lo que la Ciudad Eterna quedará destruida.

¿Acaso todas las profecías que hemos estudiado están única y exclusivamente dirigidas hacia la Iglesia de Cristo y el hombre, vinculado a la superstición de su propia ignorancia, ha creído ver en ello su propio fin y destrucción?

Debemos examinar con detenimiento esta cuestión que es, precisamente, donde se encuentra el núcleo de la verdad. La actual crisis religiosa, vocacional o de espiritualidad, como se quiera llamar, está motivada porque las ciencias y el pensamiento han evolucionado de acuerdo con los tiempos y lo han hecho más aprisa que el pensamiento cristiano, de por sí conservador y lento en amoldarse a los nuevos cambios. Las encíclicas papales y el Concilio Vaticano II han tratado de influir en las mentes de sus fieles cuando ya la semilla sembrada por las poderosas influencias doctrinales de otros dogmas habían hecho mella, coadyuvado por la inseguridad, los graves transtornos políticos y económicos, y la enorme publicidad y propaganda del adversario.

431

¿Cómo es posible que existan diversas doctrinas y gran cantidad de sectas, habiendo sólo un dios?

Las luchas ideológicas iniciadas con la Revolución Francesa, a últimos del siglo XVIII, tuvieron como víctima principal a la Iglesia. No hubo brote de rebelión, choque o motín que no arremetiera contra la institución religiosa, como si se tratase de una conspiración universal destinada a derribar los cimientos de lo que, hasta entonces, había sido, aunque fuera en teoría, el poder absoluto sobre el cielo y la tierra.

La historia no perdona, los hombres no olvidan. La Iglesia se había opuesto siempre al avance del progreso, a la evolución de las ideas, a la técnica y el pensamiento evolutivo. La Iglesia era, pues, el símbolo que convenía derribar. Y la ciega ira del pueblo se lanzó, siempre que pudo, contra aquel símbolo que se oponía a su libertad, a su cambio de situación, que las oligarquías, en su egoísmo, habían convertido en intolerable.

Puede que alguien nos diga que esto no fue exactamente cierto. Y tendrá razón. En el juego de los intereses humanos han existido todo tipo de alianzas, de lo más absurdo y extraño que pueda concebirse. Nosotros insistimos en que todo obedecía al deseo de supervivencia, ya que hemos sido testigos de enemigos irreconciliables que se han «reconciliado» para poder seguir viviendo. Y de hecho, el comunismo no ha eliminado al cristianismo, a pesar de detentar el poder en la Unión Soviética y poder cerrar todas las iglesias y enviar a Siberia a todos los cristianos. Estos métodos, por drásticos y efectivos que parezcan, no han dado jamás resultado alguno. La Iglesia también ha estado enviando a la hoguera a los herejes durante siglos y el ateísmo no ha dejado de existir.

La verdad innegable es que el hombre, a medida que avanzaba en las conquistas tecnológicas, dominando el medio en que vivía, alcanzando logros espectaculares en la medicina o en la astronomía, iba perdiendo, poco a poco, los sagrados conceptos del espíritu. Se podría decir que Satanás actuaba con generosidad, comprando almas a cambio de bienestar.

Permítasemos volver a insistir que los conceptos del Bien y del Mal radican dentro de nosotros mismos, pero ello no es impedimento para que el Hombre viva sometido a terribles y angustiosas dudas espirituales.

De aquel modo, con las guerras napoleónicas, la caída del imperio, y de otros imperios que no tardaron en seguirle, las conciencias se vieron sacudidas. Surgió algo distinto que las nuevas corrientes no tardaron en acelerar, que fue como un movimiento de masas aletargadas por la droga que se había administrado tanto tiempo.

Al despertar el pueblo hubo de ser riguroso. Los focos de rebelión se extendieron. El fuerte empleó armas para defenderse. El débil, con piedras y palos, hizo irrupción en el siglo XX dispuesto a cambiar el curso de la Historia. Esto traería nuevas y graves consecuencias, que volverían a dar impulso al proceso acelerador, ya que no todas las fuerzas dominantes pudieron conservar el poder en sus respectivos países. La lucha era la misma en todas partes: más salario, mejores condiciones de vida, participación en la administración pública.

Y mientras la vieja Europa se desmembraba, la nueva América adquiría pujanza, gracias a la emigración de hombres de todos los pueblos que aspiraban a establecer el nuevo orden en los países libres del Nuevo Continente.

Rivalidades, rencores, odios, resentimientos, egoísmos y nuevas banderas enarboladas en fábricas, calles y ante los palacios de una aristocracia debilitada. La Gran Guerra sirvió para arruinar a unos países y enriquecer a otros. Sirvió para que se dieran cuenta muchas personas que con la Revolución Francesa se sembró algo imposible ya de extirpar. Eran los «sans coulotts» de toda Europa, incluyendo a la inmensa Rusia, los que exigían un nuevo estado o lo tomarían a la fuerza. Se trató de ahogar aquel movimiento en una contienda alucinante, y no se consiguió nada. Efectivamente, la rebelión de las masas era un hecho innegable. Había que ir con el curso de la historia o sucumbir.

Y la Iglesia, entre tanta convulsión, apenas si pudo esforzarse para salvar a un escaso puñado de fieles. El pueblo se olvidó de Dios. El pueblo entró en la escuela y en la Universidad. Aún se trató de dirigirle hacia los cauces adecuados, porque la enseñanza también puede ser un instrumento de propaganda. Se cerraron los baluartes, se estrecharon las filas. Pero las fuerzas reaccionarias ya estaban escalando los últimos peldaños del poder. Rusia fue sacudida interiormente, pero resistió todos los ataques. Alemania e Italia hubieron de recurrir al totalitarismo, y luego, enfrentarse a la vieja Europa, donde los valores ya se estaban trastocando.

América debía aprovechar la oportunidad. Si se le escapaba el tren del progreso, posiblemente habría de recurrir a la doctrina Monroe para aislarse y terminar como habían empezado las tribus indias. Si para los europeos la salvación había estado en la América de las primeras décadas del siglo XX, ahora la salvación de los americanos, después de la crisis de 1929, estaba en Europa. Y el potencial de la banca semita, el ingente esfuerzo de un país que lo tenía todo, sirvió para aplastar a las fuerzas totalitarias del eje, a cuyo carro había unido su suerte, en cierto modo porque no había otro camino, las hasta entonces fuerzas del cristianismo.

La alianza ruso-norteamericana no daba lugar a equívocos. Fueron a vencer, a costa de todo, y lo lograron. Tenían todo lo necesario para derrotar al nacionalismo y al fascismo. Al mismo tiempo, se repartieron Europa, territorial, económica y espiritualmente. ¿No ha sido siempre así? ¿Es que esto puede extrañar a nadie? Desde los tiempos más remotos, los vencedores se han repartido los bienes vencidos.

Y en el reparto se tuvo muy en cuenta los valores del espíritu.

Fuese en Yalta, en El Cairo o en medio del Atlántico, el destino del cristianismo quedó decretado allí. Era el precio, ¡uno de los muchos precios!, exigidos por el comunismo triunfante.

La venganza de la francmasonería internacional se había cumplido. Los enciclopedistas franceses que precedieron a la Revolución del 93, lo habían predicho. «¿Acabamos con ellos, Stalin?» —«¡No! ¿Para qué buscarse enemigos? Se caerán ellos solos. Están "listos"».

Puede que estas frases no sean rigurosamente históricas, pero sí encierran un alto sentido. Nacía un nuevo dogma y moría otro.

¡Ese es un fin del mundo inmediato, sin duda!

¡Que nadie se crea superior al orden natural de las cosas! ¡Todo se hace para cumplir un fin preestablecido, dado que si no fuera así, nada tendría razón de ser!

El hombre, todos los hombres que han vivido en este mundo, ha de cumplir el fin para el que fue creado, sea éste el que sea. Somos agentes de la naturaleza, de Dios, del Creador Supremo, y nuestro objetivo nos será revelado, posiblemente, en el más allá, porque en éste, por supuesto, no.

¿Qué podemos temer de la muerte? ¿Que sea verdad todo cuanto nos han estado diciendo los sacerdotes, desde hace cientos de miles de años, de que Osiris pondrá en una balanza nuestras virtudes, o más recientemente, Cristo nos juzgará a todos después del Armagedon?

¿Es esto lo que nos hace temer la muerte, porque en nuestras conciencias existen secretos inconfesables que tememos ver expuestos a la luz divina? ¿Tememos, acaso, al castigo eterno que nos será impuesto porque hemos mentido, robado, falseado, deshonrado o fornicado?

¿Y por qué hemos de ser castigados por el delito de haber vivido, si ninguno, que sepamos, hemos pedido venir a este mundo? ¿O en vez de haber mentido y pecado, como creemos, no somos nosotros los engañados y las víctimas?

Allá por la India se cree que el alma adquiere la perfección a través de sucesivas reencarnaciones. Pero nadie, excepto unos pocos que debemos mirar con desconfianza, tiene constancia de sus vidas anteriores, para poder mejorar los errores que hubiera podido cometer en el pasado.

«Vivir es morir un poco cada día», dijo alguien. Y nosotros podemos añadir que la vida es una ilusión que nos forjamos nosotros mismos, y que todo acaba cuando se termina esta ilusión. Pero nada de cuanto decimos puede que sea verdad. Esa es nuestra grande y maravillosa duda.

«El mundo se acabará a sangre y fuego, entre espantosas convulsiones, alaridos de terror, reniegos, blasfemias, invocaciones; será lo inimaginable, el "sursum corda" del caos y la locura, la misma negación de la muerte, en donde se verá venir el fin aniquilador y nada se podrá hacer por evitarlo...»

¿Y qué? Ese fin lo han sufrido miles de millones de seres en todas partes del mundo, durante siglos, cayendo bajo el hacha del verdugo, en la guillotina, el dogal ceñido al cuello, la silla eléctrica o en la cámara de gas; lo han sufrido también los niños en las escuelas, oyendo el rugir de los aviones sobre sus cabezas y el estallido de las bombas al reventar en el patio donde poco antes habían estado jugando: lo han sufrido los que han visto hundirse un barco o los que han visto subir la tierra hacia ellos, viajando en un avión siniestrado; también lo han sufrido los hombres que han visto al anestesista ponerle la máscara en la cara, antes de someterse a una operación quirúrgica grave; y lo han sufrido los hombres que tensos, crispados, pálidos, empuñando las armas, aguardan la orden de lanzarse al combate, en donde muchos de ellos se encontrarán cara a cara con la muerte.

¡Pero el mundo sigue viviendo! ¿Qué importa usted? ¿Qué importo yo? ¿Qué importamos todos? Otros nos sucederán. Otros cultivarán la tierra que nosotros hemos empapado en sangre. Otros recogerán nuestros despojos, que no es más que polvo orgánico, y lo quitarán de delante, porque nuestros restos mortales no son gratos de ver... ¡Nos recuerdan demasiado lo que habremos de ser!

¡Cuánta frustración o ansias insatisfechas no hay en esos silenciosos cementerios que rodean pueblos y ciudades! ¡Cuánta vanagloria no ha sido carcomida por los gusanos del suelo! ¡Cuánta sabiduría y razón no se ha convertido en carroña!

¡Naturalmente que llegará el fin del mundo para todos nosotros! ¡Tendremos un fin para cada uno! Y si alguien descubriera el modo de vivir eternamente, su agonía sería mucho más prolongada que la nuestra!

Leyendo la biografía de Paul Getty, que ignoramos si es verdadera o falsa, aunque para el caso es lo mismo, nos enteramos que no quiso jamás saber nada de fundaciones benéficas, al estilo de Rockefeller, Carnegie o Ford. Dicen que dijo que esas personas sólo pretenden justificar su privilegiada posición ante los gobiernos y la sociedad. «Si yo estuviera convencido —escribió Paul Getty, en una ocasión— que entregando esas sumas de dinero pudiera contribuir a la disminución de la pobreza en el mundo, me desprendería ahora mismo del noventa y nueve por ciento de todos mis bienes.»

Indudablemente, aquel hombre demostró poseer una inteligencia por encima de lo normal. No por haber amasado una fortuna como él hizo, y de todos es sabido que nadie se hace rico dando, sino porque supo comprender cuál es la verdadera esencia del mundo en que vivimos. Un hombre como él, forzosamente tenía que alcanzar todo lo que se propusiera.

¡Y queremos significar que el fin del mundo de Paul Getty es a lo máximo a que podemos aspirar, en cuanto a riqueza! Pero si de poder se trata, la cosa es muy distinta.

Hecho este inciso para conceptuar a un hombre, al que debemos juzgar según nos plazca, porque ya no le alcanzan ni nuestras palabras, queremos hablar de otro hombre, imaginario, por supuesto, al que hemos elegido al azar, entre millones de hombres grises, que pugnan por abrirse camino en la vida, sin éxito. Nos estamos refiriendo a Juan Pérez, o a John Smith, o a Jean Dupont, del que hablan todos los días los periódicos como un empleado, un burócrata, un funcionario o un tecnócrata.

Este hombre es uno de los millones de seres que nacen en una policlínica, un día cualquiera, donde no hay nada especial en el cielo y los astros dominan. Sus padres ya tienen uno, dos o tres hijos. Se resignan con él, lo crían, lo educan, lo llevan a la escuela y lo ponen, ¡como a tantos otros millones de seres!, en condiciones de «ganarse la vida».

Juan Pérez tiene un nombre, pero igual daría que tuviera un número. Es el híbrido producto humano de una sociedad en donde hacen falta hombres como él, para llevar una máquina registradora, para hacer las anotaciones en un libro de caja, para ir a tomar el metro o el autobús todos los días a la misma hora, esperando, desde los veinte años, el retiro que le llegará a los sesenta y cinco. En la vida de este hombre no ocurrirá absolutamente nada. Será siempre como un cadáver viviente, un «zombie» al que, el día en que nació, se le anuló el espíritu, se le dio cuerda para la temporada de su vida, y pasará entre nosotros sin pena y sin gloria.

Juan Pérez no ha aportado nada al mundo en que vive. Sólo ha vegetado, como hace una planta, o como un objeto, cuya misión es simplemente decorativa. Ha forjado unas ideas preestablecidas desde que el mundo fue hecho y no se aparta de ellas, porque si lo hiciera se le acabaría la cuerda o se encontraría como la anguila que trata de trepar a un árbol.

¿Cuántos millones de Juan Pérez hay en este mundo nuestro? Las estadísticas catastróficas que estamos llevando nos indican que su número es casi total: un noventa por ciento de hombres número conviven entre nosotros.

Se ha tratado de inyectar vitalidad, rebeldía, inconformismo, deslealtad, ambición y hasta «desmadre» en esos hombres, y el éxito ha sido nulo. Se les ha podido llevar a la guerra, dejándose matar, si llegaba el caso; se les ha tenido en laboratorios, bajo observación, esperando que los estímulos químicos inyectados en ellos hicieran reacción, pero ha sido inútil. Sonríen, piden disculpas y se van a su ancestral, terrible y angustiosa rutina.

Les estamos diciendo que todos ellos son los culpables de que el mundo esté al borde de su exterminio, y se encogen de hombros, como diciendo: «¿y a mí qué me cuenta usted?»

Juan Pérez, John Smith, Jean Dupont, les rogamos perdón si los hemos insultado al llamarles hombres.

Y, sin embargo, esa casta aletargada está dando señales de inquietud. ¿Qué ocurre? ¿Ha faltado Juan Pérez a alguna de sus invariables reglas de conducta? ¡Oh, no; nada de eso! Creemos que puede ser el diez por ciento restante de la Humanidad, o bien que se está produciendo una mutación en el género humano. Esto es posible, según dicen, debido a los isótopos radiactivos. Nosotros no estamos muy seguros de ello y más bien creemos que se trata de una argucia de los políticos o los autores de ciencia-ficción.

De un tiempo a esta parte —como veremos en el capítulo próximo y último de esta obra, al tratar del panorama futuro— está surgiendo un Juan Pérez muy distinto, barbudo, intelectual, de ojos cansados, tal vez por exceso de lectura sobre Sartre, Marcuse, Camus, Kierkegaard, Hegel, Engels, Marx o Mao Tse Tung, que nació en las mismas policlínicas que sus padres, pero que siente otras inquietudes.

¿Desde cuándo Juan Pérez se había interesado por Ortega y Gasset, por Simone de Beauvoir o Henri Bergson? ¿Qué está ocurriendo? ¿Qué es eso de la LSD? ¿Qué es el satanismo, la brujería, la apostasía, el exorcismo? ¿Por qué se habla tanto de brujos?

Y, de pronto, como para dar la razón a los profetas de las desventuras, esos jóvenes que parecen escapados de centros de alineados, aún oliendo a marihuana o haschish, aparecen entre las gentes empuñando las armas y matando indiscriminadamente por el simple acto de la protesta.

¿Es ese el indicio que nos faltaba para comprender que, a fin, se va a cumplir la profecía final?

Capítulo VII

EL PANORAMA PRÓXIMO FUTURO

Examinadas todas las profecías que hemos podido encontrar y que llegan hasta final de siglo, o sea el año 2000, ¡y antes de hacer la nuestra propia!, queremos resumirlas en una síntesis. Mencionamos aquí a todos los videntes, astrólogos, profetas y visionarios que, de un modo u otro, han aparecido en estas páginas. Puede que alguno lo hayamos pasado por alto, por lo que pedimos disculpas al interesado y le rogamos que se considere incluido también.

Los hechos que según todos esos futurólogos especiales se van a producir son estos:

Se va a producir un cataclismo geológico, debido a la inclinación de los ejes de la Tierra, lo que cambiará la climatología, se modificará el curso del Culf Stream, habrá una nueva era glacial y también regiones fértiles se convertirán en desiertos.

Se declarará la guerra entre Estados Unidos y la China comunista, en donde la Unión Soviética será aliada de Norteamérica. Esta guerra, sin embargo, será de corta duración, no más allá de cinco meses, pero se recurrirá a todo tipo de proyectiles termonucleares y, grandes ciudades, tanto de América como de Asia, desaparecerán en medio de las cenizas radiactivas.

El horror de esta conflagración hará que los supervivientes firmen la paz y se comprometan a destruir las armas nucleares. En realidad, el mundo no habrá perdido más que unos cientos de millones de seres, cosa que parecía estar prevista y la reconstrucción se hará rápidamente, creándose gran número de puestos de trabajo.

La señora Jeanne Dixon aseguró que el bipartidismo político llegaba a su fin en los Estados Unidos. Europa se unirá bajo la legislación de un Parlamento Europeo y quedarán abolidas las fronteras entre los quince países que formarán los Estados Unidos de Europa.

Se ha predicho también que emergerá el fondo del Atlántico y surgirán los restos arqueológicos de la antigua Atlántida, donde se encontrarán archivos que revelarán importantísimos secretos científicos, ya conocidos hace 12.000 años.

En Europa, parece ser, que ni los Alpes están seguros.

Se producirá una confluencia planetaria, según dijo Arthur C. Clark que no nos reportará ningún bien, y aparecerá un reformador del mundo, al que se le unirán las masas como al Libertador. Esto contribuirá a establecerse un gobierno mundial, pero todavía se seguirá luchando en las urbes, donde los guerrilleros clandestinos, organizados en grupos «commandos», mantendrán la inseguridad entre las clases dirigentes y opulentas.

¡Ah, Nostradamus, Cayce y otros videntes, anuncian la visita de hombres llegados del espacio y se establecerá el primer contacto con otras razas del cosmos, con las que se establecerán lazos a partir del año 2025!

La Era de Acuario o Edad de Oro se iniciará, balbuceante al principio y pujante después, desde el año 2000 en adelante. No habrá, pues, fin del mundo absoluto.

Se trata de un panorama a corto plazo, fecundo en acontecimientos de gravísimas consecuencias, de violencia, terror, desolación y angustia, pero no totales.

La guerrilla urbana no sólo se extenderá a las grandes ciudades de Occidente, sino que surgirá en Moscú, en Pekín y en otras ciudades de la influencia comunista. Habrán dos grandes grupos, en cierto modo antagónicos, representados por fuerzas de izquierda y de derecha, pero en la confusión de la clandestinidad, los que pagarán las consecuencias de esta pugna sangrienta serán los que no pertenezcan a un bando ni a otro.

Surgirán nuevas formas de delitos terroristas, gracias a unos explosivos potentísimos y de reducido tamaño, que se emplearán en voladuras, atentados y sabotajes. Se utilizarán armas corrosivas, gases tóxicos y hasta el veneno. Pero todo esto desaparecerá cuando las agencias del contraterrorismo empiecen a actuar de modo eficaz y se autorice a la fuerza pública a emplear el mismo sistema brutal de los agitadores «desesperados».

Las guerras de África también serán cortas. Rodesia y África del Sur pasarán al control negro y se acabará toda forma de colonialismo. El problema de Gibraltar dejará de serlo en cuanto Inglaterra y España se integren en la Federación de Estados Unidos de Europa, pasando todo a depender del Parlamento Europeo, cuyo Primer Presidente será un danés.

La Iglesia, que habrá sufrido terribles contratiempos, perdido a sus cardenales y obispos, debido a la oleada de persecuciones, acabará por resurgir, uniéndose a la corriente universal del espiritualismo que el Reformador habrá infundido al mundo. Se adorará a un solo Dios, Creador Supremo y Padre Eterno, y su doctrina, similar a la cristiana, será de inspiración brahmánica.

Una nueva luz iluminará al mundo, pero antes de que eso ocurra, la prueba que nos aguarda será terrorífica.

Podríamos extendernos más, incluso llegar a personalizar, si nos apuran, pero carecemos de argumentos para poder demostrar lo que afirmamos, ya que nos lo «han dicho por ahí», que es, poco más o menos, como si nos lo hubiéramos inventado nosotros. No tenemos más fundamento que el de una lógica un tanto esotérica o cabalística, que se puede resumir así: «algo» nos señala que será así. Nuestras predicciones, como ya hemos apuntado antes, no son del tipo de «hablar por hablar» y si sale con barba es San Antón, y si no la Purísima Concepción. Perdónennos si somos algo irreverentes, pero hablamos en «roman paladino» (¿Dónde hemos oído esto?).

Sabemos que se nos dirá: «¡Ese tipo está chiflado!» Bien, puede ser. No existen límites perfectamente definidos para separar la cordura de la alienación y dudamos que un psiquiatra fuera capaz de descubrir síntomas irracionales en nosotros. Pero si a la conveniencia social interesa tacharnos de la lista de los cuerdos, ¡santo y bueno!

Es cierto que hemos tratado de hurgar en el futuro recurriendo a medios poco ortodoxos. Hemos cerrado los ojos y tratado de indagar en el porvenir. Todo cuanto «hemos visto», quizá, sea el fruto de nuestra febril imaginación, no podemos asegurarlo. Es difícil precisar si la visión procede del más allá o los sentidos nos están jugando una mala pasada.

Pero, ¿qué es, no obstante, la función psíquica? Somos capaces de recordar lo que hemos visto, oído o leído. El pasado acude a nuestra mente en forma de recuerdo, aunque sea vago e inconcreto. Mas, ¿estamos seguros de que sea exactamente el pasado, «nuestro pasado»? Y la duda surge también cuando al tratar de «intuir», captamos impresiones que poseen todas las características de «recuerdos del futuro».

¿Cómo se explica, pues, que los antiguos, supieran lo que iba a ocurrir en nuestros tiempos? ¿Acaso, como ya señalamos, porque les ocurrió a ellos? ¿Por intuición? ¿Porque los ciclos históricos se repiten incesantemente, y el hombre, aunque cambie de vivienda o de vestuario es siempre el mismo y tropieza siempre en las mismas piedras?

¿O simplemente porque está escrito en las estrellas, o en el cosmos, o es nuestro inexorable destino, y nosotros sabemos, aunque sea inconscientemente, cuál será éste?

Demasiadas preguntas para tan pocas respuestas, ¿no les parece? Dejémoslo. Estamos seguros de que nos comprenden con dificultad, porque, sinceramente, no podemos expresar con claridad nuestros propios pensamientos. No estamos preparados.

Estamos acabando. Y no podemos, modestamente, cerrar este estudio profético, absurdo a veces e inquietante otras, dejando que nuestra palabra sea la última. No somos más que portavoces o intérpretes, por no decir mensajeros, que sonaría muy pedante, de cuantos nos han precedido en la tarea de tratar de informar a nuestros semejantes de los peligros que se avecinan.

Y lo queremos cerrar de la mano de quien, entre los profetas de la actualidad, nos merece mayor confianza, tanto por su conocimientos astrológicos, como por su lógica, su sensibilidad, su penetración, su estilo, su ese maravilloso don perceptivo y extrasensorial que nos subyuga y nos fascina, porque en cada palabra suya parece haber una sentencia irrefutable y en cada sentencia un compendio maravilloso de historia.

Es un astrólogo que se oculta con el seudónimo de Hadés, que bien puede ser la reencarnación de un dios o una entidad espiritual, de quien no hemos tratado de averiguar más datos, porque si se nos dice que es un hombre de carne y hueso, como usted y como yo, sufriremos una terrible decepción. Y preferimos conservarle en el altar de nuestra sincera admiración, como algo intangible, etéreo, insustancial, incorpóreo y astral.

(Perdónesenos esta infantil disgregación afectiva hacia el autor de *¿Qué ocurrirá mañana?*, pero nos brota involuntariamente del corazón. Y bien analizado, nuestra exaltación está justificadísima.)

Hadés nos informa de que está terminando la Era de Piscis y que bajo la nueva Era de Acuario va a unirse toda la Humanidad. Leamos sus propias palabras y juzguen ustedes, si es que no las conocían ya:

«Cuando una Era termina, la situación ya no es muy discutible. Nuestra aptitud para describir ese derrumbamiento es ya un síntoma inquietante, pues no encontramos esa lucidez sino cuando las civilizaciones están declinando. Las otras son conquistadoras. No puede existir una civilización en reflujo; sería la negación misma de su espíritu, de su vida. La acción, el movimiento, la fuerza, están, por así decirlo, concentradas y expresadas por un dinamismo interno. Cuando una civilización se interroga, es que está expirando.»

Esto nos recuerda a Robbins, el llamado «franciscano anglosajón de la economía» quien ha revuelto los conceptos actuales con la teoría de que el terrorismo y las manifestaciones de los pueblos atrasados «no son más que la lava de un volcán humano que late inexorablemente en las raíces supuestamente ignoradas de una sociedad en declive.»

Otro filósofo, Martin Heidegger —¡también recientísimamente fallecido!—, dijo que el ser es una realidad intangible. Nosotros no hemos comprendido a Heidegger, pensador profundamente alemán, que coqueteó con el nazismo y luego se aisló, incluso de sí mismo, como dándonos la espalda.

Y otro filósofo, también recientemente finado, es Jacques Monod, Premio Nobel y autor de la discutida obra *El Azar y la Necesidad*, quien, aparte de su enorme aportación a la investigación biológica, realizó algunas incursiones en terrenos de la especulación filosófica, y dijo esto tan campechanamente: «Al fin, el hombre ha llegado a saber que se encuentra solo en la indiferencia inmensidad del universo, de la cual surgió por azar. En ninguna parte se decidió ni su destino ni su deber.»

¡Increíble, asombroso, fantástico! ¿Dónde está usted, Padre Pierre Teilhard de Chardin? ¿Ya se ha encontrado con Monod y Heidegger? ¿Se ha enterado del porqué habló un tanto y el otro tan poco?

Pero volvamos con Hadés, quien nos sigue diciendo:

«Los síntomas de decadencia son numerosos, y a menudo ningún ligamen los une. ¿Qué parentesco existe, por ejemplo, entre el debilitamiento del pensamiento europeo y el pavoroso vacío espiritual de la juventud, que no tiene ante sí más que un porvenir desolador de confort material? Tenemos los filósofos y las filosofías que nos merecemos. Distingamos así la espantosa distancia que separa a un santo Tomás de Aquino, el Doctor Angélico, de los teólogos actuales, a un místico como Eckart y a un filósofo de lo absurdo como Camus, el admirable canto hechizador de un Rousseau incluso, que tenía fe en el hombre pese a sus miserias, y el rencor y el absurdo que se niega a sí mismo de un Sartre, entre Pascal y Simone de Beauvoir.»

Hadés añade que los únicos valores admitidos hoy son los del dinero, el cual compra, vende, corrompe, impone, doblega, soborna y domina en todas partes. La prensa, la radio, la televisión, los libros, todos los medios de comunicación de masas están influenciados por el dinero. Se pretende mitificar todo el valor humano, se prostituye el arte, la literatura, la ciencia ¡como se pretende también modificar el pensamiento!

Nuestro autor no menciona el psicológico «lavado de cerebro», pero lo hacemos nosotros, sea por medio de la «dolce vita» y utilizando las más refinadas torturas. Se induce al débil a salir a la calle empuñando una pistola y a disparar contra quien se le ha señalado como el culpable de todos los males humanos, sea un banquero, un idealista, un político o un simple Juan Pérez que venía de su trabajo.

No se puede censurar a nadie. Nadie se detiene a reflexionar; hay prisa por conseguir esto o aquello. Se trata de ver quien llega antes a esa meta donde nos espera la destrucción: es una carrera alucinante hacia el abismo, a la muerte.

«Ha empezado una carrera hacia el abismo —sigue diciendo Hadés—. No hemos sabido siquiera equilibrar nuestros deseos. En el espacio de algunas docenas de años, han desaparecido los grandes bosques, transformados en papel, los ríos han quedado polucionados, las riberas marítimas mancilladas; vapores de gasolina, de petróleo, de mazut, residuos de combustión, tornan peligrosa la atmósfera de las metrópolis. Las mismas campiñas desaparecieron, roídas por las construcciones de "grandes complejos". El alcohol, el ruido, la prisa, la falta de sueño, de equilibrio nervioso, destruyen las condiciones mismas de una sexualidad normal.»

«Los trabajadores, desalentados por una labor cuyo objeto no sospechan siquiera, son peor tratados que las máquinas, más caras de sustituir. El capital se ha convertido en la única razón social.»

¿Vanas profecías, dichas en lenguaje esotérico e incomprensible, como el de San Juan, Nostradamus o Premol? ¡Vamos, vamos! Hadés habla el lenguaje de ahora, menciona las cosas por su nombre, ¡dice verdades que nada ni nadie le puede discutir! ¿Acaso usted sí? ¿Quiere hacernos ver lo lógico y patente como absurdo? ¡Vaya, son ganas de polemizar! ¡No insidie!

Aquí estamos trabajando en serio. Ponemos los últimos ladrillos a una obra que no aspira a ser la Gran Pirámide de Keops, ¡o de Sirio!, pero habla un lenguaje mucho más claro, más de ahora, en el momento de la verdad.

No queremos, ni mucho menos, que haga usted testamento o reparta sus bienes entre los pobres, para descargar su conciencia. Sólo queremos que se detenga un momento a reflexionar. Y que piense en cuanto hemos dicho. Contemple las aristas de nuestra construcción, vea la argamasa o el cemento que hemos utilizado en la unión de las piedras, en los cimientos, en los montantes. Es una obra hecha con amor, ya que no con sabiduría, de la que estamos exentos, y por lo cual hemos recurrido a los consejos de otros.

No es nuestra obra, sino la de muchos. Y usted también puede aportar su ladrillo, para que el resultado final sea auténtico.

¿Y la moral? ¿No nos enseñaron en la escuela que sólo existía una? Recuerdo con mucho cariño a un maestro que tuve, cuyo nombre no he olvidado, Jaime Viladons Valls, de Sabadell, quien me habló personalmente de la moral. «Sólo hay una —me dijo—. Y a ella debemos atenernos».

No concebíamos entonces, bastante inquietos, agitados y nerviosos, que pudiera existir una sola moral. ¿Era la misma la cristiana que la moral socialista o comunista? ¿O la moral nada tiene que ver con la política? ¿Es sólo religión?

Sí, Jaime, dondequiera que estés ahora, al fin lo comprendimos. Nos ha costado mucho hacerlo, pero lo logramos. Ahora sabemos que moral es la esencia de la verdad, de la razón, de la justicia... ¡Y que todo esto no es más que una cosa; el ser!

La moral carece de plural; no pueden haber muchas morales, sino solo una. Y puede ser moral un religioso, un comunista, un cafre y hasta un polígamo. Es la conducta de su ser, de sí mismo, la que le hace moral. Inmoral, por tanto será todo aquello que haga el hombre contra sí mismo, privada o colectivamente.

«El capitalismo, el reinado del dinero —nos dice Hadés—, está herido mortalmente. Ningún hombre tendrá ya derecho a comprar medios de producción, materias primas, poseer bancos, líneas de navegación, fábricas, etc.

»El comunismo ateo, instrumento del que se ha valido el destino para derribar un orden antiguo y preparar la transición necesaria a un orden nuevo, conocerá un cenit muy rápido y después desaparecerá en el decurso del siglo XXI. Un nuevo orden igualitario, a base de fraternidad, le sucederá. Igualdad no quiere decir nivelación por abajo. Cada cual tendrá el libre florecimiento de su cuerpo, de su espíritu y de sus aspiraciones idealistas y religiosas.»

Y ahora preguntamos, ¿no es esto, dicho con otras palabras más maravillosas, lo que hemos estado diciendo a lo largo de esta obra? ¿No hemos tardado tanto en explicar lo que Hadés nos ha expresado tan concisa, breve y certera, como atinadamente?

Necesitábamos recurrir a las fuentes, explicar, parafrasear, definir, exponer y hasta demostrar que no hablábamos a «humo de pajas». Era necesario haber leído y estudiado antes para poder llegar a estas conclusiones definitivas.

Y no lo podíamos hacer sin fundamento, porque el edificio estructurado se nos habría caído encima, falto de base. Ignoramos, por otra parte, si lo hemos hecho bien o mal. Pero eso, mucho nos tememos, ya no importa.

La profecía está hecha. Ustedes ya la sabían, porque la tenían ante sus ojos y sólo necesitaban fijarse en ella.

Nada nos hemos sacado de la manga, como habilidosos prestidigitadores o como falsos embaucadores. Nos hemos guiado por los signos evidentes y éstos han hablado por nosotros.

Y, para concluir, nos gustaría acabar del mismo modo que acaba Hadés. Pero, ¿no será abusar demasiado de su benevolencia?

Él recurre a los hexámetros proféticos del Yi-King, el libro de las Mutaciones, sobre lo que nosotros no tenemos más que una ligera información, tan sucinta que hasta nos extraña en una obra como *Las Grandes Religiones*, de donde hemos sacado numerosos datos.

Y como esto no es de Hadés, aunque esté en su obra ¿*Qué ocurrirá mañana?*, nos permitimos la osadía, una vez más, de reproducir esas palabras, que nada tienen de enigmáticas. ¡Todo sea para mayor divulgación de la verdad y para que la luz resplandezca con mayor fuerza!

Fíjense bien en estas palabras y juzguen ustedes mismos:

«La permanencia invariable es imposible. El Sol, llegado a su cenit, debe declinar. La Luna, llegada a su plenitud, debe menguar. Tal es la ley universal de progresión y de regresión. Que los hombres estén advertidos de ello...».

Y añadamos, como en el texto astrológico: «Las cosas tienen un origen y un fin. Saber lo que ocurre primero y lo que ocurre por último es estar cerca del Tao.»

Esto, según Hadés, está escrito en el Pabellón de la Armonía, en Pekín.

El Apocalipsis de San Juan termina diciendo: «Y si alguno quitare de las palabras del libro de esta profecía, Dios quitará su parte del libro de la vida, y de la santa ciudad y de las cosas que están escritas en este libro.»

«El que da testimonio de estas cosas dice: Ciertamente vengo en breve. Amén; sí, ven, Señor Jesús.»

«La gracia de nuestro Señor Jesucristo sea con todos vosotros. Amén.»

ÍNDICE

ÍNDICE

RELACIÓN COMPLETA DE CENTURIAS

OTROS PROFETAS Y SUS PROFECÍAS